W0053765

UTB **3111**

Eine Arbeitsgemeinschaft der Verlage

Böhlau Verlag · Köln · Weimar · Wien
Verlag Barbara Budrich · Opladen · Farmington Hills
facultas.wuv · Wien
Wilhelm Fink · München
A. Francke Verlag · Tübingen und Basel
Haupt Verlag · Bern · Stuttgart · Wien
Julius Klinkhardt Verlagsbuchhandlung · Bad Heilbrunn
Lucius & Lucius Verlagsgesellschaft · Stuttgart
Mohr Siebeck · Tübingen
C. F. Müller Verlag · Heidelberg
Orell Füssli Verlag · Zürich
Verlag Recht und Wirtschaft · Frankfurt am Main
Ernst Reinhardt Verlag · München · Basel
Ferdinand Schöningh · Paderborn · München · Wien · Zürich
Eugen Ulmer Verlag · Stuttgart
UVK Verlagsgesellschaft · Konstanz
Vandenhoeck & Ruprecht · Göttingen
vdf Hochschulverlag AG an der ETH Zürich

Literaturwissenschaft elementar

herausgegeben von Norbert Otto Eke

Stefan Elit

Lyrik

Formen – Analysetechniken – Gattungsgeschichte

Wilhelm Fink

Der Autor:
Stefan Elit hat in Göttingen und Bonn Germanistik, Klassische Philologie, Latei-
nische Philologie des Mittelalters und der Neuzeit sowie Erziehungswissenschaft
studiert. Er ist als Akademischer Rat im Bereich der Neueren deutschen Literaturwissenschaft an der Universität Paderborn tätig. Seine Arbeitsschwerpunkte sind
Antikerezeption und Poetik in der Frühen Neuzeit, Klopstock, die Wiener Moderne sowie Prosa und Film in der DDR.

Coverbild:
Friedrich Gottlieb Klopstock: Cidli [Autograph 1752/53]. Slg. Louis Glatt im DLA
Marbach. Das unter dem späteren Titel „Das Rosenband" bekannt gewordene
Gedicht wird im vorliegenden Band im Aufbaumodul 3.1 behandelt.

Bibliografische Information der Deutschen Nationalbibliothek

Die Deutsche Nationalbibliothek verzeichnet diese Publikation in der Deutschen
Nationalbibliografie; detaillierte bibliografische Daten sind im Internet über
http://dnb.d-nb.de abrufbar.

Gedruckt auf umweltfreundlichem, chlorfrei gebleichtem
und alterungsbeständigem Papier ⊗ ISO 9706

© 2008 Wilhelm Fink Verlag
(Wilhelm Fink GmbH & Co Verlags-KG, Jühenplatz 1, D-33098 Paderborn)
Internet: www.fink.de

ISBN 978-3-7705-4688-6

Printed in Germany.
Herstellung: Ferdinand Schöningh, Paderborn
Einbandgestaltung: Atelier Reichert, Stuttgart

UTB-Bestellnummer: 978-3-8252-3111-8

Inhaltsverzeichnis

Vorbemerkung

Diese Einführung der UTB-Reihe *Literaturwissenschaft elementar* richtet sich insbesondere an Studienanfänger der Literaturwissenschaft und schwerpunktmäßig der Neueren deutschen Literatur. Ziel des vorliegenden Bandes ist es, in drei *Basismodulen* zunächst Grundkenntnisse zu Inhalten, Formen und Analyseschritten auf dem Gebiet der Lyrik zu vermitteln. Im Rahmen von sechs *Aufbaumodulen* sollen dann die systematischen Erkenntnisse aus den Basismodulen in einem chronologischen Durchgang durch die deutsche Lyrik von etwa 1500 bis zur Gegenwart vertieft und abgesichert werden. Zum Anspruch dieser Aufbaumodule ist zu bemerken, dass sie selbstverständlich keine vollständige Epochenrepräsentation bieten (hier sei unter anderem auf die epochenbezogenen Bände der Reihe „Literaturwissenschaft elementar" verwiesen), sondern lediglich ein Spektrum der Möglichkeiten entfalten und auf diesem Weg ein anschaulicheres Verständnis der Gattung erzeugen sollen als bei dem sonst üblichen, vorwiegend überzeitlich-systematisierenden Einführungstyp.

Um eine lernende Leserschaft nach und nach selbsttätiger werden zu lassen, versucht die vorliegende Einführung zum einen, erworbenes Grundwissen durch Testfragen zu sichern. Zum anderen werden gesonderte Aufbaumodulabschnitte zur Einzelanalyse zunehmend von der kompletten *Musteranalyse* zu bloßen *Analyseaufgaben* (mit separaten Lösungsvorschlägen) übergehen. Diese aktivierende Form unterstützt die Verwendung der Einführung im Selbststudium und in Lehrveranstaltungen. Für die Begleitung oder Gestaltung von Seminaren oder Übungen zur Lyrikanalyse sei ferner vorgeschlagen, zunächst etwa drei Sitzungen mit den Basismodulen zu verbinden, um dann anhand der Aufbaumodule entweder in sechs Doppelsitzungen die Epochenüberblicke mit jeweils angeschlossener Beispielanalyse zu absolvieren oder auch nur ein bis zwei Aufbaumodule als Anregung für ein Semesterprogramm heranzuziehen.

Zu den Gedichtzitaten und Verweisen auf Gedichtwerke im vorliegenden Band: Es wurden grundsätzlich möglichst solide Werkausgaben zugrunde gelegt. Für den ersten Überblick oder die schnelle Suche sind am Ende von Basismodul 1 jedoch auch einige Anthologien aufgeführt.

Stefan Elit (Universität Paderborn)

Basismodul 1: Grundzüge der Gattung 1.

Eine überzeitliche oder absolute Bestimmung dessen, was Lyrik war und ist, erscheint nicht sinnvoll beziehungsweise möglich. Daher werden hier lediglich einige Grundzüge eingeführt, die in der Geschichte der Gattung von der Antike bis in die Gegenwart der deutschsprachigen Literatur am häufigsten begegnen – freilich bei historisch ganz unterschiedlicher Dominanz einzelner Grundzüge sowie unterschiedlichsten Kombinationen derselben.

Die späte Großgattung 1.

In Europa sind seit mehr als zweieinhalbtausend Jahren literarische Erscheinungen zu verzeichnen, die sich zumindest aus heutiger Sicht als Arten der Lyrik ansehen lassen. Dem steht jedoch gegenüber, dass die historische Wahrnehmung bis in die Frühe Neuzeit kaum eine einheitliche, allgemein zusammenfassende begriffliche Erfassung im Sinne unseres Gattungsbegriffes kennt. Der Bereich der Lyrik erscheint damit in einem gewissen Kontrast zu den anderen so genannten *Großgattungen*, das heißt zu *Epik* und *Dramatik*. Letztere beide sind nämlich bereits in der griechisch-römischen Antike theoretisch erfasst und benannt worden.

Als bekannteste Beispiele entsprechender Literaturtheorien sind die *Poetik* des *Aristoteles* (384-322 v. Chr.) und die so genannte *Ars poetica* des *Horaz* (Quintus Horatius Flaccus, 65-8 v. Chr.) zu verzeichnen. Insbesondere letztere Poetik zeigt, in welcher Weise die literarischen Großgattungen in normativer Absicht beschrieben worden sind. Ausgehend von allgemeinen Grundsätzen der Gestaltung literarischer Texte werden in einem werkästhetischen Hauptteil das Epos, die Tragödie sowie ferner die Komödie und die dramatische Kleinform des Satyrspiels fokussiert. In einem produktions- und wirkungsästhetischen Teil schließen sich erneut allgemeine Ausführungen zu den Voraussetzungen auf der Seite der Autoren sowie zu den Anforderungen an ein gelungenes, mithin wirksames Werk an. Auf lyrische Textformen wird jedoch praktisch nicht eingegangen, geschweige denn, dass eine übergreifende Gattungsbetrachtung zu vorgenommen würde.

Horaz
(65-8 v. Chr.)

Nobilis Opitij facies est picta Poëtæ,
Dona sed ingenij pingere nemo potest.

Abb. 1: Martin Opitz (1597-1639)

Diese Perspektive bleibt für den deutschen Sprachraum bis in die Zeit des Späthumanismus vorbildlich. Noch das wirkmächtige *Buch von der Deutschen Poeterey* des *Martin Opitz* (1597-1639) von 1624 beginnt die Betrachtung einzelner Gattungen (vgl. das dortige Kap. 5) mit dem Epos und geht dann auf Tragödie und Komödie sowie die Satire über. Was sich anschließt, sind Ausführungen zum Epigramm, zur Elegie, zur Hymne und weiteren heute weniger bekannten Gattungsformen, die sich, grob gesprochen, allesamt als Formen der Lyrik bezeichnen lassen. Gegen Ende dieses Gattungsüberblicks fällt dann zwar der Begriff ‚Lyrik‘, Opitz meint damit jedoch deutlich Spezielleres, als wir heute erwarten, und zwar: „[d]ie Lyrica oder getichte die man zur Music sonderlich gebrauchen kann"[1] (‚Lyrica‘ hier im Sinne von lat. *carmina*: ‚zur Lyra/Leier zu singende literarische Werke‘). Als Beispiel gibt er eigenes Gedicht wieder, das er, ebenfalls nach antikem Muster, als „Ode" (grch. ‚Gesang, Lied‘) bezeichnet und das sich als metrisch komplexe Form des Strophengedichts bezeichnen lässt.[2]

Bevor diesem engeren Verständnis von Lyrik nachgegangen werden soll, ist noch ein Begriff zu thematisieren, der bei Opitz einen heute nicht mehr zu erwartenden weiten Bezugsbereich aufweist, und zwar das ‚geticht‘, das sich hier in etwa analog zu Horaz‘ *carmen*[3] verstehen lässt. Gemeint ist hier wie dort generell jedes ‚Werk der Literatur‘, das heißt auch Epen und Dramen werden so bezeichnet. Möglich ist dies durch ein alle Gattungen verbindendes Element: die Abgefasstheit in Versen (nach lat. *versus*, ‚Furche, Linie‘, hier in etwa: ‚Textzeile mit fester Wendung‘). Werke in ‚ungebundener Rede‘ (nach lat. *oratio provorsa*, daher auch unser Begriff *Prosa*) werden demgegenüber bis ins 18. Jahrhundert nicht als Literatur im engeren Sinn verstanden (auch wenn aus unserer Sicht schon in der Antike einige bedeutende Geschichtswerke, Romane und Erzählungen entstehen, die dieses Prädikat verdienen). Diese Wertung klingt heute noch in unseren Begriffen ‚Dichtung‘ beziehungsweise ‚Dichter‘ an, die man üblicherweise nicht auf Prosaautoren, sprich: ‚Schriftsteller‘, bezieht. ‚Dichter‘ von der Antike bis zur Frühen Neuzeit verfassen daher die verschiedensten ‚Gedichte‘, diese jedoch immer in Versen,

Was ist ein ‚geticht‘?

und noch weit bis ins 18. Jahrhundert lässt sich diese Begriffs-
ausprägung feststellen – publiziert doch etwa Gotthold Ephraim
Lessing 1779 das Versdrama *Nathan der Weise* als *Dramatisches
Gedicht*, und Christoph Martin Wieland bezeichnet 1780 sein Versepos *Oberon* im Untertitel als *Heldengedicht*. Zeitgleich steigen
allerdings die Häufigkeit von Prosa-Erzählwerken sowie deren
Anerkennung, und auch Dramen werden immer häufiger in Pro-
sarede abgefasst. Zunehmend schreibt man seit dem 19. Jahrhundert daher nurmehr *lyrische* Dichtung in Versen.

Das nun weitgehend alleinige Merkmal von Lyrik, die Versstruktur, bildet also erst spät das ausschließliche Kriterium für die
auch in dieser Hinsicht ‚späte Großgattung‘ neben dem Drama
und der nun rein prosaischen Erzählliteratur. Weitere Merkmale
beziehungsweise Kriterien, mit deren Hilfe sich Lyrik bestimmen
lässt, sollen im Folgenden mittels einer erneuten historischen
Sichtung, nun jedoch jenseits der historisch expliziten poetologischen Erfassung, diskutiert werden.

Gesang zur Leier   2.

Die erwähnten antiken Begriffe der *Ode* (in einem engeren Sinn
auch das lat. *carmen*) und der *Lyrica* weisen in ihrer ursprünglichen, Opitz noch präsenten Bedeutung zugleich auf etwas wohl
sehr Ursprüngliches hin: Als Lyrik in einem engeren Sinn sind
in der Antike ‚Gedichte zu Musik (der Leier)‘ verstanden worden.
Bis heute stellen Liedgedichte (etwa in Volks- und Kirchenlied-
dichtung) und in geringerem Maße vertonte Gedichte denn auch
einen festen Bestandteil der Gattung dar. Abstriche vom vollen
Liedcharakter sind jedoch bereits bei den antiken Odenformen zu
machen. Ein echter Gesangsvortrag ist für namhafte Teile etwa
der römischen Lyrik kaum nachzuweisen, und dieser war wohl
auch nicht mehr ihr unmittelbares Ziel.

Ferner ist schon in der Antike bei Weitem nicht
alles, was wir heute unter Lyrik subsumieren, sangbar. Manche im weiteren Sinn lyrische Gedichtformen wie Trauer- und Liebeselegie oder das spöttische Epigramm sind bereits in der klassischen
Antike lediglich in *Sprechversen* verfasst. Darüber
hinaus zeigt die frühneuzeitliche Entwicklung wei-

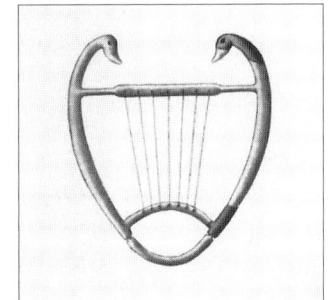

Abb. 2: Antike Leier (Lyra)

tere kaum mehr unter der Maßgabe der Sangbarkeit entstandene Gedichtformen (etwa das Sonett), und an die Schriftlichkeit gebundene Formexperimente, von barocken Gedichten in figurenhafter Textgestaltung bis hin zu modernen Sonderformen etwa der Konkreten Poesie, sind praktisch gar nicht mehr aus einem Liedcharakter heraus zu verstehen. Vielmehr beziehen sie sich nur noch auf das Merkmal der *Versstruktur*, und zwar auch dann, wenn sie dieses lediglich in einer Art graphischer Imitation tun. (Die Ausnahme bestätigt im Übrigen auch hier die Regel, denn die ursprünglich an den Redeinhalt gekoppelte Versstruktur ist zumindest als Kontrastfolie weiter wirksam: Die so genannten *Prosagedichte* der Moderne, das heißt literarische Texte in ungebundener Form, aber mit ,lyrisch' wirkendem Sprachduktus, stellen eben keine Lyrik mehr dar, da sie sogar die *graphische* Versform aufgeben.[4])

3. Im gesellschaftlichen Kontext

Verbunden mit der Liedhaftigkeit eines Teils zumal antiker lyrischer Dichtung ist ein anderes empirisches Grundelement von Lyrik: die Ausrichtung auf einen gesellschaftlichen Rezeptionskontext beziehungsweise sogar auf einen sozialen Zweck. Die unterhaltsame Unterstützung von Geselligkeit ist dabei der offensichtlichste Fall. Außerdem konnten selbst nicht mehr sangbare lyrische Gedichte sehr ernsthafte repräsentative Zwecke verfolgen und mitunter an eine hoch offizielle Zuhörerschaft gerichtet sein. Etwa in der erwähnten Poetik des Horaz findet sich ein entsprechender poetologischer Reflex; die Stelle, die bereits Opitz zitiert[5], lautet:

> Musa dedit fidibus divos puerosque deorum
> et pugilem victorem et equum certamine primum
> et iuvenum curas et libera vina referre.

> (Die Muse gab es, zu den Saiten [der Leier] die Göttlichen und die Söhne der Götter, / auch den Faustkämpfer als Sieger und das Pferd als im Wettkampf erstes, / und auch der Jugend Sorgen und die [von Sorgen] frei[machend]en Weine aufzuführen.)[6]

Fassen wir die genannten Liedstoffe, wie es wohl bereits die Zeitgenossen Horaz' taten, ein wenig abstrakter, ergeben sich als lyrische Sujets: religiöse Themen, sportliche Aktivitäten, Fragen der jugendlichen Liebe und Lieder auf den Wein beziehungsweise zu ,weinseligen' Anlässen. Antike Lyrik widmet sich diesem allen und darüber hinaus Anlässen, die das Gesamtspektrum bis weit in die Neuzeit bilden werden. Man besingt demnach Staatsmänner und politische Ereignisse, auf die einzuwirken das Ziel ist beziehungsweise die es zu feiern oder auch zu betrauern gilt, oder man widmet sich lyrisch privaten Anlässen wie Geburtstagen und anderen Festivitäten oder auch Todesfällen. Hinzu kommen in der Frühen Neuzeit lediglich Spezialformen wie das Hochzeits- oder das Abschiedsgedicht (etwa anlässlich eines Reiseantritts) und weitere (Lob-)Dichtungen, etwa auf Städte, Bücher und anderes mehr. Aufgrund der Veranlassung durch gesellschaftliche Gelegenheiten beziehungsweise ‚Fälle' (lat. Plural: *casūs*) fasst man solcherlei lyrische Dichtung auch unter dem Begriff der *Gelegenheitsdichtung* oder *Kasuallyrik* zusammen.

Poetischer Anspruch und gattungsmäßige Rede   4.

Mit den besprochenen sozialen und zumal repräsentativen Zwecken ist verbunden, dass Lyrik durch eine aus der Alltagssprache herausgehobene Redeweise gekennzeichnet ist. Ein ‚gefeilter' sprachlicher Ausdruck entsteht in der Antike jedoch zugleich im Rahmen eines subtilen literarischen Traditionskontextes. Grundforderung und fester Anspruch vieler Literaten ist es, eigene Dichtung unter Berücksichtigung der in älteren Werken bereits erreichten Standards zu verfassen und sich innerhalb der literarischen Reihe durch gezielte poetische Varianten im Sinne von ‚Verbesserungen' hervorzutun. Gefordert ist also die *Nachahmung* (lat. *imitatio*) von Gattungsvorläufern, um sich vor der literarischen Öffentlichkeit als grundsätzlich tauglich zu beweisen, weitergehendes Ziel ist allerdings deren poetische *Überbietung* (lat. *aemulatio*). Die Oden des Horaz etwa entstehen in solcher Absicht, das heißt in wettstreitender Auseinandersetzung mit älterer griechischer Odendichtung.

Exkurs

Antike Rhetorik und normative Poetik

Neben spezifischen Gattungsstandards wirkt auf die Lyrik zudem seit der späteren Antike ein übergreifendes Normensystem für die öffentliche Rede ein, nämlich die *antike Rhetorik*. Sie setzt, ausgehend vom pragmatischen Bedarf bei politischen, Gerichts- und Feierreden, nach und nach für alle Formen der auf Öffentlichkeit zielenden Rede Gestaltungsregeln fest. Bis heute bekanntester Vertreter dieser Rhetorik ist der gebildete römische Politiker *Cicero* (Marcus Tullius Cicero, 106-43 v. Chr.). Seit dem Mittelalter entwickelt sich sodann eine rein literarische Redekunst als *normative Poetik*, die Literaten vorschreibt, ihre Werke gemäß den *Pflichten des Redners* (lat. *officia oratoris*) anzugehen. Auszugehen sei von der *Stofffindung* (lat. *inventio*) aus einem Korpus vorgesehener *Themen* (grch. *topoi*, Sg.: *topos*) heraus, und die ordnungsgemäße *Komposition* (lat. *dispositio*) in *Redeteilen* wie *Prolog, Argumentation* und *Epilog* ist mit einer *sprachlichen Ausgestaltung* (lat. *elocutio*) zu verbinden. (Die ursprünglichen weiteren rhetorischen Pflichten, *Auswendiglernen*, lat. *memoria*, und *mündlicher Vortrag*, lat. *actio*, traten demgegenüber zurück.) Eine intensive rhetorische Strukturierung ist daher bis weit ins 18. Jahrhundert nicht nur Zeichen lyrischer Rede, sondern genauso für die anderen beiden literarischen Gattungen verbindlich. Dies gilt insbesondere auf der Ebene der sprachlichen Ausgestaltung, bei der die beiden *Stilmittelarten* – also *Tropen* (Einzelwort-Mittel) und *Figuren* (Mittel der Wortstellung) – in unterschiedlicher Intensität zum Einsatz zu kommen haben. Der konkrete Redezweck nach Grundzielen wie *Überzeugen, Belehren* und *Unterhalten* (lat. *persuadere, docere, delectare*) bestimmt dabei die Art der Rede und ihre Stilhöhe.[7]

Grundmerkmale lyrischer Stilistik sind von der Antike her also weniger in streng gattungsmäßigen Vorschriften zu finden. Ein auf den ersten Blick banal erscheinendes Merkmal in Abgrenzung von Dramatik und Epik ergibt sich allerdings bei aller Vorsicht: die Lyrische Kürze   spezifische *Kürze* von Lyrik, und zwar nicht nur in Form einer durchschnittlich geringeren Anzahl von Versen, also hinsichtlich einer eher äußerlichen Quantität, sondern auch qualitativ, durch eine tendenziell größere sprachliche Dichte und Prägnanz im Ausdruck. Letztere wird insbesondere durch Stilmittel erreicht, die den semantischen Wert des einzelnen lyrischen Ausdrucks signifikant erhöhen. Zu denken ist hier vor allem an die verschiedensten Möglichkeiten des prägnanten Einzelausdrucks und der Metaphorik beziehungsweise Bildhaftigkeit. Eine solche Kürze wird im späten 18. Jahrhundert von einzelnen Literaten sogar zu Höchstform und Inbegriff des dichterischen Ausdrucks erklärt und geradewegs zum Kernkriterium von ‚Poesie' erhoben. Damit einher gehen allerdings recht zeitbedingte weitere dichtungstheoretische Annahmen, so dass sich sagen lässt, dass diese Kürze wohl als *ein* Merkmal von Lyrik bezeichnet werden kann, die inhaltliche Füllung und Dominanz ist jedoch je historisch zu bestimmen.[8]

Mit der Kürze und den Stilmitteln der Metaphorik und Bildhaftigkeit lässt sich noch eine weitere gattungsmäßige Abgrenzung von Epik/Prosa und Drama etablieren. Selbst stilistisch aufgeladene Epik/Prosa ist im Wesentlichen mit dem *Erzählen* von Geschichten in einer zeitlichen Abfolge befasst, auch wenn die Narration sie am Ende ganz unterschiedlich ordnet. Lyrik hingegen nutzt zumal bildhafte Ausdrücke, um ein vorgestelltes Thema zu *beschreiben* und somit punktueller bedeutungsvoll zu vergegenwärtigen. Dass die absolute Länge von lyrischen Gedichten bisweilen weit über das Ausmaß bestimmter epischer Kleingattungen hinausgeht, ist von daher nur auf der Seite einer bloßen Quantität des Ausdrucks zu veranschlagen. Auf der Seite der Qualität des jeweiligen Redezwecks stehen die lyrische Beschreibung und die Narrativik der Epik/Prosa einander hingegen kategorial gegenüber.[9] Des Weiteren unterscheidet sich die bildhafte Beschreibung der Lyrik natürlich auch kategorial von den *darstellenden* Reden und unmittelbaren Handlungen des Dramas.

Lyrisches
Beschreiben

Die Ausrichtung des Dramas auf die szenische Aufführung durch ‚Personen' birgt schließlich noch ein letztes Abgrenzungskriterium gegenüber dem Ausgangspunkt der lyrischen Rede: Letztere wird in der Regel nicht von einer unmittelbar greifbaren Person vorgetragen und auch nicht fiktiv raumzeitlich eingeordnet, sondern erfolgt durch einen *unbestimmten Sprecher* beziehungsweise in quasi direkter Anrede an den Zuhörer/Leser. (Einen Grenzfall stellt hier das *Dialoggedicht* dar, dessen Sprecher allerdings nur in Ansätzen eine solche Kontur gewinnen wie die Personen eines Dramas.)

Unbestimmtheit
des Sprechers

Individualisierung des Ausdrucks – Autonomie der Literatur   5.

Ein genereller Unterschied von Lyrik und Alltagssprache beziehungsweise -texten entsteht von der Antike bis in die Frühe Neuzeit durch die imitative literarische Tradition und das rhetorisch-poetische System. In der zweiten Hälfte des 18. Jahrhunderts findet jedoch ein poetologisches ‚Umschalten' auf die Individualität des Ausdrucks statt, die nun ‚Genialität' und *persönlichen Ausdruck* des Dichtenden abbilden soll. Dabei hat sich Individualität insbesondere auf der Ebene des Empfindens und der Einbildungskraft beziehungsweise Phantasie zu beweisen. Diese Verstandeskräfte werden nun (neben beziehungsweise sogar über der in der Frühaufklärung gerade noch besonders betonten Vernunft und Rationalität) als wesentlich für gute Dichtung angesehen. In der Lyrik, *der* Gattung des neuen unmittelbaren Ausdrucks und der bildhaften Vergegenwärtigung, soll der Dichter daher Zeugnis

Abb. 3: Georg Wilhelm Friedrich Hegel (1770-1831)

ablegen von tatsächlichen Emotionen, die sich aus seiner persönlichen sinnlichen Erfahrung speisen. Eine weitergehende Verpflichtung als diese sinnlich-ästhetische hat die Literatur, die somit von der Gesellschaft und deren ‚Bedürfnissen‘ autonom gesetzt wird, nicht. Ergebnis ist die ansonsten ‚zweckfreie‘ *Erlebnislyrik*, die durch den so genannten *Sturm und Drang* beziehungsweise die Romantik zu einem Maßstab erhoben wird, der den gattungstheoretischen Diskurs des 19. und lange auch noch denjenigen des 20. Jahrhunderts bestimmen wird.

Von der philosophischen Warte des frühen 19. Jahrhunderts aus, das heißt namentlich in *Georg Wilhelm Friedrich Hegels* (1770-1831) ab 1817 entstandenen *Vorlesungen über die Ästhetik*, erfolgt schließlich sogar eine im Wesentlichen von der Erlebnislyrik ausgehende Abstraktion des „Lyrischen" gegenüber dem „Dramatischen" und dem „Epischen", und zwar weg von den konkreten literarischen Gattungen und hin zu einer hypostasierten (hier: ‚verselbständigten‘) Existenz von idealischen Ausdrucksweisen.[10] Eine entsprechende ‚Idee des Lyrischen‘ findet sich – was heute nurmehr befremden kann – noch um die Mitte des 20. Jahrhunderts in den Pathos-geladenen dichtungstheoretischen Arbeiten des einflussreichen Schweizer Literaturwissenschaftlers *Emil Staiger* (1908-1987), so etwa in seinen *Grundbegriffen der Poetik* von 1946.

Nach der Zentralsetzung von emotionalem Ausdruck und der in der Genieästhetik begründeten Autonomisierung der Literatur mussten aber seit der zweiten Hälfte des 18. Jahrhunderts große Teile der zuvor entstandenen Lyrik im solchermaßen *anachronistischen Blick zurück* zweifelhaft erscheinen: Zum einen ist dies der Fall, wenn bei älterer Lyrik der soziale Zweckcharakter deutlich im Vordergrund steht und damit der nun geforderte persönliche Ausdruck nicht erreicht wird. Zum anderen trifft das neue Verdikt diejenige Lyrik, deren Ausdruck zu eng dem alteuropäischen *Paradigma* (grch., hier für: ‚Muster für die Bildung von etwas‘) der rhetorisch-poetischen *imitatio* und *aemulatio* folgt. Insbesondere die barocke Gelegenheitsdichtung, aber auch der Kunstcharakter der Lyrik dieser Epoche erfährt damit von ca. 1770 bis ins 20. Jahrhundert eine deutliche Abwertung.

Der anachronistische Blick zurück

In weiten Teilen bereits zuvor geschätzte antike Lyrik wird allerdings auf ‚wohlwollendere‘ Weise neu gelesen und ihrerseits anachronistisch *uminterpretiert*, und zwar so, als ob sie bereits weitgehend autonom gewesen wäre und einen gelungenen persönlichen Ausdruck erreicht hätte. Sie kann somit einen gewissen Vorbildcharakter behalten und paradoxerweise sogar bisweilen zum Zeugen gegen ihre frühneuzeitlichen Nachfolger aufsteigen.

Uminterpretation antiker Lyrik

Nach der Genieästhetik: Einsprüche der Moderne   6.

Gegen das Paradigma der Genieästhetik sind im Wesentlichen drei ‚Einsprüche‘ ins Feld zu führen, die seit der zweiten Hälfte des 19. Jahrhunderts ebenfalls formuliert werden: Erstens ist dies die literaturwissenschaftliche Behauptung des *lyrischen Ichs*. Zweitens wird nun auch von Literaten wieder die *Artifizialität*, die zum Teil hoch reflexive ‚Gemachtheit‘ von Lyrik, unterstrichen. Drittens ist ein erneuertes Interesse einzelner Lyriker an der gesellschaftlichen Aussageposition und Wirksamkeit von Gedichten zu verzeichnen, das heißt eine neue Grundtendenz *politischer Engagiertheit*.

Die grundsätzliche Annahme eines *lyrischen Ichs* durch die Literaturwissenschaft des 20. Jahrhunderts bedeutet einen wichtigen wissenschaftlichen Vorbehalt vor allem gegenüber der genieästhetischen und romantischen Forderung nach dem unmittelbaren Gefühlsausdruck des Lyrikers. Ebenso wie zwischen dem realen epischen beziehungsweise Prosa-Autor und den Werkrezipienten in jedem Fall anerkanntermaßen eine Erzählinstanz anzusetzen ist, spricht auch im Gedicht demnach ein eigenes Aussage- beziehungsweise Textsubjekt. Dieses speist sich vielleicht aus Erfahrungen, Gefühlen und Einsichten des realen Autors, gewinnt jedoch in jedem Gedicht auch ‚namenlos‘ eine eigene Kontur. (Für die viel ‚öffentlichere‘ alteuropäische Dichtung ist eine solche Instanz natürlich umso mehr und teils in großer Abstraktheit anzunehmen, traten doch manche lyrische Textsorten teilweise seit Jahrhunderten nur in erheblicher Formalisierung und Konventionalität auf.)

Das lyrische Ich

Der zweite ‚Einspruch‘ beziehungsweise Vorbehalt gegenüber genieästhetischen und romantischen Vorstellungen richtet sich ebenfalls auf die Entstehung von Gedichten (und erinnert erneut zugleich an die alteuropäische Praxis literarischer Produktion): Zum einen sind es seit dem Ende des 19. Jahrhunderts Lyriker

Ästhetizismus und
absolutes Gedicht

des *Ästhetizismus,* des *l'art pour l'art,* deren extreme Formbemühungen ein neues Kunststreben weit über den im direkten Erlebnis verhafteten Gefühlsausdruck hinaus bezeugen. Zum anderen entwickelt namentlich *Gottfried Benn* (1886-1956) seit den 1920er Jahren das wirkmächtige Konzept des *absoluten Gedichts,* das gesellschaftliche oder gar politische Bezugnahmen aus einer nihilistischen Welthaltung heraus zurückweist und stattdessen ein ‚letztes Heil‘ in der weltschöpferischen Sprachentfaltung sucht.

Gesellschaftskritik
und Engagement

Ein ganz anders gelagerter ‚Einspruch‘ gegen Genieästhetik und Romantik kommt ferner von Literaten, die über Gedichte ihre *weltanschaulich-soziale Grundhaltung reflektieren* oder sogar eine *unmittelbare gesellschaftliche Einflussnahme* vermittels politischer Gedichte anstreben (und wiederum scheint eine Verbindung zur grundsätzlich gesellschaftlich eingebundenen Lyrik Alteuropas auf). Gedichte dieser Art entstehen im 19. Jahrhundert zuerst in der Zeit der Befreiungskriege von Napoleon sowie dann vermehrt in der nachfolgenden Zeit der politisch progressiven Lyrik des Vormärz und noch einmal in der Zeit des Naturalismus. Im 20. Jahrhundert sind es schließlich etwa die kriegskritischen Gedichte des Expressionismus, die politisch linksgerichtete Lyrik in der Zeit der Weimarer Republik und des Exils (namhaftester Vertreter: *Bertolt Brecht* [1898-1956]) oder Gedichttexte der politisch bewegten 1960er Jahre, die diese neue Zweckgebundenheit aufweisen.

Zusammenfassung

Literaturtheoretisch werden erst im späten 18. Jahrhundert die zuvor je für sich registrierten lyrischen Gedichtformen unter dem heute geläufigen Gattungsbegriff als Einheit wahrgenommen: Bis in diese Zeit sind praktisch alle als literarisch geltenden Textformen in Versen abgefasst, und nur Epos und Drama werden einer genaueren Definition für würdig erachtet. Grundzüge lyrischer Dichtung sind daher nur implizit zu bestimmen und zudem von der Antike bis zur Gegenwart in unterschiedlicher Ausprägung vorzufinden. Am Anfang steht die etymologisch im Begriff ‚Lyrik‘ angelegte Sangbarkeit, die freilich bereits antik in einzelnen Gedichtgattungen kaum mehr zu finden ist. Der Liedcharakter verweist sodann auf die schon zu Zeiten eines Horaz mannigfaltigen gesellschaftlichen ‚Zwecke‘ der Gattung. Wie für Epik und Dramatik gelten außerdem von der Antike bis ins 18. Jahrhundert bestimmte literarisch-rhetorische Ansprüche, zumal auf der Ebene der sprachlichen Ausgestaltung. Als ‚lyrisch‘ erscheint in diesem Zusammenhang eventuell eine besondere Prägnanz (‚Kürze‘), insbesondere aber das ‚Beschreiben‘ (und nicht Erzählen oder szenische Darstellen) durch einen unbestimmten Sprecher. Eine neue Gattungsbestimmung befördert das späte 18.

Jahrhundert, weil sich die nun geforderte Individualisierung und Autonomisierung von Literatur vor allem in lyrischen Gedichten manifestieren soll. Seit dem mittleren 19. Jahrhundert sind jedoch auch drei ‚Einsprüche' gegen die Autonomieästhetik zu verzeichnen, und zwar die erwähnte grundsätzliche Annahme des lyrischen Ichs sowie die (ihrerseits konträren) Lyrikkonzepte ästhetizistischer und weltanschaulich engagierter Literaten.

Literatur

Anthologien

Der neue Conrady. Das große deutsche Gedichtbuch. Neu hg. u. aktualis. v. Karl Otto Conrady. 3. Aufl. Düsseldorf, Zürich: Artemis & Winkler 2003.

Deutsche Gedichte von den Anfängen bis zur Gegenwart. Auswahl für Schulen. Ausgew. v. Theodor Echtermeyer. Hg. v. Elisabeth K. Paefgen u. Peter Geist. 19. Aufl. Berlin: Cornelsen 2005.

Deutsche Lyrik von Luther bis Rilke. Berlin: DirectMedia 2002 (Digitale Bibliothek 75) [CD-ROM].

Die Deutsche Lyrik in Reclams Universal-Bibliothek. Cambridge u. a.: Chadwyck-Healey 2000 [CD-ROM].

Jahrhundertgedächtnis. Deutsche Lyrik im 20. Jahrhundert. Hg. v. Harald Hartung. Stuttgart: Reclam 1998.

Reclams großes Buch der deutschen Gedichte. Ausgewählt u. Hg. v. Heinrich Detering. Stuttgart: Reclam 2007.

Literatur

Dieter Burdorf: Einführung in die Gedichtanalyse. 2., überarb. u. aktualis. Aufl. Stuttgart, Weimar: Metzler 1997 (Sammlung Metzler 284), hier: S. 1-21 (Kap. 1).

Fuhrmann, Manfred: Dichtungstheorie der Antike. Aristoteles – Horaz – ‚Longin'. Eine Einführung. 2., überarbeitete u. veränderte Aufl. Darmstadt: Wissenschaftliche Buchgesellschaft 1992 (Die Literaturwissenschaft), hier: S. 111-144 (zu Horaz' Ars poetica).

Link, Jürgen: Elemente der Lyrik. In: Literaturwissenschaft. Ein Grundkurs. Hg. v. Helmut Brackert u. Jörn Stückrath. Reinbek bei Hamburg: Rowohlt 1992 (rowohlts enzyklopädie), S. 86-101.

Petersdorff, Dirk v.: Geschichte der deutschen Lyrik. München: Beck 2008 (Beck'sche Reihe: C. H. Beck. Wissen).

Sorg, Bernhard: Lyrik interpretieren. Eine Einführung. Berlin: Erich Schmidt 1999.

Fragen

1. Worauf bezieht sich der frühneuzeitliche Begriff ‚geticht‘, und welche historische Tragweite hatte dies für die Gattungsfrage?

2. Wieso stand die Lyrik von der Antike bis zur Frühen Neuzeit ‚im gesellschaftlichen Kontext‘?

3. Inwiefern hat die genie- beziehungsweise autonomieästhetische Lyrikdefinition zu einer Abwertung älterer Lyrik geführt?

Basismodul 2: Grundfragen der Metrik

Nach der Bestimmung inhaltlicher Grundzüge der Gattung werden in diesem Modul basale Fragen der formalen Gestalt lyrischer Gedichte thematisiert. Dabei ist auszugehen von einer theoretischen Metrik, die Grundkategorien zur Bestimmung der unterschiedlichen ‚Verskünste' auch ein und derselben Sprache bereitstellt, bevor sich eine beschreibende Metrik den je historischen Erscheinungsbildern widmen kann. Versifikation und weitere Stufen formaler Ordnung im Allgemeinen und die Kategorien der Silben beziehungsweise metrischen Größen und der Reime sowie deren metrische Notation im Besonderen stehen dann im Fokus, um schließlich einzelne Versfüße als besonders wichtige metrische Binneneinheiten genauer vorzustellen.

Zentrale Einsichten verdankt dieses Basismodul Christian Wagenknechts *Deutscher Metrik*, deren Untertitel *Eine historische Einführung*[1] bereits auf etwas ganz Wesentliches hinweist: *Deutsche Metrik* ist meistenteils nicht historisch übergreifend, also rein systematisch zu beschreiben. Denn nicht nur die diskutierten inhaltlichen Grundzüge der Gattung sind in der deutschen Lyrikgeschichte unterschiedlich stark von Bedeutung. Auch die metrisch-formale Struktur lyrischer Texte (nicht nur) deutscher Sprache ist in vielem nur je historisch zu erfassen. Es kann daher im Folgenden lediglich Ziel sein, absolute Grundfragen und Basisunterscheidungen der deutschen Metriken des 16. bis 21. Jahrhunderts anzusprechen. Viele Einzelheiten und Begrifflichkeiten haben erst in den lyrikgeschichtlichen Aufbaumodulen ihren Platz.

Theoretische und beschreibende Metrik 1.

Der konkreten formalen Analyse, Aufgabe einer *beschreibenden (deskriptiven) Metrik*, gehen Grundannahmen über die metrische Gestaltung von Versen voraus, die im Rahmen einer *theoretischen Metrik* erfasst werden. Letztere ist in dieser anwendungsbezogenen

Einführung nicht ausführlich zu thematisieren. Einige wesentliche Unterscheidungen, die sie bereitstellt, sollen jedoch eingeführt werden.

In erster Linie ist bereits die *konkrete Verszeile* von dem *Versmaß (Metrum)* zu unterscheiden, nach dem sie gebildet worden ist. Denn bei der metrischen Analyse ist immer wieder zu beobachten, dass die Grundvorstellung von einem Versmaß nicht vollends mit der realen Ausgestaltung zu vereinen ist. Entsprechend ist bei der metrischen Analyse lediglich annäherungsweise ein Grundtakt in der Verszeile zu finden, und zwar durch das so genannte *Skandieren*, ein (lautes) Sprechen und die damit verbundene Aufzeichnung metrischer Merkmale, das die Regelmäßigkeiten, das heißt gegebenenfalls eine Art *Takt* des zugrunde gelegten Metrums, herausstellt.

Skansion und Rezitation   Diese *Skansion* ist jedoch ferner zu unterscheiden von der Form des Vortrags, die der Verszeile als Sinnträger im konkreten Gedicht gerecht wird, das heißt der *Rezitation*. Letztere nämlich versucht über den Grundtakt hinaus den je eigenen *Rhythmus* der Verszeile zu realisieren. So lässt sich zum Beispiel bei zwei grundsätzlich identisch geformten Barocksonetten, die sich von der metrischen Struktur jeder einzelnen Zeile bis hin zu der typischen strophischen Gesamtordnung gleichen, diese Übereinstimmung auf der Ebene der Skansion weitgehend konstatieren. Bei einem inhaltlich angemessenen Rezitieren hingegen sind eventuell beachtliche Unterschiede im rhythmischen Fluss der Verse zu beobachten.

Prosodie und Versifikation   Schließlich unterscheidet die theoretische Metrik zwei regulative Grundebenen: Erstens ist bei jeglicher metrischen Betrachtung nämlich auszugehen von der *Prosodie* als der Gesamtheit der metrisch relevanten Eigenschaften einer Sprache. Im Zentrum der Prosodie wiederum stehen die *Silben*, das heißt deren Akzentuierungs- und Intonationsmöglichkeiten, ihre Quantitäten (Länge/Kürze, an der Aussprachedauer ‚gemessen‘) und anderes mehr. Die Lehre von den prosodischen Merkmalen einer Sprache, die *Prosodik*, bildet jedoch nur die Basis für die weiteren Bestimmungen darüber, wie diese Merkmale in einem je historischen Rahmen genutzt werden. Diese weiteren Bestimmungen erfasst, zweitens, eine ‚Lehre vom Versemachen‘, die so genannte *Versifikation*, die uns auch als die Metrik einer historischen Lyrik, das heißt als die formale ‚Gesetzgebung‘ für deren gesamtes Textkorpus erscheint.

Versifikation und weitere Stufen formaler Ordnung   2.

Nach Wagenknecht lassen sich drei Arten der Versifikation beziehungsweise Basisentscheidungen für die versifikatorische Gestaltung von Texten unterscheiden, denen unterschiedliche prosodische Setzungen zugrunde liegen:

Definition ▬▬▬▬▬▬▬▬▬

1. Wenn die maßgebliche Prosodie die Silben unabhängig davon bestimmt, wie sie im Einzelnen beschaffen sind (ob lang/kurz, ob betont/unbetont), regelt die Versifikation nur die Anzahl der Silben im Vers. Die Verse sind *nach Silben gezählt*.
2. Wenn die Prosodie die Silben nach prosodischen Merkmalen näher bestimmt (also als lang und kurz beziehungsweise betont und unbetont), dann regelt die Versifikation Anzahl und Abfolge dieser Silbentypen im Vers. Die Verse sind hier *nach Größen geordnet*.
3. Im Falle einer Prosodie, die bestimmte Silben in klangliche Reimgruppen zusammenstellen lässt, setzt die Versifikation die Stellung entsprechender Reimelemente im Vers fest (in der Regel an den Zeilenenden). Dann sind die Verse *nach Reimen gebunden*.[2]

Ausgehend von diesen drei fundamentalen Möglichkeiten soll auch im Rahmen dieser Einführung die metrische Analyse erfolgen, das heißt es wird für jedes Gedicht, und damit oft auch exemplarisch für eine Lyrikepoche, wieder nach der Realisation von *Silbenzählung*, *Ordnung nach Größen* und *Reimbindung* als Basisentscheidungen zu fragen sein.

Wichtig ist des Weiteren jedoch, dass über die (nationalen) literarhistorischen Epochen hinweg oft nicht nur eine der drei Arten gilt. Vielmehr lassen sich etwa innerhalb der deutschen Lyrik sogar in enger zeitlicher Nachbarschaft die verschiedensten *Kombinationen* dieser Arten zu *Metriktypen* finden: Volkstümliche deutsche Versdichtungen zu Beginn des hier zu betrachtenden Zeitraums zielen etwa vor allem auf das Reimen am Ende der Verszeilen ab, die hinsichtlich Silbenzahl und prosodischer Ordnung nach quantitativen oder Akzentgrößen nicht wirklich geregelt werden. Bei der etwas später einsetzenden deutschen Renaissancelyrik nach französischem und italienischem Vorbild ist das Reimen zwar ebenfalls fest vorgeschrieben, jedoch kombiniert mit einem exakten Silbenzählen, und die unmittelbar nachfolgende Lyrik der Barockzeit fordert zusätzlich eine absolute Ordnung nach Größen, das heißt hier in Form einer ganz regelmäßigen Folge von akzentuierten und nicht-akzentuierten (betonten/unbetonten) Silben.

Mit diesen Metriktypen können sich außerdem – erneut: je historisch – weitere metrische Regularien verbinden, die sich auf die Anordnung der Verse beziehen. Wagenknecht setzt wiederum drei Grundmöglichkeiten beziehungsweise hier: *Stufen immer umfassenderer Ordnung* an: Das gänzliche Fehlen weiterer Regeln der Versanordnung führt zu einer *stichischen* (grch. für bloß ‚reihend‘) Versfolge, sozusagen die Nullstufe weiterer Regulierung. Werden nach festgelegten Verszahlen Verszeilengruppierungen gebildet, so ist die *strophische* Ordnungsstufe vorhanden (Beispiele folgen an jeweils passender Stelle im historischen Durchgang). Bilden bestimmte Verszahlen und/oder Strophengruppierungen eine weitere Formation, so ist schließlich die Stufe der *globalen* Anordnung beziehungsweise einer festen *Gedichtform* erreicht (Beispiele s. erneut erst im historischen Durchgang).[3]

Schließlich noch ein Wort zu der (Un-)Bedingtheit der Geltung der vorgestellten metrischen Typen und Regularien: Auch wenn innerhalb einer Epoche von der grundsätzlichen Geltung in einer bestimmten Versifikatonsart beziehungsweise -kombination auszugehen ist, kann es doch im Einzelnen, das heißt bei einzelnen Autoren oder auch nur einzelnen Versen, zu Abweichungen etwa in der Silbenzählung oder Reimordnung kommen, die nicht nur Verstöße gegen das zugrunde zu legende Metrum darstellen. Vielmehr haben sich immer wieder Abweichungen herausgebildet, die offensichtlich eine eigene Anerkennung und dauerhafte ‚Erlaubnis‘ erworben haben. Es handelt sich dann um so genannten *metrische Lizenzen*, die jeweils eigens kennenzulernen sind, um sie von bloßen Verstößen nach zeitgenössischen Maßstäben zu unterscheiden.

Marginalie: Stufen metrischer Ordnung

Marginalie: Metrische Lizenzen

3. Silben, Größen, Reime und deren metrische Notation

Ausgehend von den drei Grundarten der Versifikation sind nun noch einige Begrifflichkeiten für die Analyse und *Notation* (im Sinne von ‚fachgerechte Aufzeichnung‘) von der gegebenenfalls zu zählenden Silben, ihrer Ordnung nach Größen sowie ihrer Bindung in Reimen einzuführen. Insbesondere bei der metrischen Notation handelt es sich bei der hier vorzustellenden um eine von mehreren möglichen, diese ist aber hoffentlich einsichtig und praktikabel.

Ist im konkret zu analysierenden Fall zunächst lediglich von einer *silbenzählenden Metrik* auszugehen, soll im Folgenden jede Silbe mit einem x notiert werden. Ist eine Silbenposition regulär nicht zwingend zu besetzen, wird sie geklammert: (x). Ist ferner vorgesehen, dass an bestimmten Stellen im Vers die Silbengrenze mit höheren Einschnitten, sprich: einem Wortende, Satzabschnitt (grch. *Kolon*) oder gar Satzende zusammenfällt, so spricht man von *Zäsuren* und verwendet je eigene Symbole für sie: Ein Apostroph (') markiert die regelmäßige Wortgrenze, der einfache Schrägstrich (/, frühnhd. die *Virgel*) steht für eine nicht beliebige Kolongrenze und ein doppelter Schrägstrich (//) für die feste Satzgrenze. Ein zehnsilbiges, u. U. elfsilbiges Metrum mit einer festen Wort- und Kolongrenze wäre daher in der folgenden Notation aufzuführen:

x x x x ' x x x x x x (x) /
(*Gemeiner Vers / vers commun* der Renaissance)

Die Notation einer *konkreten* Verszeile nach diesem Metrum kann zum einen Abweichungen, etwa die möglicherweise gezielt unterlassene Zäsur, verzeichnen, und zum anderen wird die letzte Silbe besetzt oder unbesetzt sein, Klammerung beziehungsweise Silbenzeichen fallen dann entsprechend weg. Ferner kann an dieser Stelle auf ein der Zäsur auf Kolon- und Satzebene geradezu konträres Phänomen hingewiesen werden, und zwar auf den *Zeilensprung* (frz. *enjambement*). Er gehört bereits in verschiedener Lyrik der Antike gewissermaßen zum guten Ton und ist auch bei vielen neuzeitlichen Versformen möglich (Art der *Lizenz*).

Ist (darüber hinaus) von einer *Ordnung nach Größen* auszugehen, soll hier die Notation der klassisch altgriechisch-lateinischen Metrik übernommen werden. Sie ordnet zwar eigentlich nach Silbenquantitäten, also nach lang oder kurz gemessenen Silben und notiert *diese* mit einem Balken für die *Länge* – oder einem Bogen für die *Kürze*, der hier der typographischen Darstellbarkeit halber als v umgesetzt wird. Diese Notationsweise kann aber entsprechend auch für eine Metrik gelten, die ebenfalls zwei verschiedene Größen kennt, diese aber gar nicht nach Länge und Kürze sortiert, sondern – was im Deutschen der weitaus häufigere Fall ist – nach Betontheit beziehungsweise Akzentuierung. Der Balken steht dann für eine regelmäßig betonte Silbe oder *Hebung*, das v für eine unbetonte Silbe oder *Senkung*. Die Markierung etwa von Kolongrenzen oder potentiell unbesetzten Silben erfolgt hier wie bei der bloß silbenzählenden Metrik. Beispielsweise ein Vers mit je sechs festen Senkungen und Hebungen im steten Wechsel

Bloße Silbenzählung (mit Zäsuren)

Ordnung nach Größen

sowie einer festen Kolongrenze und einer fakultativen Senkung am Ende (der barocke dt. Alexandriner) ist hier folgendermaßen zu notieren:

$$v - v - v - / v - v - v - (v)$$

Ist bei einem nach Größen geordneten Metrum die Besetzung bestimmter Silbenpositionen mit betonungsmäßig unterschiedlichen und/oder anzahlmäßig unterschiedlich vielen Größen möglich, notiert man die üblichere etwas *nach unten* und die andere etwas *nach oben versetzt*. Ist die Besetzung einer Silbenposition größenmäßig völlig offen, aber immerhin nur einmal möglich, kommt wieder das bloße x der bloßen Silbenzählung zum Einsatz:

$$- \overset{..}{v}\,v - \overset{..}{v}\,v - \overset{..}{v}\,v - \overset{..}{v}\,v - v\,v - x \text{ (antiker Hexameter)}$$

Für den Fall schließlich, dass innerhalb eines nach Größen geordneten Metrums nicht zugleich alle Silben auch fest gezählt sind, sondern nur die Hebungen ‚zählen‘, das heißt bei so genannter *Füllungsfreiheit* bezüglich der Senkungen, ist eine Kurznotation der bloßen Hebungszahl vorzunehmen. Da solch ein Metrum oft mit bestimmten Silbenbesetzungen am Zeilenende auftritt, seien hier gleich zwei weitere Notationszeichen mit eingeführt, die aus dem Kontext französischer Metrik stammen. Und zwar lässt sich dort regelmäßig beobachten, dass die letzte Silbenposition entweder einsilbig (betont) oder zweisilbig (betont, unbetont) besetzt wird. Dieses Silbenphänomen geht im Französischen analog mit einer Wortbildungsregel, nach der ein Adjektiv über die Ein- beziehungsweise Zweisilbigkeit als grammatisch männlich oder weiblich ausgezeichnet wird (Standardbeispiel: *grand : grande*), verzeichnet man es als metrisch relevantes Versende mit einem m oder einem w, das heißt als ‚männliche‘ oder ‚weibliche‘ *Kadenz*.

Füllungsfreiheit und Kadenzen

Ist ein Metrum etwa alleinig durch vier feste Hebungen, also bei Füllungsfreiheit hinsichtlich der dazwischenliegenden Senkungen, bestimmt und weist darüber hinaus einen vorgeschriebenen m/w-Wechsel in der Kadenz von der einen zur nächsten Zeile auf, notiert man: 4 (w), 4 (m) (Nibelungenzeile, hier in zwei Hälften geteilt). Mit Bezug auf eine konkrete Verszeile können in diesem Fall die Hebungen zuerst direkt *über* den Silben mit dem Akzentzeichen (´) vermerkt werden (dies kann im Übrigen bei jeder Skansion von Versen vorgenommen werden, bevor eine endgültige Notation unterhalb der Verszeilen erfolgt). Für das zuletzt notierte Metrum wäre eine konkrete Verszeile etwa wie folgt mit der provisorischen Hebungsnotation zu versehen (die Vokale der ersten, achten und letzten Silbe sind zudem phonetisch lang anzusetzen):

Ich zóch mir eínen válken / mére dánne ein jár.

Hinsichtlich der *Notation von Reimbindungen* sei lediglich der in den deutschen Metriken der Neuzeit häufigste Fall des Reims im Wortausgang angesprochen, der in der Regel am Versschluss begegnet, der *Endreim*. In dieser Weise verbundene Verse werden im Alphabet aufsteigend erfasst, das heißt bei einer Abfolge von immer neuen paarweise gereimten Versen etwa mit: aabbccdd usw. Gesondert zu bestimmen ist der Fall regelmäßig nicht reimender Zeilen, so genannte *Waisen*, die in der Umgebung von stetig durch Reim gebundenen Versen stehen. Hier ist der Buchstabe x zu setzen (nicht zu verwechseln mit dem x für bloß gezählte Silbe).

Notation von Reimbindungen

Je nach der *Kombination von Reimzeilen* sind ferner *differenzierende Benennungen* üblich, die meistenteils bekannt sein sollten und von denen daher nur einige wenige exemplarisch aufgeführt seien, wie etwa der *Paarreim* (zu notieren: aabb usw.), der *Kreuzreim* (abab), der *umschließende Reim* (abba) und der auf mindestens zweimal drei Reimverse bezogene *Schweifreim* (aabccb). Hinsichtlich *klanglicher Qualität* beziehungsweise *Umfang* der sich reimenden silbischen Elemente sind weitere Unterscheidungen üblich, von denen an dieser Stelle einige wenige Beispiele genannt seien. Ein *unreiner Reim* liegt demgemäß vor, wenn die sich üblicherweise reimenden Elemente, letzter betonter Vokal und nachfolgende Silbe(n), phonetisch nicht voll übereinstimmen (z. B. geschieht : bemüht). Als *erweiterter Reim* wird es gewertet, wenn die phonetische Analogie über den letzten betonten Vokal hinausgeht; dabei sind jedoch in der Regel weiter differenzierende Benennungen vorzunehmen. So spricht man bei im Wortstamm übereinstimmenden Reimwörtern vom *grammatischen Reim* (geben : übergeben); ein *reicher Reim* liegt hingegen vor, wenn der Reim mindestens bis auf den vorletzten betonten Vokal ausgreift (Kinderglück : Finderglück). [4]

Reimbenennungen

Versfüße als metrische Binneneinheiten   4.

Zum Abschluss soll im Sinne einer lediglich ersten Grundlegung noch auf zwei Ebenen der Versifikation eingegangen werden, die auf besondere Weise die Binnenstruktur des Verses beziehungs-

weise auch den Verbund mehrerer Verse betreffen: Die Binnenstruktur von nach Größen geordneten Versen wird seit der Antike
nicht nur in der zeilenmäßigen Gesamtabfolge von Längen und
Kürzen beziehungsweise Hebungen und Senkungen bestimmt,
sondern auch durch so genannte *Versfüße* (bei bestimmten Um-
fängen werden diese antik auch als Metren in einem engeren
Sinne erfasst, auf diese Begrifflichkeit sei hier jedoch verzichtet).
Demnach sind einzelne Abfolgen von Größen innerhalb eines
Verses gesondert zu benennen. In den Bereich deutscher Metriken – soweit diese überhaupt nach Größen ordnen – sind verschiedene antike Füße übernommen worden, dabei allerdings
tendenziell zumeist von quantitativen zu Betonungseinheiten
uminterpretiert worden.

Versfußtypen   Zu unterscheiden sind zunächst *zwei-, drei- und viersilbige Versfüße*, die nach der ihrer je eigenen Abfolge von Hebungen und
Senkungen benannt werden. Hauptvertreter *zweisilbiger* Füße
sind der *Trochäus* (in der bereits eingeführten Notation: – v; z. B.
‚Seele‘), der *Jambus* (v –; z. B. ‚Gespenst‘) und der in einer akzentuierenden Metrik schwer zu realisierende *Spondeus* (– –, mit der
Hauptbetonung vorne, z. B. ‚kraftvoll‘). Bekanntere *Dreisilbler*
sind der *Daktylus* (– v v; vgl. als Beispiel auch die deutsche Übersetzung des Versfußnamens: ‚Fingerchen‘) und der *Anapäst* (v v –
; nur auf der letzten Silbe zu betonen: ‚Anapäst‘); seltener begegnen der *Kretikus* (– v –; als Merkform, mit Überbetonung am
Ende: ‚Krétikús‘) und der *Amphibrach* (v – v; z. B. ‚belebend‘). Epo-
chal sehr begrenzt verwendet werden ferner *Viersilbler*, von denen
daher hier nur der *Chorjambus* (– v v –; z. B. ‚ängstlich der Sinn‘)
eigens benannt sei.

Versfußkombina-   Am ehesten begegnen in deutschen Metriken die einzelnen
tionen Versfüße in bestimmten Anzahlen je für sich zeilenweise wiederholt, so etwa der fünffache Jambus beim *Blankvers* des Dramas
(engl. *blank verse*, hier ‚reimloser Vers‘). Versmaße, bei denen sich
verschiedene Versfüße in einer Zeile abwechseln, sind zum einen etwa
der in der Notation bereits vorgestellte antike Hexameter (vgl.
S. 28), bei dem die Abfolge der antiken Längen und Kürzen beziehungsweise im Deutschen in der Regel eine Abfolge von akzentmäßigen Hebungen und Senkungen mit gewissen Variationen
erfolgen darf: Es sind zwar grundsätzlich Daktylen, die das Metrum vorsieht, die ersten vier Füße dürfen aber auch durch Spondeen gebildet werden. Der sechste Fuß ist sogar in besonderer
Weise variabel, wie es das x markiert: – *oder* v ist hier gestattet.

Ferner handelt es sich beim letzten Versfuß des Hexameters
somit nicht einmal um einen vollen Daktylus, da ihn nur *eine*

Kürze beziehungsweise Senkung beschließen darf. Man spricht in diesem Fall, wenn also eine oder auch mehrere Kürzen/Senkungen an einem Versfuß am Zeilenende fehlen, von einem *katalektischen* Versschluss oder der *Katalexe* (grch. ‚Aufhören‘, hier: ‚Wegfall‘). Das einfache Gegenteil wäre der *akatalektische* Versschluss, der bei Metren vorliegt, die auf einen kompletten (in der Regel antikischen) Versfuß enden, so der im vorangegangenen Absatz erwähnte Blankvers. Ein noch stärkeres Gegenteil stellt die *Hyperkatalexe* dar, die vorliegt, wenn über das geforderte Metrum hinaus eine weitere Kürze folgt. Dies ist der Fall beim ebenfalls schon in der Notation vorgestellten deutschen Barockalexandriner (vgl. S. 28), der aus sechs Jamben gefügt sein muss. An diese an sich kompletten sechs Füße schließt sich allerdings bei weiblicher Kadenz noch eine unbetonte Silbe an, die als *hyperkatalektisch* bezeichnet werden kann.

Katalexe / Hyperkatalexe

Schließlich kurz zu einem etwas komplexeren Fall fester Versfußkombination innerhalb einer Verszeile (Genaueres s. Aufbaumodul 3, Abschnitt 3): Dieser liegt vor bei den altgriechischen und lateinischen *Odenmaßen* (die zudem meist in einer eigenen strophischen Struktur begegnen, dazu jedoch auch erst später). Als Beispiel sei der in verschiedenen Odenstrophen zu findende *Kleinere Asklepiadeus* angeführt, der aus einem Spondeus, zwei Chorjamben und einem Jambus besteht:

Odenmaße

$$- - - \upsilon\, \upsilon - \text{'} - \upsilon\, \upsilon - \upsilon -$$

Zusammenfassung

Aus der Perspektive der theoretischen Metrik sind zunächst das abstrakte Versmaß beziehungsweise Metrum und die jeweils konkret vorliegende Verszeile zu unterscheiden, deren Umsetzung des metrischen Schemas das Skandieren aufsucht, das hinwiederum vom sinn- und rhythmusorientierten Rezitieren zu unterscheiden ist. Die Grundlage für die je historisch vorliegenden Metriken (auch ein und derselben Sprache) bildet die Prosodie einer Sprach(stuf)e, auf deren Basis ihrerseits unterschiedlichste Versifikationsarten möglich sind, und zwar durch verschiedene Kombination dreier Grundarten: bloße Zählung nach Silben, Ordnung nach Größen und Bindung in Reimen. Daneben sind ebenfalls drei Stufen der metrischen Regulation festzumachen, und zwar eine bloß stichische (zeilenmäßig einfach reihende), eine strophische oder sogar eine globale Ordnung. Je nach anzunehmender Versifikationsart für eine vorliegende Verszeile sind sodann unterschiedliche Notationsweisen anzusetzen. Im Einzelnen zu kennen sind ferner vor allem verschiedene Reimarten sowie Haupttypen zwei-, drei- und viersilbiger Versfüße, die in einfacher Wiederholung (Alexandriner) oder auch komplexer Kombination (Odenmaße) begegnen können.

Literatur

Breuer, Dieter: Deutsche Metrik und Versgeschichte. 4. Aufl. München: Fink 1999
(UTB 745) [diverse Nachdrucke].
Wagenknecht, Christian: Deutsche Metrik. Eine historische Einführung. 5., erw.
Aufl. München: Beck 2007.

Fragen

1. Was unterscheidet die regulativen Grundebenen Prosodie und Versifikation?

2. Welche Kombination von Versifikationsarten betreibt die deutsche Barockly-rik?

3. Analysieren Sie die folgenden Verse metrisch und bestimmen Sie das zugrunde liegende Metrum:
Wer sein selbst Meister ist / und sich beherrschen kan /
dem ist die weite Welt und Alles unterthan.

Basismodul 3: Schritte der Lyrikanalyse

Ein Gedicht wissenschaftlich zu analysieren und zu interpretieren ist eine komplexe Aufgabe, für die hier vier einzelne Schritte vorgeschlagen werden: Als Erstes sind demnach Fragen der Entstehung und historischen Gestalt des Gedichttextes zu klären, dann sollte sich eine metrische Analyse anschließen. Deren Ergebnisse sind in eine nachfolgende inhaltliche Analyse zu übernehmen, um schließlich zu einer umfassenden Interpretation des Gedichts als solchem sowie in seinem (literar-)historischen Kontext zu gelangen.

Dieses Basismodul versteht sich als *ein* Grundschema der Lyrikanalyse, das in den nachfolgenden Aufbaumodulen bei den ausgewählten Analysebeispielen (jeweils Abschnitt 3) zur Anwendung kommen wird. Nicht jeder Schritt ist dabei dort wie generell stets durchzuführen, nicht immer wird die vorgegebene maximale Schrittefolge hinreichend oder sinnvoll erscheinen. Alternative Analysemuster finden sich zudem etwa in der am Ende dieses Basismoduls versammelten Literatur, unter der jedoch nur Horst Joachim Franks *Wie interpretiere ich ein Gedicht?* über die Ebene der Formanalyse hinausgeht (das allerdings in schwer nachzuahmender Breite).

Fragen der Entstehung   1.

Diese Fragen sollen in keinem Fall bereits eine werkhistorische, biographische oder epochenbezogene Deutung des infrage stehenden Gedichts produzieren. Vielmehr haben sie im Vorfeld von Analyse und Interpretation zu stehen, um bei diesen beiden Schritten gegebenenfalls produktiv zu werden.

1) Ist in der vorliegenden Gedichtausgabe der *Zeitpunkt der Entstehung* oder der *Erstveröffentlichung* vermerkt?
2) Wenn nein, ist das Gedicht in der (gegebenenfalls neu aufgelegten) *Erstausgabe* oder einer *historisch-kritischen Edition*, die Erstere verzeichnet, zu erhalten?

3) Gibt es ferner *weitere Fassungen* beziehungsweise *abweichende Publikationen* (vgl. am ehesten in einer historisch-kritischen Ausgabe), und lassen sich diese erklären?

4) Ist gegebenenfalls *eine Fassung* der anderen *vorzuziehen*?

5) Lassen sich schließlich das Entstehungsdatum und gegebenenfalls die Überarbeitungen mit *Angaben zu Leben und Werk des Verfassers* in eine erste Beziehung setzen oder durch Letztere zuallererst erschließen? (Rahmendaten vgl. in allgemeinen, biographischen und Literaturlexika beziehungsweise in Epochenüberblicken oder gegebenenfalls Monographien über Autor/Werk.)

6) Gibt es signifikante Entstehungs- und Publikationsumstände *in der allgemeinen oder der Literaturgeschichte der Zeit?*

2. Ebenen der Formanalyse

Zu beginnen ist mit dem *Bau der Verszeilen*; Grundfragen nach Wagenknecht sind:

1) Ist eine regelmäßige *Silbenzählung* zu erfassen? (Ist summarisch am linken Rand zu notieren, z. B.: 8 9 8 9.)

2) Liegt eine *Ordnung nach Größen* vor? (Für den Bereich deutschsprachiger, mutmaßlich akzentuierender Lyrik können provisorisch die Hauptakzente [mit: ´] auf den *betonten* Silben vermerkt werden, zwischen denen eventuell *Füllungsfreiheit* herrscht; liegt Letztere vor, nur die Akzente summarisch am rechten Rand notieren, z. B.: 3 4 4 3. Bei gesichertem Hebungs-/Senkungsschema die antikische Notation verwenden: – oder v; liegt hingegen bloße Silbenzählung vor, notiere: x.)

3) Sind feste *Zäsuren* und/oder *Zeilensprünge* zu erkennen? (Je nach Annahme von fester [!] Wort-, Kolon- oder Satzgrenze unterschiedlich notieren: ‘ oder / oder //; „Zeilensprung" am Rand vermerken.)

4) Sind die Verse *nach Reimen gebunden*, und: Wie wechseln dabei die *Kadenzen*? (Notation der Reime mit Kleinbuchstaben, der Kadenzen mit m/w.)

Ein umfassendes Hilfsmittel zur Ermittlung von Verstypen bietet neben Wagenknechts *Deutscher Metrik* Dieter Breuers *Deutsche Metrik und Versgeschichte* (s. Literaturangaben am Ende des Moduls).

Zu berücksichtigen sind sodann *strophischer* und *globaler Bau (Gedichtform)*:

5) Lässt sich *auf den ersten Blick* eine strophische Einteilung erkennen oder eventuell zumindest aus Merkmalen des Vers-

baus (regelmäßig verteilte oder wechselnde Verszeilentypen, Reimschemata) erschließen?

6) Liegt nur *eine Strophenart* vor, oder sind mehrere zu erkennen?

7) Ist ein *strophischer* Bau vorhanden, kann ein einheitlicher Strophentyp zugleich die Gedichtform festlegen oder auch eine feste Strophenkonstellation eine Gedichtform ausmachen. Liegt *kein* strophischer Bau vor, kann auch die *stichische* (zeilenmäßig einfach reihende) Versabfolge durch den Verstyp als solchen eine Gedichtform ausmachen!

Ein umfassendes Hilfsmittel zur Benennung von Strophentypen liegt vor in Horst Joachim Franks *Handbuch der deutschen Strophenformen* (s. Literaturangaben am Ende des Moduls).

Schließlich: Alle Bauebenen können bereits einen *Sinnbeitrag* zum Gedicht enthalten! (Unterschiedliche Epochen bevorzugten des Öfteren verschiedene Versarten, Strophentypen und Gedichtformen aus grundsätzlichen inhaltlichen Interessen und in bestimmten, gegebenenfalls neu aktivierten Traditionszusammenhängen. Ein antikisch geordneter *Vers* etwa konnte sogleich eine gewisse ‚Würde‘ verleihen, ein akzentuierender Vers mit Füllungsfreiheit und Paarreim sich eher an die volkstümliche Tradition anschließen. Ein einfacher *Strophentyp* deutet eventuell auf einen schlichteren gedanklichen Anspruch hin, eine *Gedichtform* wie das Sonett steht hingegen in der Regel für eine komplexere inhaltliche Struktur.)

Stufen der inhaltlichen Analyse   3.

Je umfangreicher das Gedicht ist, desto wichtiger erscheint ein *erster Überblick* mit einem doppelten Interesse:

1) Zum einen sollten *Verständnisfragen auf lexikalischer und syntaktischer Ebene* angegangen werden, die mit Hilfe allgemeiner (historischer) Wörterbücher oder gegebenenfalls Anmerkungsapparaten in wissenschaftlichen Textausgaben zu lösen sind.

2) Zum anderen sollte ein provisorischer *Gliederungsversuch* gemacht werden, der nach Hauptabschnitten, eventuell sogar in einer rhetorischen Grundstruktur (Prolog mit Ausgangsfrage, Hauptteil mit Argumentation, Epilog mit Fazit oder anderem) fahndet.

3) Nach dem gegebenenfalls nötigen ersten Überblick ist das Gedicht genauer durchzugehen, um seine gedankliche Struktur im Detail zu erfassen. (Dabei kommen vor allem *rhetorisch-stilistische, aber auch syntaktische und textsemantische Fragen und Merkmale* genauer in den Blick. Das Notieren auffälliger Phä-

nomene am Rande ist hier ein notwendiger erster Schritt, die
Bestimmung ihres Stellenwerts für das Gedichtganze muss
dann jedoch erfolgen, wobei ein *Hin und Her zwischen einzelner
Stelle und übergreifender Struktur* unerlässlich ist: der so genannte *hermeneutische Zirkel*!)

4. Gesamtinterpretation

Im Folgenden wird eine gestufte Deutung vorgeschlagen: Erst
nach einer textimmanenten Interpretation der Einzelergebnisse
aus Vorfeld und formaler und inhaltlicher Analyse sollte versucht
werden, durch interpretatorische Hilfsmittel und Vergleichsebe-
nen weiter auszugreifen.

1) Auf textimmanenter Ebene sind die Einzelergebnisse der
   Klärungen im Vorfeld und der formalen und inhaltlichen
   Analyse *synthetisch* zu betrachten. Aufgrund des angestrebten
   Schwergewichts auf einem ‚internen‘ Textverständnis ist von
   einem *textimmanenten* Ansatz zu sprechen. Dabei sollten
   möglichst *Hypothesen* gebildet werden, die in Form einfacher
   Sätze Gesamtbeobachtungen auf den Punkt bringen. Aus
   einer Reihe solcher Annahmen kann schließlich eine abschließende *These* zum Verständnis des Gedichts erwach-
   sen.

2) Nun kann mit aller Vorsicht nach weiteren Verständnishilfen
   und -möglichkeiten gefahndet werden. Diese seien *Vergleiche*
   genannt, da es sich im Grunde jeweils um Versuche handelt,
   die ermittelten Gedichtmerkmale historisch-systematisch ab-
   zugleichen: eventuell mit anderen Werken des Autors, aber
   womöglich auch mit anderen Autoren oder mit der für die
   Entstehungszeit des Gedichts angesetzten Epoche und anderes mehr.

Wichtig erscheint schließlich, dass nach der textimmanenten
Interpretation, die meist vom Einzelnen/Besonderen zum
Gedichtganzen geht (Verfahren der *Induktion*), bei der Interpretation in Vergleichen sehr behutsam von einem eventuell
relevanten Allgemeinen auf das einzelne Gedicht geschlossen
wird (Verfahren der *Deduktion*), um das Gedicht im Rahmen
solcher *Kontextbildungen* nicht in seiner Besonderheit zu ver-
kennen.

Literatur

Allkemper, Alo, Norbert Otto Eke: Literaturwissenschaft. 2. Aufl. Paderborn: Fink 2006 (UTB 2590. UTB basics), hier: S. 146 f. (Aufbaumodul 2.4.7.6.).
Breuer, Dieter: Deutsche Metrik und Versgeschichte. 4. Aufl. München: Fink 1999 (UTB 745) [diverse Nachdrucke].
Frank, Horst Joachim: Handbuch der deutschen Strophenformen. München, Wien: Hanser 1980. 2., durchges. Aufl. Tübingen, Basel: Franke 1993 (UTB 2732).
Wagenknecht, Christian: Deutsche Metrik. Eine historische Einführung. 5., erw. Aufl. München: Beck 2007, hier: S. 132-141 (Kap. 12).

4. Aufbaumodul 1: Traditionslinien im 16. Jahrhundert

Das in der chronologischen Linie erste Modul stellt inhaltliche und metrische Entwicklungslinien dreier lyrischer Gedichttraditionen zu Beginn der Frühen Neuzeit vor: Meistersang, Volks- und Kirchenlied stehen hier im Mittelpunkt des Interesses und werden an zwei Hauptvertretern, Hans Sachs für den Meistersang und Martin Luther für das Volks- und Kirchenlied, festgemacht. Eine erste exemplarische Gedichtanalyse, und zwar die eines berühmten Luther'schen Kirchenlieds, beschließt das Modul.

1. Entwicklungslinien: Sachs bis Luther

Die deutsche Literatur des 16. Jahrhunderts wird heutzutage als erste Phase der Großepoche der Frühen Neuzeit angesehen, die kulturgeschichtlich mit der Reformation und dem (in einer deutschsprachigen Literatur jedoch erst spät umgesetzten) Renaissancehumanismus verbunden ist. Die Lyrik dieser Zeit ist jedoch in wesentlichen Teilen nicht allein in diesem Kontext zu betrachten. Vielmehr ist sie weit über die immer wieder veranschlagte Epochengrenze um 1500 hinaus von Traditionen bestimmt, die bereits im Hochmittelalter einsetzen, so der Meistersang, das Volkslied und das durch die Reformation allerdings nachhaltig neu geprägte Kirchenlied.

Meistersang   Am nachdrücklichsten schließt sich von den zuletzt genannten Traditionsvertretern der *Meistersang* an das Mittelalter an. Er leitet sich selbst von ‚Meistern' (nach lat. *magister*, ‚Lehrer, Gelehrter') der hochmittelalterlichen *Sangspruchdichtung*, etwa *Walther von der Vogelweide* (ca. 1170-1230) und *Reinmar von Zweter* (gestorben vor 1260), ab und adaptiert in Teilen auch deren Themen und Formen. Getragen wird der Meistersang jedoch im Gegensatz zum Sangspruch nicht von einzelnen höfischen Dichtern, die für adlige Gönner singen. Vielmehr finden sich bereits im späten Mittelalter (und faktisch bis über das 18. Jahrhundert hinaus) vornehmlich in süddeutschen Städten Bürgergesellschaften, und zwar in der Regel von Handwerkern, die sich in etwa monatlich

Abb. 4: Hans Sachs (1494-1576)

zu Gesangswettbewerben (‚Singschulen‘)
treffen. Nach ‚Schulordnungen‘ verfasste eigene und übernommene ‚Meisterlieder‘ sind
dort auf einem ‚Hauptsingen‘ möglichst feh-
lerfrei vorzutragen. Die Schulordnungen enthalten insbesondere ein Spektrum von so
genannten *Tönen* oder *Weisen*, nach denen
neue zunftgemäße Lieder zu verfassen sind,
das heißt Gesamtvorschriften für den metrischen Bau und die zu verwendende Melodie. Den Ausgangspunkt bilden, wie bereits
betont, Liedformen der hochmittelalterlichen Sangspruchdichtung, hinzu kommen aber nach und nach neue Strophenschöp-
fungen, die so genannten *Töne* (Genaueres siehe im nachfolgenden Abschnitt dieses Aufbaumoduls, S. 42), die neuere
Meistersinger erfunden haben. Benannt werden sie etwa nach
ihrem Erfinder oder nach besonderen Formmerkmalen der Kre-
ationen.

Vor dem Aufkommen des Protestantismus behandeln die Meisterlieder im Wesentlichen Glaubensthemen und, aus Gründen
der Zensur, unpolitische Bildungsthemen. Der berühmteste Vertreter der Gattung, der Nürnberger Schuhmacher *Hans Sachs*
(1494-1576), richtet seine religiösen Lieder jedoch im Sinne der
Reformation aus und zeigt sich als ein Fürsprecher Martin Luthers. Daher wird der dem Meistersang innewohnende Grundzug
der Didaxe (Lehrhaftigkeit) in Form der Volksbelehrung nun in
Teilen stark politisiert. Man greift allerdings jetzt ebenso verstärkt
auch eher unterhaltende Themen weltlichen Inhalts auf, etwa
historische Stoffe oder antikes und mittelalterliches Erzählgut.

Liedcharakter, gesellschaftlicher Kontext und poetischer Anspruch einer streng regulierten (wenn auch nicht immer bravou-
rös umgesetzten) Kunstform treten hier als Grundzüge der Gattung also in Sonderheit hervor. Eine individuelle Komponente ist
hingegen allenfalls bei der Erfindung von der Gemeinschaft anerkannter neuer Strophenformen, sprich: *Töne*, möglich.

Noch viel weniger mit dichterischer Individualität verbunden ist
das *Volkslied*, dessen Name nicht nur auf die Eingängigkeit, sprich: Volkslied
Zugänglichkeit für das ‚einfache Volk‘ hinweist, sondern auch auf
den kollektiven Charakter, den ‚Gemeinbesitz‘ dieses Liedgutes.

Auch hier treten ein bereits seit dem Mittelalter vorhandener Liedcharakter und eine soziale Bedeutung, die zumal im chormäßigen Gesang bis heute vorliegt, als Grundzüge besonders hervor. Schwächer ausgeprägt ist der poetische Anspruch, da hier Sangbarkeit und einfache, unterhaltende sowie memorierbare (gut auswendig zu lernende) Themen gefordert sind. Naturempfinden, menschliche Grundgefühle (Liebe und Leid, Schmerz und Freude) kommen so zu verschiedensten Anlässen (Tages- und Jahreszeitenwechsel, gesellschaftliche Ereignisse und anderes mehr) zum Ausdruck. Die Übernahme eines entsprechenden Liedes in den kollektiven Besitz zeigt sich nicht zuletzt am ‚Zersingen‘, das heißt an Abwandlungen durch die mündliche Überlieferung, die die ursprüngliche Fassung heute in manchen Fällen gar nicht mehr bestimmbar machen. Lediglich für Volksliedddichtungen neuerer und namhafter Vertreter, etwa der Romantik und der Chordichtung des späteren 19. Jahrhunderts, sind die originalen Fassungen aus naheliegenden Gründen besser bewahrt worden.

Kirchenlied   Auch das *Kirchenlied* des 16. Jahrhunderts schließt sich zum einen noch stark an die aus dem Mittelalter überlieferten Hymnen und Choräle an und weist deren kollektiven, allerdings nicht immer volksliedmäßig einfachen Charakter auf. Zum anderen jedoch wird diese Traditionslinie durch die Reformation und namentlich *Martin Luther* (1483-1546) als Kirchenlieddichter nachhaltig ergänzt und neu funktionalisiert. Das protestantische Bemühen um eine neue, unmittelbare Verbindung auch des einfachen Gläubigen beziehungsweise möglichst der kompletten Glaubensgemeinschaft mit dem Evangelium, der ‚frohen Botschaft‘ des christlichen Gottes, veranlasst nicht zuletzt Luther selbst, die alttestamentarischen Lieder, sprich: Psalmen, sowie alte kirchliche Hymnen und Gesänge aufzugreifen und in neue Liedformen umzusetzen. Diese Lieder kann nun zudem nicht mehr nur der Klerus verstehen, es sollen sie vielmehr *alle* Gemeindeglieder begreifen und singen, und dies nicht nur im Gottesdienst, sondern vermittels eigens aufgelegter Gesangbücher auch in der Schule und im häuslichen Kreis. Von großer Bedeutung ist hier – wie schon bei Luthers Neuübersetzung der Bibel –, dass die Glaubensinhalte überhaupt in einer für den einfachen Gläubigen verständlichen Sprache präsentiert werden, kommen doch Psalmen wie Hymnen und Choräle bis dato praktisch nur in lateinischer Form zum Vortrag. Neben primär auf den Gottesdienst bezogene Lieder treten ferner Lieddichtungen, die in der angespannten Zeitsituation zum Gebet oder auch zum Kampf aufrufen beziehungsweise die Trost und Vertrauen spenden sollen.

Abb. 5: Martin Luther (1483-1546)

Metrisch-musikalisch orientiert sich die Reformation für ihre Kirchenlieder an bekannten
Formen und Melodien aus dem Bereich von
Meistersang und Volkslied. Die in diesem Zusammenhang erfolgende gleichsam gegenläufige
Ersetzung weltlicher Volksliedinhalte durch
Kirchlich-Religiöses wird als *Kontrafaktur* be-
zeichnet. Noch weiter zu untersuchen ist demge-
genüber die Verbindung zumal der Luther'schen
Kirchenlieder mit dem Meistersang. Dessen zum
Teil großen Umfang und komplexe Textur übernimmt der Reformator zugunsten eines mehr
volksliedhaften Ausdrucks zwar nicht, die Bau-
weise nach Tönen begegnet jedoch in einfacher
Form immer wieder. Allzu ‚einfach' sind diese
Kirchenlieder auf anderer Ebene jedoch keineswegs: Bei aller
Volkstümlichkeit wird an vielerlei biblisches Wissen angeknüpft
und auch die rhetorische Bildungstradition der griechisch-römischen Antike findet, etwa in der gedanklichen Baustruktur,
einen mehr oder weniger starken Niederschlag. Eine deutschspra-
chige *Lyrik des Renaissancehumanismus* floriert nach vereinzelten   Renaissancelyrik
frühen Versuchen erst um 1600 und soll daher erst im nachfol-   (lat.)
genden Abschnitt dieses Aufbaumoduls genauer betrachtet werden. Für das 16. Jahrhundert gilt, dass deutsche Humanisten zwar
auch lyrisch aktiv sind. Sie pflegen die Gattung jedoch bis zum
Ende des Jahrhunderts (und weit darüber hinaus) in der gemeinsamen Sprache aller Gelehrten der Frühen Neuzeit, dem Lateinischen. Diese alte Kultursprache wird nun als so genanntes *Neu-
latein*, im Gegensatz zum *Mittellatein* der vorgeblich kulturell
‚finsteren' Jahrhunderte des Mittelalters, in erneuertem Anschluss
an für klassisch erklärte antike Vorbilder weiterentwickelt. Eine
persönliche intellektuelle und literarische Fähigkeit und Fertig-
keit, zumal mit internationaler Ausstrahlung, haben die deutsch-
stämmigen Dichter der Zeit in diesem Medium und im Rahmen
der alteuropäischen imitativ-ämulativen (nachahmenden und
nach Überbietung strebenden) Poetik zu beweisen. Auf dem Gebiet der Lyrik eifert man dafür nun wieder intensiver Autoren der
späten römischen Republik und der frühen Kaiserzeit nach, das
heißt etwa dem Liebesdichter *Catull* (Gaius Valerius Catullus, ca.
84-54 v. Chr.), Horaz als Odendichter oder dem Elegiker *Ovid*

(Publius Ovidius Naso, 43 v. Chr.-ca. 17 n. Chr.). Hinzu treten als Vorbilder zeitgenössische Lyriker: aus dem Deutschen Reich zuerst der ‚Erzhumanist' *Conrad Celtis* (das ist: C. Bickel, 1459-1508), in der Mitte des Jahrhunderts dann etwa *Petrus Lotichius Secundus* (das ist: P. Lotze, 1528-1560) oder schließlich *Paul Schede Melissus* (1539-1602), dessen Werk bereits barocke Züge trägt. Innerhalb der europaweiten Humanistenkreise gibt es außerdem bereits eine Art Wetteifern der Nationen um die größere poetische Kompetenz, jedoch strikt innerhalb der einen (neu)lateinischen Literatursprache.

2. Metriken: Meistersang, Volks- und Kirchenlied

Vorzustellen sind hier wesentliche Eigenheiten der Metriken des Meistersangs, des Volks- und des Kirchenlieds. Fernerhin erwähnt sei der nicht eigentlich lyrische, aber in angrenzender Spruchdichtung omnipräsente Knittelvers. Die Metrik der (späten deutschsprachigen) Renaissancelyrik wird aus chronologischen und systematischen Gründen erst in Aufbaumodul 2, Abschnitt 2 thematisiert.

Dreh- und Angelpunkt der Metrik des *Meistersangs* sind die in den Schulordnungen festgehaltenen Strophenformen, die *Töne*, die die Grundlage für die meisten neuen Meisterlieder bilden. Die kleinste Einheit eines jeden solchen Tons bilden mit Endreim zu bindende und (gegenüber dem primär akzentuierenden Sangspruch nun) nach Silben gezählte Verse. Die Silbenzahl kann dabei von eins bis dreizehn variieren, und Reimverse haben gleich lang zu sein. In besonderen Positionen sind einzelne reimlose Töne; Waisen Verse, so genannte *Waisen*, möglich. Eine Ordnung nach Größen, das heißt akzentuierende Hebungen und Senkungen, steht entgegen späterer Deutungen nicht im Mittelpunkt des Interesses.[1] Die Verse schließlich sind in Strophen zu mindestens sieben, in der Regel um die zwanzig und in selteneren Fällen bis zu einhundert Zeilen zusammenzustellen.

Die weitere Strukturierung der Strophen lehnt sich an die bereits mittelalterlich weit verbreitete *Kanzonenstrophe* an. Zu bilden ist demgemäß ein *Aufgesang* aus zwei metrisch gleichen *Stollen* (Teile A + A) sowie ein metrisch abweichender Abgesang (Teil B). Eine solche Strophe des Schemas AAB bildet, im Verbund mit der für sie festzulegenden Melodie, im Kern bereits den Ton. Geregelt ist darüber hinaus nur noch, dass ein Ton in aller Regel aus einer ungeraden Zahl von Strophen (häufig: drei) zu bestehen hat. Die erste Strophe ist dabei meist identisch zu wiederholen, eine beliebte Sonderform stellt jedoch der *Hort* dar, ein fünfstrophiges Lied mit strophenweise wechselnder und insofern mehrfacher Tonstruktur.

Die Binnenstruktur einer Strophe kann im Rahmen der genannten Grundvorgaben breit variieren. Vorgestellt sei ein Beispiel Wagenknechts, die *Rosmarinweise*, die zu einer freilich etwas untypischen Minimalform tendiert:

x x x x x – a		Wie lieblich kommt herein
x x x x x – b	A	Die schöne Maienzeit;
x x x x x – a		Die Sonn', mit ihrem Schein,
x x x x x – b	A	Bringt uns viel Fröhlichkeit.
x – c		Die Erden
x – c		Thut werden
x x x x x – d		Ganz neu geschaffen gar,
x x x x x – d	B	Herrlich geziert fürwahr.[2]

Das *Volkslied* der Zeit (und im Ansatz auch so manche spätere Lieddichtung) wird in Versen verfasst, die vor allem in Endreimen mit männlicher oder weiblicher Kadenz gebunden sind. Silben werden nicht gezählt, und es findet eine freiere Ordnung nach Größen statt, denn es wird nur die Anzahl der Hebungen festgelegt (die Regel sind hier drei bis fünf), und entsprechend herrscht für die Senkungen Füllungsfreiheit (bei allerdings seltenem kompletten Ausfall Letzterer). Von einer alternierenden Ordnung kann zu dieser Zeit noch nicht die Rede sein, vielmehr ist die Position der Hebungen längst nicht so ausgemacht, wie bis heute häufige Einschätzungen nach späteren Maßstäben glauben machen wollen. Anachronistisch (nicht zeitgemäß beziehungsweise angemessen) ist daher die abschätzige Bewertung zumindest der Volksliedverse dieser Zeit als ‚klappernd'. Strenger in der Ordnung nach Größen zeigt sich erst spätere Volksliedddichtung, etwa diejenige der Romantik, die mehr zum Lesen gedacht ist und die der im 17. Jahrhundert einsetzenden stärkeren Regulierung (nach der Opitz'schen Versreform, siehe im Abschnitt zur Metrik im nachfolgenden Aufbaumodul) folgt.

Neben dem Endreim, der immer wieder von Waisen untermischt sein kann, bestimmt vor allem eine einfache Strophik das Erscheinungsbild des Volkslieds. Es handelt sich bei seinen Strophenmaßen oft um mittelalterliche, ursprüngliche *Langverse* mit sechs bis acht Hebungen und annähernder Mittelzäsur (teils mit Binnenreim). Diese werden nun jedoch in der Mitte umgebrochen, so dass zwei ursprüngliche Langzeilen, und damit zugleich

Volksliedmetrik

Langverse

eine halbe mittelalterliche Strophe, jetzt vier Halbzeilen bilden, die besonders gut sangbar sind. Zwei Strophenmaße dieser Art seien hier im metrischen Schema nach Wagenknecht vorgestellt (hinter den Schrägstrichen jeweils eine ebenfalls begegnende Reimschemavariante):

Vagantenstrophe (halbiert)

4 (m)	a / x	Nun wíll ich áber hében án
3 (w)	b / a	vón dem Dánhauser síngen
4 (m)	a / x	und wás er wúnders hát getán
3 (w)	b / a	mit Vénus, der édlen Mínne.

Hildebrandsstrophe (halbiert)

3 (w)	a / x	Et wássen twe kǘnigeskínner
3 (m)	b / a	de hádden enánner so léf,
3 (w)	a / x	de kónnen to nánner nicht kúmmen,
3 (m)	b / a	dat wáter was víl to bréd.[3]

Als etwas umfangreichere Strophenmaße, die sich nicht mehr einfach auf mittelalterliche Langversstrophen zurückführen lassen, sind ferner beliebt:

Lindenschmidtstrophe

4 (m)	a	Was wóllen wir síngen und hében án?
4 (m)	a	das bést das wír gelérnet han,
3 (w)	b	ein néwes líed zu singen;
4 (m)	a	wir síngen von eínem édelmán
3 (w)	b	der heíßt Schmid vón der Línden.

Schweifreimstrophe

4 (m)	a	Mária sáß auf eínem Steín
4 (m)	a	Sie hátt' ein rósa Hémdelein
3 (w)	b	Das Hémdelein wár verschíssen.
4 (m)	c	Doch áls der kálte Wínter kám
4 (m)	c	Das Hémdeleín sie übernáhm
3 (w)	b	Verschíssen ist nícht zerríssen.[4]

In der zweiten Hälfte des Jahrhunderts treten zudem vereinzelt romanische, vor allem italienische Strophen- und Gedichtformen hinzu, diese seien jedoch erst im Kontext der Renaissancelyrik im nachfolgenden Aufbaumodul angesprochen.

Kirchenliedmetrik   Die Metrik des (protestantischen) *Kirchenliedes* der Zeit ist mit Wagenknecht hinsichtlich der Versstruktur als nach Silben gezählt und in Reimen gebunden anzusehen. Eine Ordnung nach (zumal alternierend akzentuierten) Größen ist wie beim Meistersang erst im 17. Jahrhundert zu finden beziehungsweise durch die anachronistische Deutung späterer Zeiten bereits für das 16.

Jahrhundert angenommen worden. Der liedmäßige Vortrag dieser Zeit bedarf ihrer jedoch nicht, auch wenn sie sich zumal im skandierenden Vortrag leicht einstellt.[5]

Silbenzahl und Reimart sind hier ebenfalls wie im Meistersang innerhalb anerkannter Strophenmaße festgelegt. Im Vergleich mit den Möglichkeiten der Meistersangstrophik rangiert das Kirchenlied allerdings entweder nur am unteren Rand, das heißt es tendiert zur Minimalform von vierzeiligem Aufgesang und etwa drei- bis sechszeiligem Abgesang, oder es entspricht sogar nur der minimal vierzeiligen Volksliedstrophik (vgl. auch hier etwa die halbierte Vagantenstrophe oder die Schweifreimstrophe). Vor allem in der Strophik steht das (protestantische) Kirchenlied daher gewissermaßen zwischen den beiden Traditionslinien des Volkslieds und des Meistersangs. Ein entsprechendes Beispiel wird im Rahmen der nachfolgenden exemplarischen Analyse geboten.

Einer gewissen Üblichkeit halber sei abschließend der vielleicht berühmteste Vers der Zeit erwähnt, der sich jedoch gerade nicht mit einer der lyrischen Traditionslinien verbindet: der so genannte *Knittel(vers)*. Er wird im 16. Jahrhundert vielmehr hauptsächlich in erzählender und dramatischer Dichtung verwendet, und zwar namentlich von Hans Sachs in kleinepischer Sprechspruchdichtung und in Fastnachtsspielen. Zu unterscheiden sind hier zwei Unterarten, der *freie* und der *strenge* Knittelvers: Ersterer hat als einzige feste Regel die Bindung in Paarreimen mit männlicher oder weiblicher Kadenz, die beliebig aufeinander folgen können. Die Silben der Verse sind im Gegensatz zum Meistersang nicht fest gezählt und im Gegensatz zum Volkslied nicht einmal mit einer festen Zahl von Hebungen versehen. Es lassen sich daher lediglich statistische Werte feststellen: hinsichtlich der Silbenzahl ein Rangieren zwischen vier und fünfzehn Silben bei einem Mittelwert von sieben bis elf und auf der Ebene der Akzente ein empirisches Mittel von vier Hebungen. Folgendes Beispiel bei Wagenknecht veranschaulicht das Spektrum und das Abheben vor allem auf den Endreim. Ein festes Silben- oder Hebungsschema ist hingegen offensichtlich nicht angestrebt worden (Markierung der Hebungen und Verzeichnung der Silbenzahlen daher nur zur Demonstration der geringen Regelmäßigkeit).

Knittelverse

> Der túfel hátt mich únder die wýber trágenn   [12 Silben]   a
> sy hénd mich geroúft gstößen trétten geschlágenn [12 Silben]   a
> gestréckt ich mőchte zerbróchen sýn   [9 Silben]   b
> íst in der héllen sőlich pín [...][6]   [8 Silben]   b

Der *strenge Knittel* hat über die Paarreimbestimmung hinaus eine
festgelegte Silbenzahl, und zwar weist er acht Silben bei männlicher Kadenz auf und neun bei der weiblichen. Hinsichtlich der
Ordnung nach Größen ist mit Wagenknecht festzustellen: „Trivi-
alerweise sind auch diese Verse meist vierhebig (und oft gar alternierend) zu lesen – ohne doch aus Rücksicht auf diese Möglichkeit
eigens gebildet zu sein."[7] Für ein eher schlichtes Beispiel sei ein
Stück Sprechspruchdichtung von Hans Sachs herangezogen; die
vermutlichen Hebungen sind dabei nur notiert, um ihre lockere,
metrisch irrelevante Verteilung zu zeigen. Die Verse stammen aus
dem Langgedicht „Das Schlaueraffenland" (1530),

x x x x x x x x	(m)	a	[d]as vón den álten íst erdícht
x x x x x x x x	(m)	a	zu stráff der Júgend zúgerícht,
x x x x x x x x	(w)	b	die gwốhnlich faúl ist únd gefréssig,
x x x x x x x x	(w)	b	Úngeschickt, heíloß und náchlessig,
x x x x x x x x	(m)	c	Dás mans weíß ins Lánd zu schlauráffn,
x x x x x x x x	(m)	c	Darmít ir schlúchtisch weíß zu stráffen
[...].[8]			

Zusammenfassung

Nicht unerhebliche Teile der Lyrik dieser Zeit sind noch von (hoch) mittelalterlichen
Traditionen her zu verstehen. Eine erste entsprechende Traditionslinie bildet die
Sangspruchdichtung der mittelalterlichen Hofdichtung, deren Themen und Formen nun vom städtisch-bürgerlichen Meistersang adaptiert und in zunftmäßigem
Rahmen fortgeführt werden. Ein besonders breites inhaltliches Spektrum sowie
neuartige protestantische Züge verleiht dieser Gattung der Nürnberger Schuhmacher Hans Sachs. Einen noch breiteren Traditionsstrang formiert in der Zeit das
Volkslied, dessen poetischer Anspruch geringer ist, das sich aber in seinen Themen umso breiter und als Sozialform weiterhin eminent wirksam zeigt (und noch
über Jahrhunderte zeigen wird). Eine dritte Traditionslinie aus dem Mittelalter
stellt das Kirchenlied dar, das vor allem durch Martin Luther ein neues Gepräge
und eine neue soziale Rolle erhält, und zwar als breitenwirksame deutschsprachige Lieddichtung. Anders als die lateinischen Hymnen und Choräle der alten
Kirche soll das protestantische Kirchenlied nämlich durch Anleihen aus Meistersang und Volkslied das Evangelium zumal den einfachen Gläubigen unmittelbar zugänglich machen und zu deren christlicher Gemeinschaftsbildung auch
jenseits des gottesdienstlichen Gesangs beitragen. Die Renaissancelyrik der deutschen Humanisten findet hingegen weitestgehend im europaweit wirksamen
Medium der (neu-)lateinischen Literatursprache statt.
Genau zu unterscheiden sind auch die Metriken der genannten Teilbereiche:
Während sich der Meistersang mit seinen komplexen Strophenformen, den so

genannten Tönen, an der dreigeteilten mittelalterlichen Kanzonenstrophe orientiert und deren Zeilen vor allem silbenmäßig zählt und reimt, arbeitet die Volksliedmetrik gerade nicht silbenzählend, sondern recht frei akzentuierend und ansonsten mit einfacher Reimstrophik. Eine Mischform stellt wiederum das protestantische Kirchenlied dar, das einfache Strophenformen des Meistersangs und solche des Volkslieds in primär silbenzählender und reimender Manier übernimmt. Als (nicht-lyrisches) Metrum der Zeit sind schließlich der freie und der strenge Knittelvers zu kennen.

Literatur

Gedichte und Interpretationen. [Hg. v. Volker Meid u. a.] Bd. 1: Renaissance und Barock. Hg. v. Volker Meid. Stuttgart: Reclam 1982 [u. ö.].

Kemper, Hans-Georg: Von der Reformation bis zum Sturm und Drang. In: [Franz-Josef Holznagel u. a.:] Geschichte der deutschen Lyrik. Stuttgart: Reclam 2004, S. 95-260, hier: S. 95-122.

Kühlmann, Wilhelm: Lyrik im Zeitalter des Humanismus und der Renaissance. Zuletzt in: Ders.: Vom Humanismus zur Spätaufklärung. Ästhetische Dimensionen der frühneuzeitlichen Lyrik und Verspublizistik in Deutschland. Hg. v. Joachim Telle, Friedrich Vollhardt u. Hermann Wiegand. Tübingen: Niemeyer 2006, S. 1-29.

Analysebeispiel: Luther: Ein feste Burg ist unser Gott   3

Der xlvj. Psalm. Deus noster
refugium et virtus.

EIn feste burg ist unser Gott,
Ein gute wehr und waffen.
Er hilfft uns frey aus aller not,
die uns jtzt hat betroffen.
Der alt böse feind   5
mit ernst ers jtzt meint,
gros macht und viel list
sein grausam rüstung ist,
auff erd ist nicht seins gleichen.

Mit unser macht ist nichts getan,   10
wir sind gar bald verloren,
Es streit für uns der rechte man,
den Gott hat selbs erkoren.
Fragstu wer der ist?
Er heist Jhesu Christ,   15

der Herr Zebaoth,
Und ist kein ander Gott,
das felt mus er behalten.

Und wenn die welt voll Teuffel wer
und wolt uns gar verschlingen,   20
So fürchten wir uns nicht so sehr,
Es sol uns doch gelingen.
Der Fürst dieser welt,
wie saur er sich stelt,
thut er uns doch nicht,   25
das macht er ist gericht,
Ein wörtlein kan jn fellen.

Das wort sie sollen lassen stan
und kein danck dazu haben,
Er ist bey uns wol auff dem plan   30
mit seinem geist und gaben.
Nemen sie den leib,
gut, ehr, kind und weib,
las faren dahin,
sie habens kein gewin,   35
das reich mus uns doch bleiben.[9]

Zur Druckbildwiedergabe: Hier und in allen folgenden Fällen wird
originaler Vokal mit übergestelltem e aus Gründen der Darstellbarkeit als Umlaut wiedergegeben, also als ä, ö, ü.

Entstehung   Luthers wohl bekanntestes Kirchenlied, nach einem Diktum
des 19. Jahrhunderts die ‚Marseillaise der Reformation' (Heine),
ist seit dem Ende der 1520er Jahre zumal in diversen evangeli-
schen Gesangbüchern überliefert. Es findet sich somit nicht bereits in den allerersten Sammlungen Luther'scher Lieder, die
schon vom Anfang des Jahrzehnts und bis 1526 entstanden. Aufgrund von Luthers in der Regel rascher Publikation seiner Texte
ist daher anzunehmen, dass es zwischen 1526 und 1528 verfertigt
worden ist. Es fällt damit in die Zeit fortgesetzter konfessioneller
Kämpfe und Bemühungen Luthers, sein Reformwerk zu konsolidieren, etwa durch die bereits einführend (vgl. Abschnitt 1 dieses
Aufbaumoduls) skizzierte Umgestaltung des Gottesdienstes. Die
zeitgenössische Lage sowie die Grundsituation Luthers scheinen
sich in zentralen Zügen des Liedes, der Ermutigung zum Kampf
und der Trostversicherung, widerzuspiegeln, ohne jedoch je konkret zu werden. Auf das Feld der Spekulation zu verweisen sind
frühere Annahmen, nach denen das Lied aufgrund inhaltlicher
Momente schon 1521 entstanden sein soll, das heißt im Kontext
von Luthers epochalem Auftritt vor dem Wormser Reichstag im

April dieses Jahres. Ebenso zweifelhaft erscheinen andere Versuche, einzelne Liedaussagen ganz punktuell historisch beziehungsweise biographisch zu deuten und so seine Entstehung zu terminieren.[10]

Die oberhalb abgedruckte *Textfassung* ist diejenige der großen historisch-kritischen Weimarer Ausgabe. In ihr ist der Text des vermutlich ältesten erhaltenen Druckes zugrunde gelegt, das heißt derjenige aus dem *Enchiridion* [grch. ‚kurzes Handbuch'] *geistlicher gesenge vnd Psalmen fur die leien, mit viel andern, denn zuuor gebessert. Sampt der Vesper, Mette, Complet vnd Messe*, Leipzig: Michael Blum [1528 oder 1529].[11]

Zugrunde gelegte Textfassung

Die Wiedergabe des *Textes* eines Lieds stellt jedoch nur einen Teil desselben dar: In den erwähnten Gesangbüchern der Zeit ist kurz nach dem Erscheinen des Blum'schen *Enchiridion* bereits eine *Melodie* vorangestellt, der später eine zweite, rhythmisch leicht modifizierte folgt (beide werden bis heute in der Regel hintereinander abgedruckt). Melodie und Text im typischen Verbund finden sich besonders beeindruckend im hier auszugsweise abgebildeten *Babstschen Gesangbuch von 1545*, das ein Jahr vor Luthers Tod dessen komplettes Kirchenliedœuvre versammelt.[12] Die dortige Melodie unseres Liedbeispiels ist die ältere und könnte zu den wenigen gehören, die der Reformator selbst zumindest grundsätzlich erdacht hat. Inwieweit er jemals regelrecht kompositorisch tätig gewesen ist, erscheint allgemein unklar.[13]

Text und Melodie im Druck

Schließlich: Gegenüber dem heute gängigen *Titel* „Ein feste Burg ist unser Gott" findet sich in den historischen Drucken vorab lediglich ein Hinweis auf einen Psalm des Alten Testaments. Dieser wird durch das Lutherlied jedoch weder im engeren Sinn übersetzt noch ausführlicher paraphrasiert. Der Bezug ist also sehr lose und soll daher erst nach immanenter Analyse und Interpretation ins Auge gefasst werden.

Zum Liedtitel

Ein erster Blick auf den Text macht sogleich die Gliederung in vier Strophen offensichtlich, deren je neun Zeilen unterschiedlich lang erscheinen. Eine komplexe Silbenzählung erweist sich jedoch ebenso als gegeben wie ein fixes Reimschema mit einem einheitlichen Wechsel von Kadenzen über alle Strophen hinweg, und es lässt sich somit zunächst folgendes metrisches Schema verzeichnen:

Formanalyse

```
x x x x x x x x   (m)   a
x x x x x x x     (w)   b
x x x x x x x x   (m)   a
x x x x x x x     (w)   b
x x x x x         (m)   c
```

Abb. 6: Aus dem *Babstschen Gesangbuch* (1545)

x x x x x	(m)	c
x x x x x	(m)	d
x x x x x x	(m)	d
x x x x x x x	(w)	x (da kein Reim über die Strophen hinweg!)

Fraglich ist nun noch, ob zudem eine feste Ordnung nach Größen, das heißt für das Deutsche am ehesten eine geregelte Abfolge von akzentmäßigen Hebungen und Senkungen, vorliegt. Ein entsprechend betonendes Sprechen (Skandieren) könnte, mit einigen wenigen Unsicherheiten, etwa bei der ersten Strophe für eine Akzentuierung ergeben:

> EIn féste búrg ist únser Gótt,
> Ein gúte wéhr und wáffen.
> Er hílfft uns freý aus áller nót,
> die úns jtzt hát betróffen.
> Der ált böse feínd
> mit érnst ers jtzt meínt,
> gros mácht und viel líst

sein graúsam rüstung íst,
auff érd ist nícht seins gleíchen.

Die ersten vier, im Kreuzreim gebundenen Zeilen scheinen damit einen festen Wechsel von je vier unbetonten und betonten Silben in den achtsilbigen Zeilen 1 und 3 aufzuweisen, während in den Siebensilblern 2 und 4 ein fester Wechsel von je vier und drei unbetonten und betonten Silben vorliegt. Schwieriger fällt die Bestimmung der Zeilen 5 bis 7: Einer halbwegs natürlichen Wortbetonung folgend sind mindestens zwei besonders starke Betonungen festzuhalten, auf der zweiten und der fünften Silbe. Darüber hinaus weist aber auch die dritte Silbe ein mehr (in Z. 5) oder weniger (in Z. 6 f.) starkes Gewicht auf. Die achte und neunte Verszeile lassen sich wieder, ähnlich wie die ersten vier Zeilen, in stetem Wechsel von unbetonten und betonten Silben skandieren.

Vergleicht man die weiteren Strophen mit diesem ersten Befund, so wird die Unsicherheit bezüglich der Zeilen 5 bis 7 nur größer: Str. 2, Z. 14 legt als Betonungsschema nahe: „Frágstu wér der íst", und ähnlich verhält sich auf jeden Fall auch Str. 5, Z. 32 („Némen síe den leíb"). Dieser letzte Befund führt auf eine Akzentuierung, die in etwa Z. 1 bis 4 entspricht, nur dass bereits eine betonte Silbe am Zeilenanfang steht. Einige Interpreten haben sogar versucht, diesen regelmäßigeren (also zwischen betonter und unbetonter Silbe alternierenden) Wechsel von Hebungen und Senkungen für das gesamte Lied zu postulieren. Dadurch ergeben sich jedoch vielfach so genannte *Versbetonungen* (im Gegensatz zu den natürlichen Wortbetonungen der üblichen Aussprache), insbesondere sogleich für Z. 5-7 von Str. 1.

Versbetonungen?

Ein erster Lösungsversuch kann nun davon ausgehen, dass hier eine Skansion nach Sprechbetonungen gar nicht allzu sehr in Anschlag zu bringen ist, handelt es sich doch in erster Linie um ein *Lied*, dessen Betonungen erst im Gesang entstehen. Bereits die WA stellt etwa fest, „dass man nicht immer scharf taktig betonte, sondern in der Biegsamkeit der ‚schwebender [!] Deklamation' wie bei der Gregorianik einen feinen Reiz erblickte."[14] Die oberhalb wiedergegebene Melodie und ihre weitergehenden Regelungen von Takt und Rhythmus für den gesungenen Text fordern so gesehen eigentlich eine musikwissenschaftliche Betrachtung, die hier nicht gefordert ist.

Im Weiteren ist jedoch an die Grundanalyse für die Versmetrik des Kirchenliedes zu erinnern: Nach dieser ist hier bloße Silbenzählung ohne genauere Forderungen an eine größenmäßige Ordnung anzusetzen, und zwar in Analogie zum Meistersang. Dieser allgemeine Befund bestätigt sich, wenn man weitergehend nach der internen Aufgliederung der Strophen des Lutherlieds fragt. Es ergibt sich dann in der Tat eine Binnenstruktur, die mit Z. 1-4 einen Aufgesang in für das Kirchenlied typischerweise verknappten zwei Stollen (Z. 1 f. : Z 3 f.) aufweist und einen ebenfalls eher knappen Abgesang durch Z. 5-9. Ferner zeigt sich auf strophischer Ebene eine gewisse Nähe zum Volkslied, denn Z. 1-4 entspricht im Reimschema und dem nun allerdings eher sekundären Akzentschema zugleich der Vagantenstrophe (vgl. S. 44).

Ein über die Strophik hinausgehender globaler Bau lässt sich des Weiteren nicht verzeichnen, jedoch ein mehrfacher möglicher *Sinnbeitrag* der festgestellten Form für die inhaltliche Analyse: Zum einen lässt die strophische Binnenstruktur erwarten, dass ihre grundsätzliche Zweiteilung auch auf inhaltlicher Ebene genutzt wird. Zum anderen spricht die Ansiedelung der Vers- und Strophenstruktur zwischen einfacher Meistersangstrophe und Volkslied dafür, dass, im Verbund mit der Melodie des Liedes, eine gewisse Eingängigkeit (Memorierbarkeit!) angestrebt wird, die durch eine nicht allzu komplexe inhaltliche Strukturierung bekräftigt werden könnte.

Bei einem ersten inhaltsbezogenen Durchgang sind zunächst *einfache Verständnisfragen auf lexikalischer und syntaktischer Ebene* anzusprechen:

Zuerst bedarf wohl die historische Überschrift der Erläuterung: „Der xlvj. Psalm. Deus noster refugium et virtus" ist zu übersetzen mit „Der 46. Psalm. Gott, unsere Zuflucht und Stärke" und stellt neben der Benennung des intertextuell in Grenzen relevanten Psalms ein Anzitat von dessen Wortlaut dar, und zwar in einer alten lateinischen Fassung. Diese durften Luther beziehungsweise die Gesangbuchherausgeber seinerzeit zumindest in klerikalen Kreisen als bekannt voraussetzen.

Zu erläutern sind ferner vielleicht folgende Einzelwörter beziehungsweise Phrasen:

Z. 3: „frey" im Sinne von: ‚frei zu werden'.

Z. 6: „mit ernst ers jtzt meint": ‚mit Ernst geht er nun ans Werk'.

Z. 8: „grausam": ‚Grauen erregend'.

Z. 18: „das felt": ‚Feld des Krieges, die zu verteidigende Position'.

Z. 20: „gar": ‚ganz und gar'.

Z. 24: „wie saur er sich stelt": ‚wie stark er auch droht'.

Z. 25: „nicht": ‚nichts'.

Marginalien:
Sinnbeitrag der Form

Einfache Verständnisfragen

Z. 26: „das macht er ist gericht": ‚Das kommt daher, dass er bereits
    gerichtet ist'.
Z. 28: „Das wort sie sollen lassen stan": ‚Die Bibel haben sie nicht
    anzutasten'.
Z. 29: „und kein dank dazu haben": ‚ob sie wollen oder nicht'.
Z. 30: „Er ist bey uns wol auf dem plan": ‚Er hilft uns gut auf dem
    Kampfplatz'.
Z. 35: „habens": ‚haben davon'.

Auf der weiteren syntaktischen Ebene ist womöglich die Satz-
struktur in Str. 2, Z. 1-4 zu klären, die scheinbar eine bloße Haupt-
satzreihung aufweist: „Mit unser macht ist nichts getan, / wir sind
gar bald verloren, / Es streit für uns der rechte man, / den Gott
hat selbs erkoren." Satzlogisch ist jedoch anzunehmen, dass sich
in Z. 3 nicht einfach ein Hauptsatz an diejenigen von Z. 1 f. an-
reiht. Vielmehr handelt es sich in Z. 3 um eine Form des Bedin-
gungssatzes, dem hier nur eine Konjunktion ‚außer wenn, wenn
nicht' oder ‚es sei denn, dass' fehlt.

Auf einen *provisorischen Gliederungsversuch* kann angesichts des
begrenzten Umfanges des Gedichts verzichtet werden, daher so- Detailanalyse:
gleich zur *Detailanalyse*: Die historische Überschrift setzt durch Str. 1
das Anzitat (‚Gott, unsere Zuflucht und Stärke') bereits eine thematische Vorgabe, wie sich an Z. 1 f. in Thesenform zeigt: „EIn
feste burg ist unser Gott, / Ein gute wehr und waffen" – eine
klare Zusicherung der Schutzmacht Gottes für die christliche Gemeinde, die sich hier (im Gesang) gleichsam als lyrisches Wir
selbst anspricht. Beachtenswert ist die einfache Aussageweise, die
allerdings in der Apposition („Ein gute wehr und waffen") rhetorisch durch einen Doppelausdruck mit Alliteration (gleicher kon-
sonatischer Anlaut, hier: ‚w – w') variativ erweitert wird. Z. 3 f.
bestärkt diese bereits doppelte Kopfaussage und erklärt sie für
aktuell: „Er hilfft uns frey aus aller not, / die uns jtzt hat betroffen."
Worin die aktuelle Bedrohung besteht, ergänzen Z. 5-9: Es handelt sich um den „alt böse[n] feind". Wer sich dahinter verbirgt,
wird nicht explizit geklärt, auf jeden Fall jedoch passt die Beschreibung auf den biblischen Teufel. Mit Bezug auf die metrische
Struktur wird somit im *Aufgesang* dieser Strophe *positiv* eine Versicherung von Gottes stetem Beistand, besonders in einer gegen-
wärtigen Konfliktsituation, gegeben. Im *Abgesang* wird hingegen
der ‚alte' und aktuelle Konfliktgegner *negativ*, und damit: *antithetisch*, eingeführt.

Der *Aufgesang* von Str. 2 setzt in einem in sich antithetischen, Str. 2
weiteren Bedingungsgefüge eine zweite These hinzu, die sich in

neuer Weise negativ an die These von Überschrift und Aufgesang
von Str. 1 anschließt: Das Wir, die Gemeinschaft der Christen,
mag sich von sich aus für stark genug halten, bedarf aber in Wahrheit des „rechte[n] man[nes]". Um wen es sich handelt, thematisiert der *Abgesang*, der diesmal nicht dem Aufgesang antithetisch
gegenübersteht, allerdings in sich eine Gegensatzstruktur enthält:
„Er heist Jhesu Christ [...], / Und ist kein ander Gott". Eingeleitet
wird diese den Aufgesang ergänzende Aussage durch eine Frage
an ein lyrisches Du, wodurch eine intensivere Ansprache des einzelnen Gläubigen erreicht wird. Die Identifikation Jesu Christi
mit dem alttestamentarischen Gott „Zebaoth", dem „Herrn der
himmlischen Heerscharen", ist dabei aus theologischer Perspektive als „unglaublich kühn" zu bezeichnen.[15]

Str. 3   Während Str. 2 den nicht zu vergessenden wichtigsten *Helfer*
des Wir benennt, fokussiert Str. 3 im strophenübergreifenden Gegensatz weitergehend den *Gegner*. Str. 3 beginnt dafür im *Aufgesang* erneut mit einem im Ansatz hypothetischen Bedingungsgefüge („Und wenn [...] wer / und wolt"). Gegenüber Str. 2 findet
sich der (konzessiv lesbare) Bedingungssatz jedoch in den ersten
beiden Zeilen, der Hauptsatz ist in seinerseits zwei Zeilen nach-
gestellt: ein Beispiel für rhetorisch absichtsvolle Wiederholung
mit Variation auf syntaktischer Ebene. Inhaltlich wird erneut eine
Antithese erzeugt, die diesmal Konfliktgegner in hyperbolischer
(‚rhetorisch übertreibender') Form imaginiert („die welt voll Teuffel [...] / wolt uns gar verschlingen") und sogar diesen gegenüber
bei aller berechtigten Furcht Standhaftigkeit aus Siegesgewissheit
postuliert – zugleich eine Selbstvergewisserung des lyrischen
Wir.

Der *Abgesang* stellt wie in Str. 2 eher eine Ergänzung der Aussage des Aufgesangs dar (und keine Antithese), hier jedoch in
loserer Form: Als Konfliktgegner wird „[d]er Fürst dieser welt"
(Z. 23) eingesetzt, eine nicht vollends festzulegende Benennung,
die allerdings zeitgenössisch wie der „alt böse feind" von Str. 1
mindestens auf den Teufel zu beziehen ist. Innerhalb des Abge-
sangs kommt es jedoch erneut zu einer Gegenüberstellung: „wie
saur er sich stelt, / thut er uns doch nicht", die mit einer Erläuterung verbunden wird: „das macht er ist gericht, / Ein wörtlein kan
jn fellen." Die noch mit Furcht verbundene Selbstvergewisserung
des Wir wird so mit einer neu begründeten Versicherung verbunden. Die bekanntlich im Neuen Testament die ‚frohe Botschaft'
ausmachende Gewissheit, dass das Böse durch Jesus Christus
prinzipiell besiegt wurde, steht unverkennbar hinter dem „er ist
gericht". Das „wörtlein" schließlich, das „jn fellen [kann]", dürfte

in eben der Benennung Jesu Christi beziehungsweise der Heilsgewissheit durch ihn bestehen.

Str. 4 bietet im *Aufgesang* eine weitere Spielart der antithetischen Gegenüberstellung von nun namenlosen ‚bösen' Konfliktgegnern und gottgläubiger Gemeinschaft. Syntaktisch handelt es sich hier allerdings um einen Begründungszusammenhang durch zwei Hauptsätze: Die ersten beiden Zeilen behaupten den sicheren Stand des göttlichen Wortes der Bibel vor den aussichtslosen Feinden, denn, so die dritte und vierte Zeile, auf der Seite des Wir ist Gott beziehungsweise sein (zuletzt benannter) Sohn, rhetorisch attribuiert mit einem alliterierenden Doppelausdruck („geist und gaben"). Der *Abgesang* schließt sich wie derjenige von Str. 3 zum Ganzen in der Art einer rhetorischen Variation, dabei aber in sich antithetisch an: Selbst bei womöglich zu gewärtigenden schmerzlichsten Verlusten (Z. 32-34, mit einer Klimax von „gut, ehr, kind und weib") ist nicht zu zweifeln: „das reich mus uns doch bleiben", das heißt die Sicherheit ist gegeben, als Gläubige in das (himmlische) Reich Gottes zu gelangen. Str. 4

Die in Str. 1 gesetzte These (Gewissheit der göttlichen Hilfsmacht für das Wir auch bei härtester akuter Gegnerschaft) wird über das ganze Gedicht hinweg in vielfach variierter Antithetik wiederholt: Erst sind es Gott und der „alt böse feind" (Str. 1); dann wird die Christengemeinschaft, die Jesu Christi bedarf, angesprochen (Str. 2), der mit diesem aber selbst eine „welt voll Teuffel" beziehungsweise „[d]er Fürst dieser welt" nichts anhaben kann. Im Weiteren wird erneut ein kollektives feindliches Gegenüber imaginiert, das zwar große Verluste produzieren mag, jedoch das Erreichen des Gottesreichs nicht verhindern kann (Str. 3 f.). Versicherung, Vergewisserung und Ermutigung bilden so die positive Seite der Medaille, der auf der anderen Seite die Vergegenwärtigung der Macht und (möglichen) Erfolge des in rhetorischen Variationen imaginierten Gegners ohne endgültige Siegesaussichten gegenübersteht. Gesamtinterpretation

Sprachlich erweist sich Luthers Gedicht als zugleich schlicht und im Einzelnen rhetorisch gefeilt. Die benannte Grundaussage wird für eine singende Gemeinde in der Wiederholung gleichsam zum Mantra der protestantischen Gottesgewissheit, und das in immer neuer Variation. Hinter dieser Technik der Überzeugung lässt sich eine in der Frühen Neuzeit allbekannte antik-rhetorische Lehre erkennen, wie sie für den Fall der *Schaurede* (lat. *genus demonstrativum*) galt: Ist die Wahrheit einer in öffentliche Rede umzusetzenden These an sich gewiss, so hat der Redner sie vor allem durch eine geschickte Anhäufung (lat. *amplificatio*) von ‚Lob' (hier:

die Versicherung Gottes) und ‚Tadel‘ (hier: die Herabsetzung des Gegners) zu bekräftigen.[16] Zu erzeugen ist auf diesem Wege eine bestärkte (emotionale) Zustimmung der Zuhörer, die sich in diesem Fall als lyrisches Wir der christlichen Gemeinde im Gesang gleichsam selbst überzeugen. Das einzuhaltende ‚passende Redeniveau‘ (lat. *aptum*, ‚das Angemessene‘) gemäß der antiken Dreistillehre ist in diesem Fall die für möglichst viele verständliche einfache Stilart (lat. *genus subtile*), die das Lied nur an wenigen Stellen etwas übersteigt.

Textimmanente und weitere Deutung Als Gegner des lyrischen Wir lässt sich *textimmanent* und unter Berücksichtigung der allfälligsten christlichen Ansichten zunächst nur der Teufel als Inkarnation des Bösen, an einer Stelle auch im Plural vorgestellt, erkennen. In der letzten Strophe ist zudem von einem vagen ‚sie‘ (Plural) als feindlichem Gegenüber die Rede. Vielleicht gerade von Letzterem ausgehend ist dieses Liedgedicht in die verschiedensten Richtungen konkretisierend ausgelegt worden, etwa mit Blick auf die eingangs skizzierte historische Situation der Entstehungszeit. Man hat sich nicht damit zufrieden gegeben, dass hier eine allgemeine, gerade in ihrer Offenheit über die Zeiten hinweg aktualisierbare und damit ‚multipel‘ zur Ermutigung geeignete Rede vorliegt. Gerade in der allgemeinen Heilsgewissheit liegt jedoch auch das so genannte *reformatorische Pathos*, das Luther nicht zuletzt mit diesem Lied verbreitet hat. Lothar Schmidt hat solchen Konkretisierungsversuchen gegenüber festgestellt:

> Der Text greift [...] letzte Fragen auf; deswegen gehen auch alle Versuche, ihn in einer bestimmten politischen oder biographischen Situation zu verankern, den Teufel gewissermaßen historisch dingfest zu machen, am Wesentlichen vorbei. Gewiß sah Luther in Türken [die zu dieser Zeit Europa bedrängten, S.E.], Papst und Schwärmern, in Pest und eigener Krankheit ebenso wie in allen anderen Ereignissen, die man für eine Keimzelle des Liedes gehalten hat, den Teufel unmittelbar am Werk. Aber er sah ihn überall dort, wo er die Welt im Widerstand gegen Gott sah.[17]

Ein möglicher Vergleich Aus letzterer Erwägung sei die Frage nach *Vergleichsmöglichkeiten* auf das Nächstliegende beschränkt, das heißt den alttestamentarischen Psalm 46. Er lautet in einer Fassung, die zum lateinischen Zitat in der historischen Überschrift von Luthers Lied („Deus noster refugium, et virtus", siehe im Folgenden den Anfang von 2.) und wohl auch im Ganzen annähernd passt:

1. Zum Ende, für die Söhne Core‘s, ein Psalm für die Geheimnisse.
2. Gott ist unsere Zuflucht und Stärke, ein Helfer in Trübsalen, die uns sehr hart getroffen.

3. Darum fürchten wir uns nicht, wenn auch die Erde sich bewegte, und die Berge versetzt würden mitten in's Meer.

4. Mögen rauschen und wallen seine Wasser, und die Berge erbeben vor seiner Gewalt;

5. des Stromes Anlauf erfreuet die Stadt Gottes, der Allerhöchste heiliget seine Wohnung.

6. Gott ist in ihrer Mitte, sie wird nicht wanken; frühe am Morgen hilft ihr Gott.

7. Es tobten die Völker, und wankten die Reiche; da gab er seine Stimme, und die Erde erbebte.

8. Der Herr der Heerschaaren ist mit uns; unsere Zuflucht der Gott Jacobs!

9. Kommet, und schauet die Werke des Herrn, welche Wunder er gewirket auf Erden!

10. der da wegnimmt die Kriege bis an's Ende der Erde, den Bogen zertrümmert, und die Waffen zerschlägt, und die Schilde mit Feuer verbrennt.

11. Seyd still, und schauet, denn ich bin Gott; will erhöhet seyn unter den Völkern, und erhöhet auf Erden.

12. Der Herr der Heerschaaren ist mit uns, unsere Zuflucht ist der Gott Jacobs.[18]

Setzen Sie dieses Gedicht mit demjenigen Luthers in Beziehung:

Fragen

1. Fassen Sie dafür den Gedankengang des Psalms kurz zusammen.

2. Vergleichen Sie Hauptaussagen beziehungsweise Stoßrichtungen von Psalm und Lutherlied: Was bleibt gleich, was ändert sich?

5. Aufbaumodul 2: Renaissance und Barock

> Nachdem sich das vorangegangene Modul lyrischen Erscheinungsformen älterer (deutscher) Herkunft gewidmet hat, ist nun das Einwirken der neueren europäischen Tradition des Renaissancehumanismus auf die deutsche Lyrik seit dem späten 16. Jahrhundert in den Blick zu nehmen, um von hier aus die bald als barock zu definierende Gattungsentwicklung zu verfolgen. Wiederum werden als Erstes inhaltliche Entwicklungslinien in den Blick genommen, um anschließend metrische Paradigmenwechsel gesondert zu erfassen. Die exemplarische Analyse eines (nun: barocken) Gedichts schließt auch dieses Modul ab.

1. Entwicklungslinien: Weckherlin bis Günther

Dieses Aufbaumodul wird sich auf Erscheinungen konzentrieren, die in literaturgeschichtlicher Hinsicht ‚Neues‘ darstellen, und soll sich selbst dabei auf möglichst wesentliche Entwicklungen beschränken. Weniger berücksichtigt werden daher insbesondere diejenigen Lyrikformen, die sich im Wesentlichen an Traditionen des 16. Jahrhunderts anschließen, wie das Volkslied, die reiche geistliche Lieddichtung etwa eines (katholischen) *Friedrich Spee* (1591-1635) und eines (protestantischen) *Paul Gerhardt* (1607-1676) oder die Lyrik von bedeutenden Mystikern wie *Daniel Czepko* (1605-1660) oder *Johannes Scheffler* (1624-1677; nach der Konversion zum Katholizismus: *Angelus Silesius*). Darüber hinaus sind von ganz eigenen, oft bereits antiken Normen geprägte Kleingattungen wie das seinerzeit überaus beliebte Epigramm, bedeutend vertreten durch *Friedrich v. Logau* (1604-1655), oder die oft ebenfalls epigrammatisch knappe Satire zu vernachlässigen. Für einen umfassenden Überblick nicht nur über diese Teilgattungen im 17. Jahrhundert sei insbesondere auf die Arbeiten Volker Meids verwiesen (vgl. die Literaturhinweise am Ende von Abschnitt 2 dieses Aufbaumoduls), denen auch der folgende inhaltliche Abriss einiges verdankt.

Wie schon bei den vorgestellten lyrischen Traditionslinien des 16. Jahrhunderts ist bei den nun interessierenden Neuerungen durch Renaissance und Barock eines vor allem zu betonen: Dichtung entsteht in großen Traditionszusammenhängen, in festen gesellschaftlichen Kontexten und mit sozialen Zweckbindungen. Immer noch ‚spricht‘ daher im Gedicht in erster Linie ein lyrisches Ich, das als (rhetorisch gewählte) Rollenfigur zu verstehen und nicht in modernem Sinn individualistisch gemeint ist. In eine gewisse Konkurrenz zu den spätmittelalterlichen Lyriktraditionen treten nun jedoch poetische Maßgaben aus denjenigen Nachbarländern, in denen sich die Kultur der Renaissance teils erheblich früher ausgebreitet hat beziehungsweise in denen diese viel breiter volkssprachlich wirksam geworden ist (Italien, Frankreich, Holland).

Renaissancelyrik   1.1

Neben der erneuerten antiken Rhetoriktradition und den griechisch-römischen Gattungselementen (Stilmittel, Ausdrucks- und Gedichtformen) wird im deutschen Späthumanismus um 1600 zunächst auf die französische Lyrik des Pléiade-Kreises, das heißt *Pierre Ronsard* (1524/25-1585), *Joachim Du Bellay* (1522-1560) und andere, zurückgegriffen. Bedeutender Vertreter dieser im europäischen Vergleich recht späten deutschsprachigen Renaissancelyrik ist der Diplomat und Hofdichter *Georg Rodolf Weckherlin* aus Stuttgart (1584-1653).

Er wird 1618/19 mit einem ersten lyrischen Gedichtband bekannt, durch den Eintritt in englische Dienste in London kann er freilich nicht mehr besonders stark wirken und erreicht erst über zwei Jahrzehnte später eine zweite, größere Ausgabe seiner Lyrik (*Gaistliche und Weltliche Gedichte*, Amsterdam 1641, erweitert 1648). Dabei hat er ein breites Spektrum antiker und seinerzeit moderner Themen zu bieten und nimmt insbesondere durch seine politische Lyrik eine herausragende Stellung ein. Rhetorisches Handwerkszeug und zeittypische Nutzung einer öffentlichen ‚Gelegenheit‘ (lat. *casus*, daher: Kasuallyrik beziehungsweise Gelegenheitsdichtung) zeigen sich etwa bei dem nachfolgend wiedergegebenen Ge-

Abb. 7: Georg Rodolf Weckherlin (1584-1653)

dicht. In ihm wird ein Adliger anlässlich seines Erwachsenwer-
dens in eindrucksvoller Metaphorik und schmeichelnder Hyper-
bolik (‚rhetorischer Übertreibung‘) gelobt und zugleich im Kontext
des Dreißigjährigen Kriegs zu einem seinen Fähigkeiten gemäßen
politischen Handeln gemahnt. Entstanden ist dieses Gelegen-
heitsgedicht wohl in den Jahren vor 1626, in welchem Jahr der
hier adressierte Philipp von Hessen-Kassel mit Anfang Zwanzig
in einer Schlacht fällt. Es handelt sich bei diesem Philipp um einen Sohn von Moritz „dem Gelehrten“, der in seiner Zeit als
Förderer der traditionell vom Gott Phoebus Apollo beherrschten
Künste hervorgetreten ist. Als wichtiger militärischer Vertreter
der protestantischen Sache in der Zeit wird im Gedicht hingegen
ein anderer Moritz, der von Oranien, in Erinnerung gerufen.

> An Herren, etc. / Landgraven Philippen zu / Hessen, etc.

> O Philip, wehrter Printz, der du mit solchem schein
> In deines Alters Ost die hertzen überglänzest,
> Wie völlig wirt dein glantz und unser lust wol sein,
> Wan deine Tugent du in dem Mittag ergänzest?

> Wan schon der Himmel sich durch unsers feinds kriegszeug
> Noch gegen dem Teutschland barmhertzig nicht erzeiget;
> Erzaiget Er doch schon durch so süß-edle zweig,
> Als du und andre mehr, das er uns wol genaiget.

> Dan voll verstand dein hertz, voll künheit deine hand,
> O jung und weiser Held, nachfolgend den Moritzen,
> Deren der ein mit macht, der ander mit verstand,
> Der gantzen Welt wol wehrt, soll das Teutschland beschützen.

> Wan dan dein hertz und hand, des einen kluge macht,
> Der muhtiger dan Mars, die starke Lehr des andern,
> Dem Phöbus selbs kaum gleich, nach wunsch in sich gebracht,
> So seh ich, Philip, dich so groß als Alexandern.[1]

Erst bei einem jüngeren Konkurrenten Weckherlins werden sich
die neuen französischen, italienischen, aber auch holländischen
Einflüsse in einer Weise zeigen, die auf andere deutsche Dichter
nachhaltig wirken wird. *Martin Opitz* (vgl. bereits Basismodul 1,
Abschnitt 1), der 1597 geborene protestantische Bürgersohn aus
dem schlesischen Bunzlau, erwirbt sich eine erste Anerkennung
in gebildeten Kreisen schon durch seinen Bildungsweg. Der nämlich führt ihn vom Beuthener Gymnasium über ein Studium in
Heidelberg, wo er in den Literaturzirkel des Lyrikers *Julius Wilhelm
Zincgref* (1591-1635) eintritt, aus Kriegsgründen bald (1619) ins hol-
ländische Leiden. An der dortigen Universität, seinerzeit berühmt

etwa durch den Staatsgelehrten *Justus Lipsius* (1547-1606), lernt er den holländischen Nationaldichter *Daniel Heinsius* (1580-1655) kennen und bekommt wichtige Impulse für seine dichtungstheoretischen Vorstellungen. Diese und andere mehr fließen 1624 in Opitz' bekannteste Poetik ein, das *Buch von der Deutschen Poeterey* (vgl. ebenfalls bereits Basismodul 1, Abschnitt 1).

Dieses Werk erschien der Literaturgeschichte bisweilen als *das* dichtungstheoretische Manifest für die nachfolgende Zeit, das heißt als Programmschrift der so genannte *Literaturreform* hin zur ersten deutschen ‚Kunstdichtung' im Barock. Opitz' poetologische Maßgaben fassten jedoch in vielem lediglich antikische und renaissanceklassizistische Vorstellungen aus anderen Poetiken zumal neulateinischer, französischer und holländischer Herkunft zusammen. Diese waren in späthumanistischen Kreisen auch im deutschsprachigen Raum – vgl. etwa schon Weckherlins Kunstfertigkeit – bereits weitgehend bekannt (für den deutschsprachigen Bereich ‚originell' und von zentraler Bedeutung war vor allem eine metrische Festsetzung, dazu jedoch im nachfolgenden Abschnitt dieses Aufbaumoduls).

> Literaturreform nur durch Opitz?

Allerdings forciert der patriotische Opitz in seiner Zeit den Anspruch auf eine *deutschsprachige* Literatur von europäischem Rang besonders nachhaltig, und seine griffigen Regelformulierungen entfalten eine besondere Wirksamkeit, weil sie durch eine Reihe von praktischen Mustern begleitet werden, und zwar nicht nur in der *Poeterey*, sondern auch in umfangreichen Sammlungen lyrischer Werke, etwa in den *Teutschen Pöemata*, ebenfalls 1624 von Opitz' Heidelberger Lehrer und Freund Zincgref herausgegeben, und durch die *Acht Bücher Deutscher Poematum*, im Folgejahr von Opitz in Breslau herausgebracht. Letztere enthalten wiederum nicht völlig überragende und neue poetische Eigenleistungen, aber eine große Zahl Übersetzungen und Nachdichtungen antiker und volkssprachlicher Werke aus ‚vorbildlichen' Nachbarliteraturen, die nun auch auf Deutsch vorliegen.

> Deutschsprachige Literatur

Einen besonders wirkmächtigen Teil von Opitz' Vermittlungsbemühungen stellen seine Übersetzungen und Adaptationen von Gedichten des großen italienischen Lyrikers *Francesco Petrarca* (1304-1374) dar. Petrarcas unter dem Titel *Canzoniere* zusammengefasste Sammlung von Gedichten an eine *Donna Laura* umspielte das Thema der großen unerfüllbaren Liebe, wie sie auch der Hohe Minnesang kannte. Gerade Petrarca entwickelte dabei aber ein stilistisches und thematisches Spektrum, das im Europa der Frühen Neuzeit vielfache Nachahmung finden und den so genannten *Petrarkismus* bilden sollte. Ein typisches Petrarca-Gedicht, Nr. 132,

> Petrarca/ Petrarkismus

ein Sonett, übersetzte Opitz 1624 wie folgt – übrigens mit leichten
Veränderungen in Ausdruck und Gedankenführung, die er, gemäß der Überbietungspoetik der Zeit, vielleicht als ämulative
(wettstreitende) ‚Verbesserungen‘ ansah:

> ISt Liebe lauter nichts / wie daß sie mich entzündet?
> Ist sie dann gleichwol was / wem ist jhr Thun bewust?
> Ist sie auch gut vnd recht / wie bringt sie böse Lust?
> Ist sie nicht gut / wie daß man Frewd‘ auß jhr empfindet?
>
> Lieb‘ ich ohn allen Zwang / wie kan ich schmertzen tragen?
> Muß ich es thun / was hilfft‘s daß ich solch Trawren führ‘?
> Heb‘ ich es vngern an / wer dann befihlt es mir?
> Thue ich es aber gern‘ / vmb was hab‘ ich zu klagen?
>
> Ich wancke wie das Graß so von den kühlen Winden
> Vmb Vesperzeit bald hin geneiget wird / bald her:
> Ich walle wie ein Schiff das durch das wilde Meer
> Von Wellen vmbgejagt nicht kan zu Rande finden.
> Ich weiß nicht was ich wil / ich wil nicht was ich weiß:
> Im Sommer ist mir kalt / im Winter ist mir heiß.[2]

Die Jahre nach den ersten Hauptpublikationen bringen für Opitz
weitere Anerkennung, die sich auch auf sozialer Ebene manifestiert, so durch eine zeittypische kaiserliche Krönung zum *poeta
laureatus*, das heißt zum ‚mit dem Lorbeer bekränzten Dichter‘,
bereits im Jahr 1625, der 1627 sogar die Erhebung in den Adels-
stand folgt (neuer Beiname Opitz‘ deshalb: von Boberfeld). Erwähnenswert ist ferner die 1629 erlangte Aufnahme in die *Fruchtbrin-
gende Gesellschaft*. Diese lange Zeit wichtigste Kulturinstitution
des Reiches war 1617 zur Hebung der Künste in Deutschland auf
einen europäischen Standard gegründet worden und versammel-
te nach und nach viele namhafte Dichter, aber auch Kulturförde-
rer der Zeit.

1.2 Opitz-Nachfolger

Eine von Opitz wie von der *Fruchtbringenden Gesellschaft* geforderte deutschsprachige Dichtung, die internationalen Kunstansprü-
chen Genüge tun soll, prägt sich in der ersten Hälfte des 17. Jahrhunderts dann in mehreren regionalen Zentren vor allem auf
protestantischem Gebiet aus[3]: Im Hamburger Raum etwa findet
sich bald ein besonders getreuer Opitz-Adept, und zwar der We-
deler Pastor *Johann Rist* (1607-1667), der in späteren Jahren sogar
einen eigenen literarischen Zirkel, den *Elbschwanenorden*, grün-

Abb. 8: Paul Fleming (1609-1640)

det. Im vom Krieg verschonten Danzig schließen sich Opitz seit den 1630er Jahren gleich mehrere jüngere Dichter an, so der aus dem schlesischen Liegnitz stammende Professor des quasi-universitären Akademischen Gymnasiums *Johann Peter Titz* (1611-1689), und aus dem benachbarten Königsberg ist *Simon Dach* aus Memel (1605-1659) zu erwähnen, der sich etwa mit Freundschaftsdichtungen einen gewissen Namen macht.

Es sind dann allerdings in Sonderheit weitere Schlesier sowie Dichter in Sachsen, die größeren Einfluss auf die Literaturentwicklung nach Opitz haben. Unter Letzteren ist namentlich der Vogtländer *Paul Fleming* (1609-1640) hervorzuheben, der 1628 bis 1633 die Universität zu Leipzig besucht und bereits 1631 den Druck seiner ersten (neulateinischen) Liebesgedichte erlebt sowie in mehreren kleineren Ausgaben die Publikation einiger Gelegenheitsgedichte. Von 1633 bis 1637 gehört Fleming einer Gesandtschaft an, die mit wiederholten Unterbrechungen Russland und Persien aufsucht sowie des Öfteren Reval, wo er zwischenzeitlich lebt und Kontakte knüpft. 1639 geht er noch auf die Universität Leiden, wo er im Februar 1640 in Medizin promoviert wird, er stirbt jedoch bereits im darauffolgenden Monat auf der Rückreise nach Reval.

Sein umfassendes Schaffen macht dann erst die groß angelegte Sammlung *Teütscher Poemata* von 1646 bekannt, die ihn als christlichen und zeittypisch neustoischen Denker, aber auch als bedeutenden Petrarkisten zeigt. Diese drei Grundzüge mögen beinahe paradox erscheinen, stehen doch christliche Ethik, heidnisch-antike Vernunfthaltung und Affektlyrik in *einem* Werk gegeneinander. Die rhetorische Grundausrichtung der zeitgenössischen Dichtung lässt solch ein Nebeneinander jedoch durchaus zu, ja sie macht es sogar schätzenswert, wenn verschiedene Redethemen *rollenhaft* verfolgt werden. Ein gewisser *rhetorischer Perspektivismus* ist daher an der Tagesordnung. Bis heute am bekanntesten und in vielen Lyrikanthologien vertreten ist Fleming aber mit einigen Gedichten, die in zeittypischer Weise an die Haltung eines Vertreters der antiken stoischen Philosophie und an deren Ideal erinnern, Schicksalsschläge sprichwörtlich ‚stoisch'-geduldig hinzunehmen, da sie für den an wahrer Tugend orientierten Men-

Rhetorischer Perspektivismus

schen unwesentlich seien. Ein Beispiel für diese Haltung gibt das 1636 entstandene Sonett „An sich", das gemäß dem soeben Gesagten nicht in erster Linie als ‚echte' Selbstaussage im modernen Sinn zu lesen ist:

> SEY dennoch unverzagt. Gieb dennoch unverlohren.
> Weich keinem Glücke nicht. Steh' höher als der Neid.
> Vergnüge dich an dir / und acht es für kein Leid /
> hat sich gleich wieder dich Glück' / Ort / und Zeit verschworen.
>   Was dich betrübt und labt / halt alles für erkohren.
> Nim dein Verhängnüß an. Laß' alles unbereut.
> Thu / was gethan muß seyn / und eh man dirs gebeut.
> Was du noch hoffen kanst / das wird noch stets gebohren.
>   Was klagt / was lobt man doch? Sein Unglück und sein Glücke
> ist ihm ein ieder selbst. Schau alle Sachen an.
> Diß alles ist in dir / laß deinen eiteln Wahn /
>   und eh du förder gehst / so geh' in dich zu rücke.
> Wer sein selbst Meister ist / und sich beherrschen kan /
> dem ist die weite Welt und Alles unterthan.[4]

Aus Glogau in Opitz' Schlesien stammt ferner *Andreas Gryphius* (1616-1664). Er verlässt Schlesien zunächst in Richtung Danzig, um von 1634 bis 1636 das dortige Akademische Gymnasium zu besuchen, an dem etwa der erwähnte Opitz-Propagator Titz wirkt. Gryphius wechselt dann wie Opitz und Fleming an die Universität Leiden, wo er selbst lehrt (1638-1644). 1650 kann er schließlich als juristischer Sachwalter der Ständevertretung in seine Heimatstadt zurückkehren und dort bis zu seinem Lebensende wirken.

Insbesondere der Dramatiker und Lyriker Gryphius ist es, der eine Literatursprache ausprägt, die die gleichsam noch begrenzt rhetorisierte Kunstsprache eines Weckherlin oder eines Opitz *barock* ‚erweitert'. Letztere Einschätzung ist hier in einfache Anführungszeichen gesetzt, um zu markieren, dass hier weniger qualitativ über zwei letztlich schlicht unterschiedliche Ausdrucksnormen geurteilt als vielmehr neutral ein gleichsam quantitativer rhetorischer Unterschied erfasst werden soll. Dieser Unterschied ergibt sich bei Gryphius zudem inhaltlich, und zwar durch seinen Fokus auf die zeitgenössisch beliebten

Abb. 9: Andreas Gryphius (1616-1664)

Themen der *Vergänglichkeit* (lat. *vanitas*, im Deutsch der Zeit: ,Eitelkeit') des menschlichen Daseins und des Leidens am ,elenden' menschlichen Dasein, das in der Nachfolge Jesu Christi nur im Jenseits zu überwinden ist. Beide Themen führen zu einem bei Gryphius beinahe omnipräsenten ,hohen Ton' der Klage und des Ertragenmüssens, sprich: zu dem ihm eigenen barockrhetorischen Pathos.

Mit diesem Pathos verbindet sich eine intensivierte Form der Bildhaftigkeit: Über einzelne Metaphern hinaus arbeitet Gryphius' Lyrik mit vom Leser auszulegenden *Allegorien,* das heißt mit Verkettungen bildhafter Ausdrücke, die eine ganze Bedeutungsschicht neben beziehungsweise hinter der unmittelbaren Aussageebene produzieren. Die Ganzheitlichkeit der allegorischen Rede einzelner Gedichte nähert sich dabei der bereits in der Renaissance beliebten *Emblemdichtung* an. Diese besteht aus einer ein   Emblematik
Thema ansagenden *Überschrift* (lat. *inscriptio*; oft auf Lateinisch), einem echten *Bild* (lat. *pictura*, etwa als Holzschnitt) mit einer sich mehr oder weniger zur Überschrift fügenden Darstellung und schließlich einem prägnanten Kurzgedicht (lat. *subscriptio*, ,Unterschrift'; ursprünglich oft lat., frz. oder anderes und erst in Ergänzung dt.), das sich wiederum mehr oder weniger passend beziehungsweise als Auslegung auf die anderen beiden Teile bezieht – nebenstehend ein in der *subscriptio* besonders knappes Beispiel.[5]

Bei einem in Anlehnung an diese eigentliche Emblemdichtung *emblematischen* Barockgedicht ist nun das Bild im Idealfall gleichsam in einen ersten Textteil nach der Überschrift überführt, an den sich in einem weiteren Textteil dann eine prägnante Auslegung anschließt. Das berühmte Gryph'sche Sonett „Einsambkeit", zum ersten Mal abgedruckt 1650, demonstriert zugleich eine solche emblematische Struktur und die typische pathetische Klagerhetorik des Autors mit Bezug auf die ,menschliche Grundsituation auf Erden':

RADIIS TAMEN OMNIA LUSTRAT.

La maiesté d'vn Roy est de grande estendue.
Renfermé dans vn coing de sa province il peut
En espardre les rais si loin si loin qu'il veut
Et faire qu'elle y soit d'vn chacun recognue.

Dennoch erleuchtet sie alles mit ihren Strahlen

DIe Sonn an jhrem Ort sich helt /
Erleuchtet doch die gantze Welt /
Eins Fürsten tugend ins geleich /
Erfrewt die Leut im gantzen Reich.

Abb. 10: Emblemdichtung

In dieser Einsamkeit / der mehr denn öden wüsten /
Gestreckt auff wildes Kraut / an die bemößte See:
Beschaw' ich jenes Thal vnd dieser Felsen höh'
Auff welchem Eulen nur vnd stille Vögel nisten.
Hier fern von dem Pallast; weit von deß Pövels lüsten /
Betracht ich: wie der Mensch in Eitelkeit vergeh'
Wie auff nicht festem grund' all vnser hoffen steh'
Wie die vor abend schmähn / die vor dem tag vnß grüßten.
Die Höell/ der rawe wald / der Todtenkopff / der Stein /
Den auch die zeit aufffrist / die abgezehrten bein.
Entwerffen in dem Mut vnzehliche gedancken.
Der Mauren alter grauß / diß vngebaw'te Land
Ist schön vnd fruchtbar mir / der eigentlich erkant /
Das alles / ohn ein Geist / den Gott selbst hält / muß wancken.[6]

1.3   Phasenbildung: Hoch- und Spätbarock

Bei Gryphius lassen sich die in einem solchen Gedicht zuhauf
begegnenden Stilmittel wie etwa Metapher, Worthäufung (Pleo-
nasmus) und Stellungsfiguren (Parallelismus, Antithese und anderes mehr) mit dem angestrebten Ausdruckszweck erklären.
Viele weitere Lyriker ungefähr ab der Jahrhundertmitte scheinen
einen gesteigerten und breiter variierten Einsatz solcher rhetorischer und anderer Formelemente (siehe im Abschnitt zur Metrik) um einiges selbstzweckhafter betrieben zu haben. Im poetischen Paradigma der Zeit verlagert sich die geforderte *aemulatio*
(hier: Wettstreit) mit den literarischen Mustern so mehr auf eine
immer größere Fülle (lat. *copia*) in der Form. Die Lyrik der Zeit
geht dementsprechend auf eine weitere Stufe über, die gegenüber
der bei Gryphius und anderen angesetzten *hoch*barocken Phase
traditionell als *spät*barock bezeichnet wird. Der opitzianische Re-
naissance-Klassizismus wurde demgegenüber in der älteren Forschung sogar mit einer besonders fragwürdigen Rückprojektion
als *früh*barock angesehen. Mit Bezeichnungen solcher Art sollte
daher nach dem heutigen Forschungsstand nicht zugleich ästhetisch gewertet, sondern allenfalls behelfsweise benannt werden,
was sich an Unterschieden über die Zeit zeigt. Zu verabschieden
sind damit insbesondere von der älteren Forschung mit Rubrizie-
rungen wie ‚früh, hoch, spät' suggerierte quasi-organologische
Deutungen à la ‚erstes Emporwachsen, schönste Blüte und Über-
reife/Welken', da sie die poetologische Eigenständigkeit jeder
Phase zugunsten einer wohl nur scheinbaren Gesamtentwicklung
aus dem Blick geraten lassen.

Abb. 11: *Pegnesisches Schäfergedicht* (1644)

Eine erste im neutralen Sinn als spätbarock zu bezeichnende Dichtergrup-
pe, beheimatet in Nürnberg, ist die literarische Gesellschaft des *Pegnesischen
Blumenordens*, die insbesondere den
Klang ihrer Gedichte rhetorisch zu
steigern sucht. Namhafteste Vertreter
sind *Georg Philipp Harsdörffer* (1607-
1658) aus Fischbach bei Nürnberg, der
mit dem *Poetischen Trichter* (Nürnberg
1647-1653) zur gleichen Zeit eine bedeutende Poetik vorlegt, der Meißener
Johann Klaj (1616-1656) und *Sigmund
von Birken* (1626-1681) aus Wildstein
bei Eger in Böhmen.

Ihr großes Gemeinschaftswerk ist
das *Pegnesische Schäfergedicht* (Nürnberg
1644, fortgesetzt a.a.O. 1645). Diese mit
eingestreuten Versdichtungen aufgelo-
ckerte Prosa schließt an eine bereits europaweit wiederbelebte anti- **Nürnberger**
Spätbarock
ke *Schäferdichtung* an: die griechisch-römische *Bukolik* (nach grch.
boukólos, ‚Rinderhirte‘; Weiteres zu dieser Strömung vgl. im nachfolgenden Aufbaumodul zur Anakreontik). Deren topischer, das **Schäferdichtung**
heißt mit festen Bildern und Sujets arbeitender Machart entspricht **(Bukolik)**
etwa ein Sonett aus dem *Pegnesischen Schäfergedicht*, das den Fluss
bedichtet, der der Gruppe auch ihren Namen gibt. Das Sonett gibt
dabei zugleich ein Beispiel für das seit dem Humanismus beliebte
Lob auf Landschaften und Städte, also für eine Unterart des Gele-
genheitsgedichts. Seine ersten Zeilen etwa versetzen typisch bukolische Gestalten sozusagen aus ihrer griechischen Heimat an eine
nun entsprechend idyllisch gesehene Pegnitz:

Ihr Nymfen dieses Stroms / ihr Qwellinwohnerinnen /
  Die lieblich sich ergeust aus der Sudöden Fus [Böhmerwald] /
  Ach nehmet wilig an / empfahet diesen Grus
Von dem / der singen wil das würbelichte Rinnen.
So viel er sich / allhier ein Fremder kan entsinnen /
  Seyd ihr / ihr Wasservolk / bist du / du schöner Fluß /
  Der Nürnberg seinen Ruhm und Nahrung danken muß?
Flut hat der Stadt / die Stadt der Flut geniessen können.[7]

Abb. 12: Christian Hoffmann v. Hoffmannswaldau (1616-1679)

Dem so genannten *Spätbarock* wird aufgrund seiner sehr späten Breitenwirkung üblicherweise auch *Christian Hoffmann v. Hoffmannswaldau* (1616-1679) aus Breslau zugerechnet, obwohl er ja zum Geburtsjahrgang eines Gryphius zählt, kaum nach diesem, das heißt 1636-1638, das Danziger Akademische Gymnasium besucht und vor Ort noch Opitz selbst kennenlernt. Er publiziert zu Lebzeiten jedoch kaum, sondern kehrt nach weiteren Jahren des Studiums in Leiden und Amsterdam in den 1640er Jahren in seine Vaterstadt zurück und erlangt schließlich immer bedeutendere Positionen in deren Administration. Es scheint ihm in all diesen Jahren zu genügen, dass seine Werke in Einzelabschriften in seinen eigenen Kreisen (vor allem des bürgerlichen Patriziats) kursieren, wo sie auch vor der Zensur sicher sind. Bereits in den 1640er Jahren schließt sich Hoffmannswaldau mit seiner spielerischen freizügig-erotischen Liebesdichtung als einer der ersten Deutschen einer italienischen Tradition an, die *Giambattista Marino* (1569-1625) begründet hat. Erst kurz nach Hoffmannswaldaus Tod erscheint eine erste eigene Auswahlausgabe, die *Deutschen Übersetzungen und Getichte* (Breslau 1679). Sein aus heutiger Sicht bedeutendster Werkteil, die marinistischen Liebesgedichte, wird sogar erst im Rahmen einer von Benjamin Neukirch herausgegebenen Anthologie *Herrn von Hoffmannswaldau und andrer Deutschen auserlesene und bißher ungedruckte Gedichte* (Leipzig 1695, fortgesetzt a.a.O. 1697) einem breiteren Publikum bekannt.

Zwei Argumentationslinien charakterisieren seitdem die Auseinandersetzung mit Hoffmannswaldau: Stilistisch geht es um den – wie die Kritiker sagen – übermäßigen Gebrauch des Ornatus [lat. für rhetor. ‚Schmuck'], der zu einem Missverhältnis zwischen Wort und dichterischem Gegenstand führe (Schwulstvorwurf), inhaltlich lässt eine Beurteilung der Gedichte nach moralischen Kriterien Hoffmannswaldaus Werk zum Synonym für eine sittenlose Spätzeit werden.[8]

Dabei handelt es sich nicht um eine platte Erotik, die von Hoffmannswaldau und anderen verfolgt wurde, sondern in weiterer

Überbietung vorgegebener literarischer Muster vor allem um
ein raffiniertes rhetorisches Spiel mit viel Ironie – und durchaus
auch der Möglichkeit der Absage an das erotische Begehren
aus der typisch barocken ‚Einsicht' in die ‚Eitelkeit' solchen
Strebens (vgl. das Gedichtbeispiel in Abschnitt 3 dieses Aufbaumoduls).

In der bereits beschriebenen Linie der Opitz-Nachfolger zumal
in Schlesien selbst nimmt Hoffmannswaldau zudem eine wichtige Übergangsposition ein: Während nämlich Fleming oder Gryphius traditionell als Vertreter einer *Ersten schlesischen Schule*
angesehen werden, hat man an Autoren in der Linie Hoffmanns- Schlesische
waldaus für die zweite Jahrhunderthälfte sodann eine *Zweite schle-* Schulen
sische Schule festgemacht. Mittlerweile wird eine solche Teilung
zwar für zu einfach gehalten, sie kann jedoch weiterhin einen
heuristisch sinnvollen Schnitt für den ersten Überblick markieren, wie er auch hier angestrebt wird. Als bedeutender Vertreter
aus der *Zweiten schlesischen Schule* ist dementsprechend der Dramatiker, Romancier, Lyriker und Jurist *Daniel Casper v. Lohenstein*
(1635-1683) aus Nimptsch im Herzogtum Brieg zu nennen, der
eine weitere Steigerung des rhetorischen Pathos betreibt und den
darum im Nachhinein noch mehr als Hoffmannswaldau der Vor-
wurf des barocken ‚Schwulstes' getroffen hat. In weniger anachronistischer Betrachtung ist aber auch in diesem Fall lediglich von
einem Effekt der literarischen Traditionsbildung und des ämula-
tiven Bemühens zu sprechen.

Galante Dichtung   1.4

Eine andersartige rhetorische Entwicklung ist jedoch ebenfalls seit
Hoffmannswaldau zu verzeichnen (vgl. einige von dessen Liebes-
liedern), und zwar die so genannte *galante Dichtung*, die sich wieder schlichter eleganten Maßstäben nähert und ebenfalls bedeutende Vertreter in Schlesien hat. Sie bildet, bei allen poetologischen
Unterschieden, so zugleich eine Art Brücke zur nachfolgenden
Lyrik der Frühaufklärung (s. das nächste Aufbaumodul). Zu nennen ist aus dieser Richtung des ausgehenden Barock etwa *Hans
Aßmann v. Abschatz* (1646-1699) aus Breslau oder *Christian Friedrich Hunold* (1680-1721) aus Wandersleben in Thüringen. Mit
einem Teil seines Werks vertritt diese neue Linie ferner *Johann
Christian Günther* (1695-1723) aus Striegau in Schlesien, bei dem
sich freilich bereits spätbarock-elegante *und* frühaufklärerisch-
bürgerliche Tendenzen zeigen.

Abb. 13: Johann Christian
Günther (1695-1723)

Diese Traditionsfülle in Günthers Werk kann in diesem Rahmen
nicht genauer verfolgt werden, es sei an dieser Stelle jedoch zumindest eines seiner Gedichte wiedergegeben, das zugleich das
Beispiel eines spielerisch *metathematischen*, das heißt hier: das
lyrische Schreiben selbst thematisierenden Gedichts darstellt (ein
weiteres Günther-Gedicht siehe im nachfolgenden Abschnitt
dieses Aufbaumoduls, und zwar als Beispiel für Madrigaldich-
tung). Das kleine Stück gehört zu den frühen Leonore-Gedichten
Günthers und ist betitelt „Als er seiner Magdalis [Kosename für
Magdalena Eleonore Jachmann] / nichts zum grünen Donners-
tage geben kunnte" und ist wohl 1715 entstanden:

> GEtreue *Magdalis!* du forderst zwar den Zoll,
> Der jährlich wiederkommt, zum grünen Donnerstage;
>   Doch meine Hand weiß nicht, was sie dir geben soll,
> Weil ich in selber nichts als Lufft und Mangel trage.
>   Kein guter Marzipan, kein Mantel von Damast
> Läßt meiner Armuth zu, dich reichlich zu bedencken,

Und weil du gestern schon mein Herz gestohlen hast,
So steht es nicht bey mir, es heute dir zu schencken;
Doch alles möchte seyn, wenn mich die Poësie
Des Kummers, deinen Wunsch zu stillen, überhübe.
Allein sie wegert sich; Drum nimm, wo nicht zu früh,
Hier die Beständigkeit von meiner reinen Liebe.[9]

Metrik der frz. Renaissance, Opitz und die barocken Folgen 2.

Durch deutsche Humanisten gab es bereits im 16. Jahrhundert verschiedene Einzelversuche, eine eigene Versifikation für eine neue Renaissancedichtung zu etablieren, etwa durch die Imitation der antiken Quantitätenmetrik. Einen wirksameren Ansatz stellt jedoch erst um 1600 die Übernahme der französischen Renaissancemetrik und ihrer Hauptversmaße dar, die vor allem Weckherlin in seinem Frühwerk betreibt. Nach dieser Metrik werden nun die Verse streng nach Silben gezählt, zäsuriert und endgereimt. Weckherlin berücksichtigt sogar romanische Üblichkeiten wie die *Elision* (,Tilgung') von auslautendem schwachem e vor Vokalanlaut beim nachfolgenden Wort. Vermieden wird so eine als unschön empfundene Kollision zweier Vokale, das heißt der so genannte *Hiat* (vgl. in Weckherlins frühem Sonett „Die spiegelmacher an das Frawenzimmer" [1616] etwa den Anfang der sechsten Verszeile mit der markanten Elision des End-e bei dem Wort ,Bitte': „Mit bit, ihr wollet euch [...]"[10]).

Renaissancemetrik (frz.)

Sogar die Bestimmung weiblicher und männlicher *Kadenzen* erfolgt jetzt nach französischem Vorbild, und einzig am Versende findet eine feste Ordnung nach Größen entsprechend den Kadenzen (,männlich': – ; ,weiblich': – v) statt.[11] Die Verhältnisse von Hebungen und Senkungen interessieren ansonsten systematisch nicht, auch wenn sich bei vielen konkreten Versen aus den natürlichen Wortbetonungen gewisse Regelmäßigkeiten einstellen mögen. Von so genannten *Versbetonungen* beziehungsweise *Tonbeugungen* (Betonungen gegen die natürlichen Wortbetonungen um einer metrisch regelmäßigen Akzentuierung willen) wird hier allerdings nicht ausgegangen.

Die zwei wichtigsten Verstypen dieser Metrik sind nun der *Alexandriner* und der *Gemeine Vers*. Ersterer hat hier folgende Gestalt (obligatorisch: Zäsur mindestens durch Kolongrenze nach der sechsten Silbe):

Alexandriner und Gemeiner Vers (Renaissance)

x x x x x x / x x x x x – (v)

Der Gemeine Vers ist etwas kürzer und wird auch als weniger ‚gewichtig' beziehungsweise tendenziell weniger ‚erhaben' im Sinne des hohen Stils (lat. *genus sublime*) der antiken Dreistillehre angesehen. Er muss für die obligatorische Zäsur nach der vierten Silbe mindestens eine einfache Wortgrenze (nicht zwingend Kolongrenze) aufweisen:

x x x x ‛ x x x x x – (v)

Werden diese Verstypen jeweils schlicht angereiht, also *stichisch* verwendet, erfolgt in der Regel Paar- oder Kreuzreim, wobei männliche und weibliche Kadenz reimweise wechseln. Als Beispiel hingegen für die Verwendung in einfacher *strophischer* Ordnung sei die erste Strophe des Weckherlin-Gedichts vom Anfang des vorangegangenen Abschnitts dieses Aufbaumoduls analysiert (vgl. S. 61); es handelt sich bei den Versen dieses Gedichts um Alexandriner:

O Philipp, werter prinz, der du mit solchem schein
in deines alters ost die herzen überglänzest
wie völlig wird dein glanz und unser lust wol sein,
wan deine tugend du in dem mittag ergänzest.

x x x x x x / x x x x x –	(m)	a
x x x x x x / x x x x x – v	(w)	b
x x x x x x / x x x x x –	(m)	a
x x x x x x / x x x x x – v	(w)	b

Es ist hier zwar auch in der Regel ein einfacher Wechsel zwischen Hebungen und Senkungen zu verzeichnen, aber es sind durchaus auch Abweichungen davon festzustellen, etwa in der vierten Verszeile bei „Mittag", das man sich wohl nicht als unnatürlich ‚versbetont', das heißt mit Hebung alleinig auf der zweiten Silbe, vorstellen sollte, so dass im Ganzen nicht von einer festen Ordnung nach Größen zu sprechen ist.

Neue Strophen- Auf der Ebene des *Strophenbaus* werden hauptsächlich zwei
maße bzw. Maße eingeführt, die zugleich ganze *Gedichtformen* darstellen,
Gedichtformen und zwar eine freie Adaptation der antiken Odenstrophik des archaischen Hymnikers *Pindar* (ca. 517/522-446 v. Chr.) und das romanische Sonett. Beide Gedichtformen sind wieder nach französischem Muster übernommen und daher auf der Einzelverse-bene mit Gemeinem Vers beziehungsweise Alexandrinern gebildet – und somit nicht auch in Nachahmung komplexer griechisch-antiker Quantitätenmessung (Pindarische Ode) beziehungsweise nach italienischem Betonungsmuster (Sonett).

Strophik der Von der *Pindarischen Ode* wird also nur die regelmäßig dreitei-
Pindarode lige strophische Grundordnung nach dem Muster AAB (Strophe

– Antistrophe – Epodos) nachgebildet, die ein wenig der Aufteilung der Kanzonenstrophe beziehungsweise den Tönen des Meistersangs ähnelt (vgl. Aufbaumodul 1, Abschnitt 2). Sie wird jedoch mit größerer Freiheit bei der Verszahl gebildet, und außerdem kann das Strophenmuster AAB beliebig oft wiederholt werden. Zum Einsatz kommt dieser Gedichttyp wie schon bei Pindar lediglich in Lobgedichten.

Das *Sonett* hingegen wird bis ans Ende des 17. Jahrhunderts weitaus vielfältiger und häufiger verwendet werden. Es wird auch im Deutschen in aller Regel aus vierzehn Alexandrinern gebildet, die sich durch eine globale Reimordnung in vier Strophen zergliedern: Zweimal Blockreim (abba abba) fassen die ersten acht Verse zu zwei *Quartetten* (= ein *Oktett*) zusammen, die weiteren sechs Verse (das *Sextett*) werden durch verschiedene Reimordnungen gebunden, etwa in der Form cdcdcd oder cdecde beziehungsweise ccdeed. Letztere beide teilen das Sextett nochmals in zwei *Terzette*. Bisweilen werden Verkettungen von mehreren Sonetten gebildet, etwa der *Sonettenkranz* aus vierzehn Sonetten und einem abschließenden Sonett. Konkrete Beispiele folgen wegen der noch zahlreicheren Verwendung in der barocken Phase des Jahrhunderts unterhalb. *Sonett (Renaissance)*

Die Phase des Barocks wird auch in der Metrik vorbereitet durch Opitz' *Poeterey*, die auf dieser praktisch-technischen Ebene vielleicht sogar am nachhaltigsten gewirkt hat, und zwar mit einem (freilich oft überinterpretierten) Vorschlag zu Prosodie und Versifikation. Statt von einer ‚Literaturreform' (vgl. dazu bereits kritisch im vorangegangenen Abschnitt dieses Aufbaumoduls) ist daher eher noch von einer ganz punktuellen *Versreform* zu sprechen, die Opitz angestoßen hat. Die in diesem Zusammenhang viel zitierte Passage aus dem siebten *Poeterey*-Kapitel „Von den reimen [= Versen] / jhren wörtern und arten der getichte" lautet: *Opitz'sche Versreform*

> Nachmahls ist auch ein jeder verß entweder ein iambicus oder trochaicus; nicht das wir auff art der griechen vnnd lateiner eine gewisse grösse [= Länge/Kürze] der sylben können inn acht nemen; sondern das wir aus den accenten vnnd dem thone erkennen / welche sylbe hoch vnnd welche niedrig gesetzt soll werden.[12]

Aus dieser Setzung hat sich nun in der Tat ergeben, dass ein Großteil der Opitz nachfolgenden Dichtung und darüber hinaus die Lyrik bis weit ins 18. Jahrhundert in zweierlei Hinsicht grundsätzlich neu geregelt ist. Zum einen versifiziert man fortan weitestgehend in antikischen *Füßen*. Diese werden allerdings nicht quantierend aus langen und kurzen Silben zusammengesetzt (s.

das Zitat), sondern mit festen Hebungen und Senkungen gebildet. Dies strebten zuvor weder die bei den Senkungen ‚füllungsfreie' Volksliedmetrik noch die silbenzählenden Metriken des Meistersang oder der französisierende Renaissance (Weckherlin) an.

Zum anderen hat Opitz' Setzung sowie weitgehend auch seine eigene Verspraxis eine anscheinend überzeugende rhythmische Vereinfachung vorgeschlagen: „Nachmahl ist auch ein jeder verß entweder ein iambicus oder ein trochaicus". Dieser Regelsatz besagt jedoch nicht mehr und nicht weniger, als dass immer eine komplette entweder auftaktige, das heißt mit unbetonter Silbe am Anfang gebaute jambische oder auftaktlose trochäische Verszeile zu bilden sei – eingeführt wird damit die so genannte *Alternation* oder *alternierende Versmetrik* (es kann jedoch *nicht* davon die Rede sein, dass Opitz seinen Zeitgenossen zugleich überhaupt erst ein Versifizieren in Übereinstimmung von Vers- und Wortbetonung beigebracht hat, wie bis heute in wissenschaftlichen Darstellungen zu lesen, denn es gab zuvor schlicht keine ‚naturwidrigen' Versbetonungen).

Antikischer Vers (Barock)

Entsprechend erhalten die zuvor in französischer Manier übernommenen Hauptversmaße der Renaissance eine neue Gestalt: Alexandriner und Gemeiner Vers werden zu strikt jambischen Versen, und ihre Versionen mit weiblicher Kadenz weisen nun metrisch gesehen am Ende eine ‚überzählige' unbetonte Silbe auf, in antikischer Lesart: eine *hyperkatalektische* Silbe. Zu notieren sind Alexandriner und Gemeiner Vers jetzt wie folgt (in den Beispielen sind als kleine Hilfe jeweils in der ersten Verszeile die festen Hebungen markiert):

Alexandriner und Gemeiner Vers (Frühbarock)

[Alexandriner]   v – v – v – / v – v – v – (v)
(w, hyperkat.)   ISt Líebe laúter níchts / wie dáß sie mích entzǘndet?
(m, akat.)   Ist sie dann gleichwol was / wem ist jhr Thun bewust?
(wie vor)   Ist sie auch gut vnd recht / wie bringt sie böse Lust?
(w, hyperkat.)   Ist sie nicht gut / wie daß man Frewd' auß jhr empfindet?[13]

[Gemeiner Vers]   v – v – ' v – v – v – (v)
(w, hyperkat.)   Wie wírd die Wélt doch úberál verkéhret,
(m, akat.)   Hie hat ein Koch im grabe seine ruh,
(wie vor)   Der mancherley von Speissen richtet zu,
(w, hyperkat.)   Jetzt haben jhn die Würme roh verzehret.[14]

Als trochäischer Vers etabliert sich ferner insbesondere ein Achtheber, der nach antiker Lesart als aus *vier*mal zwei Trochäen (2 Tr.

= 1 Metrum) bestehend gedacht wird und daher trochäischer *Tetrameter* heißt; am Ende ist regelmäßig der Ausfall einer Silbe, also *Katalexe*, möglich:

$- v - v - v - v / - v - v - v - (v)$
Frauen-Volck ist offenhertzig; so wie sich kleiden jetzt   (m, katalekt.)
Geben sie vom Berg ein Zeichen, daß es in dem Thale hitzt.[15]   (wie vor)

Bereits Opitz selbst dichtet allerdings nicht ausschließlich in alternierenden Versformen; Verszeilen mit Daktylen lassen sich selbst in der *Poeterey* vereinzelt finden, und zur metrischen Lizenz wird etwa die Einsetzung einzelner Trochäen (am Zeilenanfang) oder Spondeen in grundsätzlich jambischen Versen.[16] Dennoch scheint man das Diktum von der Alternation zunächst so ernst zu nehmen, dass es der explizit eingeforderten Ausweitung der Regel durch andere Dichter, die aus Sachsen kommen sollten, bedarf. Um 1650 fordert nämlich der einflussreiche Professor der Rhetorik und der Poetik *Augustus Buchner* (1591-1661) aus Dresden, dass auch Verse aus Daktylen (– v v) oder Anapästen (v v –) gebildet werden oder gar abwechselnde Versfüße in einer Verszeile (so genannter *mengtrittiger Vers*) erlaubt sein sollen. Von Buchners Schüler *Philipp von Zesen* (1619-1689) wird diese Regelerweiterung dann praktisch umgesetzt.

Auf den Ebenen höherer (strophischer, globaler) Ordnung werden nun auch die alten Strophenmaße von Volks- und Kirchenlied von der neuen alternierenden Ordnung nach Größen erfasst und entsprechend Hildebrands-, Schweifreim- oder etwa die Vagantenstrophe jambisch reguliert (Notation und Beispielgedichte nach Wagenknecht, mit zusätzlicher Markierung der Hebungen in den ersten Zeilen).

Volks- und Kirchenliedmaße (Barock)

Vagantenstrophe (halbiert)

$v - v - v - v -$	(m)	a	Es wár ein Kínd, das wóllte níe
$v - v - v - v$	(w)	b	Zur Kirche sich bequemen,
$v - v - v - v -$	(m)	a	Und sonntags fand es stets ein Wie,
$v - v - v - v$	(w)	b	Den Weg ins Feld zu nehmen.[17]

Zu den eingeführten volksliedhaften Strophenmaßen treten ferner weitere aus dem romanischen Sprachraum, etwa die trochäisch umgesetzte spanische *Romanzenstrophe* in mehreren Varianten oder, aus dem Italienischen, die jambisch regulierten Strophenformen der *Stanze* oder der *Terzine*.

Romanische Strophenmaße

Romanzenstrophe (Suleikastrophe)

– v – v – v – v	(w)	a	Lócken hálten mích gefángen
– v – v – v –	(m)	b	In dem Kreise des Gesichts!
– v – v – v – v	(w)	a	Euch geliebten braunen Schlangen
– v – v – v –	(m)	b	Zu erwidern hab ich nichts.[18]

Stanze

v – v – v – v – v – v	(w)	a	Wir hóren's óft und gláuben's wóhl am Énde:
v – v – v – v – v – v	(w)	b	Das Menschenherz sei ewig unergründlich,
v – v – v – v – v – v	(w)	a	Und wie man auch sich hin und wider wende,
v – v – v – v – v – v	(w)	b	o sei der Christe wie der Heide sündlich.
v – v – v – v – v – v	(w)	a	Das Beste bleibt, wir geben uns die Hände
v – v – v – v – v – v	(w)	b	Und nehmen's mit der Lehre nicht empfindlich;
v – v – v – v – v – v	(w)	c	Denn zeigt sich auch ein Dämon, uns versuchend.
v – v – v – v – v – v	(w)	c	So waltet was, gerettet ist die Tugend.[19]

Terzine

v – v – v – v – v – v	(w)	a	Des Lébens Púlse schlágen fríschlebéndig,
v – v – v – v – v – v	(w)	b	Ätherische Dämmerung milde zu begrüßen;
v – v – v – v – v – v	(w)	a	Du, Erde, warst auch diese Nacht beständig
			[…].[20]

Die zuletzt aufgeführte Strophenform wird reimmäßig in der zweiten Strophe fortgesetzt mit bcb, in der dritten Strophe mit cdc und kann daher mit Wagenknecht zudem als global geordnete Gedichtform bezeichnet werden.

Opitzianisch wird außerdem nun die weiterhin beliebteste ro-

Sonett (Barock) manische Gedichtform geregelt, das *Sonett*, das fortan in der Regel aus jambischen Alexandrinern besteht. Für Beispiele sei auf die im vorangegangenen inhaltlichen Überblick wiedergegebenen Stücke von Fleming, Gryphius oder Opitz selbst hingewiesen (vgl. S. 64, 66 u. 62). Dabei weist Opitz' Übertragung von Petrarcas Sonett metrisch zugleich zwei Abänderungen auf: Der ursprüngliche Elfsilblervers wird durch den nun standardmäßigen Alexandriner ersetzt, und das Reimschema der Grundordnung abba abba cdcdee wird von Opitz variiert zu abba cddc effegg.

Aus der italienischen Literatur, genauer: dem Singspiel, wird um 1650 des Weiteren eine Gedichtform importiert, die gegenüber dem Sonett deutlich mehr Variationsmöglichkeiten bietet,

Madrigal das *Madrigal*. Seine meist jambischen Verse sind in Länge, Anzahl und Reimordnung recht frei und nicht weiter (das heißt strophisch) unterteilt. Diese für barocke Verhältnisse vergleichsweise lockere Form erfreut sich nicht zufällig gerade in der spätbarocken Phase der (schlichteren) galanten Dichtung besonderer Beliebtheit. Von einem der Vertreter dieser Phase, dem bereits erwähnten Johann Christian Günther, stammt denn auch das hier exemplarisch analysierte „Madrigal / Von der Liebe" (entstanden um 1715). In ihm begegnen sogar jambische *und* (mehrheitlich) trochäische Verse verschiedener Länge, und selbst die Kadenzen wechseln frei und ohne feste Korrespondenz zu den Reimen; beachtenswert sind ferner die untermischten Waisen (die ersten beiden Zeilen behelfsweise mit Markierungen der Hebungen).

O Liebe!	v – v	(w)	a
Wás vor ínnig süsse Tríebe	– v – v – v – v	(w)	a
Hegst du nicht in deiner Brust!	– v – v – v –	(m)	x
Würden doch nur die Verächter	– v – v – v – v	(m)	b
Einmal unsrer Wollust Wächter,	– v – v – v – v	(w)	b
Schwör ich bey Amoenens Gunst,	– v – v – v –	(m)	x
Daß sie erstlich selbst nicht wüsten,	– v – v – v – v	(w)	c
Ob der Himmel zeitlich sey,	– v – v – v –	(m)	d
Und darnach vor Scham und Reu	– v – v – v –	(m)	d
Nur vom Zusehn sterben müsten.	– v – v – v – v	(w)	c
Das thäten sie,	v – v –	(m)	x
Das thäten deine Triebe,	v – v – v – v	(w)	a
O Liebe![21]	v – v	(w)	a

Neben die *neuzeitlichen* volkssprachlichen Strophenmaße und Gedichtformen treten ferner *antikische Strophenmaße*, die entweder strenger opitzianisch, also alternierend, oder mengtrittig (mit wechselnden Versfüßen, etwa Trocheen im Wechsel mit Daktylen) reguliert werden. Die letzteren Versionen nähern sich dabei den antiken Vorbildern, etwa bei Horaz, etwas mehr an, weil diese ebenfalls aus eigens festgelegten ‚Mischungen' von Hebungen und Senkungen bestanden. Allerdings wird deren genaue interne Versstruktur anscheinend auch bei Mengtrittigkeit nicht eigentlich imitiert, es handelt sich also immer noch um eine Umsetzung in epochenmäßigen Grenzen. Gänzlich unantik ist schließlich die bei beiden barocken Adaptationen typische Reimbindung (Beispiele nach Wagenknecht[22], dabei das Horaz-Beispiel ohne Wagenknechts metrisch irrelevante Betonungszei-

Antikische
Strophenmaße

chen; stattdessen hier die im Lateinischen lang gemessenen Silben fett gedruckt und bei den deutschen Beispielen die metrisch relevanten Hebungen jeweils in der ersten Verszeile markiert).

Sapphische Strophe (Horaz)

– v – – – , v v – v – x	**Integer vitae** scele**ris**que **pu**rus
– v – – – ' v v – v – x	**Non eget Mauris** iacu**lis** nequ(e) **arcu**
– v – – – ' v v – v – x	**Nec** vene**nantis** gravi**da** sa**gittis**
– v v – x [Adonius]	**Fus**ce, pha**retra**

Sapphische Strophe (jambisch)

v – v – ' v – v – v – v	a	Jch wíll ein líed von gútigkeít erzwíngen
v – v – ' v – v – v – v	a	Wie gantz gerecht dein recht ist fröhlich singen,
v – v – ' v – v – v –	b	Mein seitenspiel sol lauten für vnd für,
v – v –	b	O HERR, von dir.

Sapphische Strophe (mengtrittig)

– v v – v ' – v – v – v	a	Sóll ich das Ántlitz díser Túgend-káhlen
– v v – v ' – v – v – v	a	Zeiten mit Thränen, oder Ruß abmahlen,
– v v – v ' – v – v – v	b	Weil es mit Untreu, deren es voll stecket,
– v v – v	b	Schandlich beflecket?

Zusammenfassung

Erst nach 1600 entsteht eine namhaftere deutschsprachige Renaissancelyrik nach antikem Vorbild beziehungsweise in Nachahmung bereits geraume Zeit vorliegender italienischer, französischer oder auch holländischer Vorbilder. Ein erster Vertreter ist Weckherlin, der jedoch nicht so nachhaltig wirken kann wie der etwas jüngere Opitz, der allerdings weniger als eigenständiger Lyriker denn als Übersetzer und Dichtungstheoretiker hervortritt. Opitz folgen an mehreren regionalen Zentren (Schlesien, Hamburg, Danzig, Königsberg, Sachsen und andere mehr) und in mehreren Schüben Lyriker nach, die eine barocke Literatur im deutschsprachigen Raum etablieren. Diese kann zumindest für den groben Überblick in mehrere Phasen (Hochbarock: Fleming, Gryphius und andere; Spätbarock: Hoffmannswaldau, Lohenstein und andere) oder gar ‚Schulen' (in Schlesien) eingeteilt werden, um so Entwicklungen der Gattung (vor allem eine Steigerung des rhetorischen Aufwands bis hin zu einem Wiederabfall desselben in der Spätphase der galanten Dichtung etwa bei Günther) zu benennen.
Auf formaler Ebene ist eine französisierende Renaissancemetrik mit Silbenzählung und Reim von einer barocken Metrik zu unterscheiden, die von Opitz' Versreform (Vorschlag einer streng alternierenden Ordnung nach Größen bei Fortführung der Reimbindung) initiiert wird und bis ins frühe 18. Jahrhundert eine

Lockerung lediglich in Form der mengtrittigen Versgestaltung erfährt. Je nach frz. Renaissance- und opitzianischem Barockparadigma zu unterscheiden sind dementsprechend die jeweiligen Ausformungen der überformten alten Volksliedmaße (etwa Vagantenstrophe) und der neu eingeführten Vers- und Strophenmaße ausländischer Herkunft wie Alexandriner und Gemeiner Vers sowie Romanzenstrophe und Sonett (sämtlich romanisch) beziehungsweise Pindarische oder Sapphische Odenstrophik (antikisch).

Literatur

Gedichte und Interpretationen. Hg. v. Volker Meid u. a. Bd. 1: Renaissance und Barock. Hg. v. dems. Stuttgart: Reclam 1982 [u. ö.].

Kemper, Hans-Georg: Von der Reformation bis zum Sturm und Drang. In: [Franz-Josef Holznagel u. a.:] Geschichte der deutschen Lyrik. Stuttgart: Reclam 2004, S. 95-260, hier: S. 122-180.

Meid, Volker: Barocklyrik. 2., erw. u. aktualis. Aufl. Stuttgart, Weimar: Metzler 2008 (Sammlung Metzler 227).

–: Das 17. Jahrhundert. In: Geschichte der deutschen Lyrik vom Mittelalter bis zur Gegenwart. Hg. v. Walter Hinderer. 2., erw. Aufl. Würzburg: Königshausen & Neumann 2001, S. 74-138.

Niefanger, Dirk: Barock. 2., überarb. u. erw. Aufl. Stuttgart, Weimar: Metzler 2006 (Lehrbuch Germanistik), hier: S. 87-138.

Szyrocki, Marian: Die deutsche Literatur des Barock. Eine Einführung. Stuttgart: Reclam 1979 [u. ö.], hier: S. 103-293.

Analysebeispiel: Hoffmannswaldau: Gedanken über die Eitelkeit   3.

WAs ist dis thun / so dein gemüthe liebet?   1
Dem liebe sich so leichtlich übergiebet?
    Ein weisser koth / der farb und masque trägt /
    Den ieder wind der eitelkeit bewegt /
Den mehr dein gold / als deine bitte lencket /   5
Der sinnen-koth um andern koth verschencket.
    Die stirne / so dein freuden-spiegel ist /
    Bleibt schlüpffrig eiß; und so du das erkiest /
So wird dein fuß mit deiner freyheit fallen.
Die stimme / so du stündlich hör'st erschallen /   10
    Ist dieser gleich / so die Sirene bringt /
    Und tödten kan / wie süsse sie auch klingt.
Die küsse / so du von den lippen stiehlest /
Die stehlen dich / wie wenig du es fühlest;

Ja lieb' ist wohl mehr knecht / als frey zu seyn.   15
　　Der wangen pracht / der klaren augen schein /
Wird itzt ein blitz / der dich zu boden schläget /
Und mehr als todt ins grab der wollust träget.
　　Wie sehr dein mund die stoltze brust verehrt /
　　Und leichten schein mit leichten worten nährt /   20
So wird dir doch noch die erfahrung sagen:
Wie diese brust hat böse brunst getragen.
　　Und solcher schmuck / wie schöne er auch steh't /
　　Mit faulen hin zu seinem grabe geht.
Drum richte leib und seele wieder auff /   25
Laß der vernunfft den vormahls freyen lauff;
Halt an das fleisch / erläutere die sinnen /
So wirstu rein und weißlich leben können.[23]

Entstehung Wie bereits im allgemeinen Überblick erwähnt (vgl. S. 68), ist ein Großteil des Hoffmannswaldau'schen Œuvres erst nach dessen Tod publiziert und damit über einen patrizischen *inner circle*, in dem Werkabschriften kursierten, hinaus bekannt geworden. Das vorliegende Gedicht gehört sogar zu denjenigen, die erst 1695 (in verbesserter Ausg. 1697) in der von Benjamin Neukirch zusammengestellten Anthologie *Herrn von Hoffmannswaldau und andrer Deutschen auserlesene und bißher ungedruckte Gedichte* in Leipzig erschienen sind. Über seinen Entstehungszeitraum lassen sich daher nur allgemeine Vermutungen anstellen. Es könnte aber wie viele weitere Gedichte des Autors bereits in den 1640er Jahren geschrieben worden sein, und es würde sich damit um ein bereits neben dem unvermittelt marinistisch-liebesthematischen Hauptwerk entstandenes Stück handeln.

Formanalyse (1)　Stellen Sie unter Berücksichtigung des vorangegangenen Abschnitts dieses Aufbaumoduls Wagenknechts *Grundfragen für das Versmaß* (Silbenzählung? Ordnung nach Größen? Reimbindung?) sowie nach den *weiteren Stufen formaler Ordnung* (Strophenbau, Gedichtform).

Inhaltliche Analyse (2)　Erkennen Sie einen *potentiellen Sinnbeitrag der Form*?

An *einfachen Verständnisfragen* sind vielleicht zu klären:
Z. 3: „koth" hier allgemeiner im Sinne von ,Dreck, Schmutz'.
Z. 8: „erkiest": ,wählst'.
Z. 15: „lieb' ist": ,Liebe(n) heißt'.
Z. 22: „brunst": ,Begierde'.
Z. 27: „erläutere": ,läutere, reinige'.

Eine *erste Gliederung* nach hauptsächlichen Sinnabschnitten legt eine Dreiteilung nahe: I. wird eine Frage (Z. 1 f.) gestellt, die unmittelbar beantwortet wird (Z. 3-6). II. erfolgt eine Art weiterer Antwort, und zwar mit gliederndem Bezug auf (erotische) menschliche Körperteile und Handlungen (Z. 7-24). III. Scheint analog zu der festzustellenden Besonderheit beim Kadenzen(nicht)-wechsel in Z. 25 f. (vgl. gegebenenfalls im Lösungsteil zum vorangegangenen Analyseschritt) ein letzter, erneut globalerer und resümierender Antwortteil vorzuliegen (Z. 25-28). 1. Gliederungsversuch

Geht man für eine *genauere Analyse* zunächst auf den Titel „Gedanken über die Eitelkeit" zurück, hat man sich als Erstes die zeitgenössische Bedeutungsbreite des Begriffes ‚Eitelkeit' zu vergegenwärtigen: ‚Nichtigkeit, Vergängliches, Eitelkeit' sind die drei zeitgenössischen Bedeutungshinsichten, die hier infrage kommen. Die Eingangsfrage des Gedichts scheint sich denn auch unmittelbar auf diese schillernde Begrifflichkeit zu richten, und zwar mit dem konkreten Bezug auf das „gemüthe" und das Begehren nach „liebe" des angesprochenen ‚Du'. Die erste Antwort (Z. 3-6) ist bildhaft, aber deutlich: Geliebt beziehungsweise begehrt wird vom ‚Du' anscheinend nur ein ‚Dreck', der sich als schön verkleidet und der selbst von „eitelkeit", Nichtig-Eitlem, getrieben wird, nämlich der Gier nach Gold/Geld, um dessentwillen dem ‚Du' begehrter „sinnen-koth", sprich: ‚schmutzige Sinnlichkeit', gegeben wird. Erahnen lässt sich damit, dass vermutlich ein männliches ‚Du' um die sexuelle Liebe einer Frau buhlt, mit der letztlich auch der „weiße koth" zumindest latent zu identifizieren ist. Genauere Analyse

Der zweite, größte Abschnitt des Gedichts stellt gleichsam *Detailmomente* des „koths" vor Augen und macht an ihnen die „eitelkeit" der körperlichen Begierde dingfest: Zuerst wird in einem Satz über drei Zeilen (verbunden durch Enjambements) mit der Stirn (der begehrten Frau) sozusagen deren oberstes Haupt imaginiert. Dann erfolgt eine gegliederte Fokussierung auf buchstäblich darunter liegende Elemente des Kopfes: Stimme (Z. 10), Küsse/Lippen (Z. 13), Wangen und Augen (Z. 16) – immer im Abstand von drei Zeilen wird hier ein neues Detail eingeführt. Das letzte Beispiel in der Kette ist die Brust, die nach dem rhetorischen *Gesetz der wachsenden Kola* (Forderung nach immer gewichtiger werdenden Teilen bei der Aufzählung) und in einer Art Klimax über ganze vier Zeilen (Z. 19-22) Thema ist. Hinter ihr wird zudem sprachlich geschliffen, alliterierend und homophonisch die „böse brunst" gesehen, eine (typisch barocke) Vorstellung: Was ähnlich klingt, bedeutet Ähnliches, und Entsprechungen von Si- Ausgeführte Detailmomente gnifikant und Signifikat sucht das Sprachgefühl der Zeit immer wieder auf, weil es an deren Korrelation (durch göttliche Setzung) glaubt.

Antithetische Struktur

Alle genannten Einzelmomente werden also *antithetisch* gedeutet: Zwar erscheinen sie der (männlichen) Begierde sehr reizvoll, aber im Grunde sind sie gegenteilig zu bewerten. Diese angemahnte Bewertung ‚gegen den äußeren Schein‘ geht ihrerseits in zwei Richtungen, denn zum einen verliere das ‚Du‘ durch die Fixierung auf sie seine Freiheit (Z. 9/15), ja sterbe gewissermaßen sogar (Z. 12 u. 18: „grab der wollust"). Zum anderen sei zu bedenken, dass das Begehrte selbst ‚eitel‘, nichtig sei, so die ein Zwischenresümee bildenden Zeilen 23 und 24: „solcher schmuck / wie schöne er auch steh‘t / Mit faulen hin zu seinem grabe geht."

Variationsfülle

Gesondert bemerkenswert erscheint die *Variationsfülle* der konkreten bildhaft-metaphorischen Vergegenwärtigung der ambivalenten Körper- und Handlungsdetails, die eine bunte, vignettenartige Kette bilden: Die Stirn erscheint als „freuden-spiegel", ist aber „schlüpffrig eiß; und so du das erkiest / So wird dein fuß mit deiner freyheit fallen"; die (weibliche) Stimme ist Sirenen-gleich, das heißt lockt in böser Absicht an wie die Meeresungeheuer den Odysseus im Mythos; Pracht und Glanz der Wangen und Augen sind „ein blitz / der dich zu boden schläget".

Der dritte Abschnitt fordert entsprechend der *peu à peu* aufgebauten negativen Bewertung des Begehrens (unfrei machend, ‚tötend‘) und des Begehrten (‚vergänglich‘) zu einer – bereits auf der Kadenzenebene markierten – *Kehrtwende* auf: „leib und seel"

Moralische Kehrtwende

(Z. 25) sind zu retten, indem das ‚Du‘ sich auf seine „vernunfft" (Z. 26) zurückbesinnt. Durch die Zügelung der fleischlichen Begierde sei eine Art Katharsis möglich: Die geläuterte Haltung der „sinne" mache ein Leben möglich, dass „rein und weißlich" sei. Von der Vernunft gezügelte Sinnlichkeit kann also das ‚Du‘ gleichsam in Tugend und Ehre erhalten. Die hier metaphorisch verwendete Weiße kontrastiert schließlich subtil mit der in Z. 3 angesprochenen des „koths" – während die eine nur einen schönen äußeren Schein gibt, steht die andere für eine ‚tiefere‘ Reinheit des Verhaltens.

Rhetorisch klar strukturiert werden in diesem Gedicht „Gedanken über die Eitelkeit" entwickelt: Auf die Ausgangsfrage nach dem Wert sinnlicher Liebesbegierde (Z. 1 f.) folgt eine abschreckende Antwortthese bezüglich deren ‚schmutzigem‘ und nichtigem Objekt (Z. 3-6). Letztere wird in einem kleinen Katalog von Beispielen argumentativ untermauert und zu einem ersten klei-

Gesamtinterpretation

nen Resümee geführt, das heißt zu der Aufforderung zu einer Absage an das bisherige Denken (Z. 7-22 + Z. 23 f.). Eine weitergehende, sozusagen positive Handlungsoption bieten die letzten vier Verse, die bei Erneuerung der Vernunft und Kontrolle der Sinne den Erhalt des Lebens in Tugend und Ehre versprechen.

Staunen machen dabei vielleicht die stark verbildlichten Beispiele, mit denen im Mittelteil argumentiert wird. Die facettenreiche emblematisch-allegorische Reihung lässt das auf den ersten Blick Anziehende, letztlich aber zu Verabscheuende doch sehr plastisch präsent werden. Zu berücksichtigen ist allerdings, dass vermutlich keine der kleinen Vignetten in diesem Gedicht seinerzeit völlig neu war; vielmehr ist von einer gewissen Verfügbarkeit auszugehen, die ausländische wie deutsche Vorbilder erzeugt haben.

(3) Gemäß der soeben angedeuteten Notwendigkeit, das Gedicht und seine einzelnen Elemente aus der reichen und vielschichtigen Gattungstradition der Zeit heraus zu beurteilen, ist zu fragen: Welche Position nimmt dieses hoch- bis spätbarocke Stück Literatur gemessen an den vorgestellten vorgängigen Positionen ein (vgl. Flemings „An Sich", Gryphius' „Einsambkeit" und den Marinismus bei Hoffmannswaldau selbst)?

Vergleichsmöglich-keiten?

6. Aufbaumodul 3: Frühaufklärung bis Sturm und Drang

> Führte das vorangegangene Modul bereits in die ersten Jahrzehnte des 18. Jahrhunderts, sind nun diejenigen Entwicklungen zu erfassen, die bereits um 1700 von der Frühaufklärung ausgehen und die über die ‚Gefühlsaufklärung‘ der Empfindsamkeit bis hin zur Lyrik des Sturm und Drang um 1770 führen. Der inhaltliche Modulteil verfolgt so Entwicklungslinien, die von einem Barthold Heinrich Brockes über Friedrich Gottlieb Klopstock bis zum jungen Goethe führen, während auf metrischer Ebene vor allem die Innovationen einer antikischen Metrik und die ‚Erfindung‘ der Freien Rhythmen zu beobachten sind. Das abschließende Analysebeispiel widmet sich einer Ode Klopstocks.

1. Entwicklungslinien: Brockes bis junger Goethe

Schon in den letzten Jahrzehnten des 17. Jahrhunderts zeigen sich nach neueren Forschungsmeinungen im Bereich der (politischen) Philosophie Übergangsphänomene vom barocken Weltbild zu demjenigen der Aufklärungszeit. Diese Phänomene kristallisieren sich etwa in den Vorstellungen von politischer Klugheit und schlichter Eleganz heraus (zunächst nur: für den erfolgreichen Auftritt bei Hofe), wie sie *Christian Thomasius* (1625-1728) an der 1694 neu gegründeten Universität zu Halle an der Saale in seinen nun auch auf Deutsch gehaltenen Vorlesungen entfaltet. Thomasius‘ philosophischer Ansatz geht analog mit dem im vorangegangenen Aufbaumodul skizzierten galanten Zweig des Spätbarocks, der somit zugleich als historisch nach vorn angebunden betrachtet werden kann. Etwa das Werk eines Johann Christian Günther (vgl. S. 70) erweist sich also nicht nur als Ausläufer der vorherigen Tradition, sondern aus späterer, in einem weiteren Sinn aufklärerischer Sicht zumindest in Teilen ebenso als Frühform einer weiteren Entwicklung.

Frühaufklärung   1.1

Letztere gestaltet sich in der ersten Hälfte des 18. Jahrhunderts in den Bahnen einer so genannten *rationalistischen Frühaufklärung*, die die Emanzipation der Vernunft von ihrer Ausrichtung auf gelingendes öffentliches Handeln anstrebt. Diese Verallgemeinerung fundiert schon Thomasius selbst, zu einem systematischen philosophischen Ansatz wird sie jedoch insbesondere durch dessen Hallenser Schüler *Christian Wolff* (1679-1754), der sich zudem auf Ansätze Leibniz' stützt. Seine umfassenden Bemühungen um eine Vernunft-optimistische Neubegründung der Wissenschaften erlangt eine besondere Bedeutung für die zeitgenössische Literatur und ihre Theorie, weil sie als Systemphilosophie von dem bald seinerseits sehr einflussreichen Leipziger Rhetoriker und Poetiker *Johann Christoph Gottsched* (1700-1766) übernommen werden, und zwar namentlich für das literaturtheoretische Werk *Versuch einer Critischen Dichtkunst* (zuerst 1729).[1]

Als literarisches Muster zieht Gottsched zudem den französischen Klassizismus heran und gelangt so zu einer neuen ,vernünftigen' und klassizistisch-schlichten Poetik, deren Ziel in der rhetorischen Vermittlung des neuen Rationalismus liegt und die ,die Literatur als eine Dienerin der Philosophie' (lat.: *poesia velut ancilla philosophiae*) ansieht. Der Rationalismus der Frühaufklärung ist aber trotz seines Emanzipationsanspruchs im Kern wiederum sehr zweckorientiert, das heißt er ist geradezu utilitaristisch (,nur auf den äußeren Nutzen bedacht') auf die Verbesserung des neu postulierten Gemeinwohls und der menschlichen Moralität ausgerichtet. Literatur hat daher weiterhin in weltanschaulich-moralischer Hinsicht ,nützlich' zu sein.

Lehrgedicht

Auf dem Feld der Lyrik zeigt sich dies insbesondere durch das wiederbelebte antike *Lehrgedicht* (bekanntester Vertreter: *Lukrez*, das ist: *Titus Lucretius Carus*, 98/97-55 v. Chr., Verfasser von *De rerum natura*). Diese Sondergattung auf der Grenze zwischen Versepos und Lyrik wird von zahlreichen Literaten der Zeit zur anschaulichen Vermittlung und Diskussion des neuen Vernunftdenkens auf den Gebieten der (Moral-)Philosophie, der Naturwissenschaften, der Medizin, der Jurisprudenz usw. genutzt. Ein bedeutendes

Abb. 14: Johann Christoph Gottsched (1700-1766)

Beispiel mit zugleich moralphilosophischen sowie volks- und naturkundlichen Zügen stellt das 1729 entstandene Gedicht *Die Alpen* des Schweizers *Albrecht v. Haller* (1708-1777) dar.

Neben dem stets umfangreichen Lehrgedicht im engeren Sinn verfasst man zudem kürzere lehrhafte oder beschreibende Gedichte und befördert so zugleich neue Formen des kontemplativen (im Sinne von ‚versunken betrachtenden‘) Gedichts, der **Gedankenlyrik** *Gedankenlyrik*. Der junge Gottsched bewegt sich dabei sogar gerne noch in barocken Gedichtformen und flicht seine ‚philosophische Sendung‘ zum Beispiel in Gelegenheitsgedichte ein; vgl. etwa das als „Ode“ (grch. *odé*, ‚Gesang‘, hier bloß in einem weiteren Sinn ‚Lied‘) bezeichnete Gedicht „An Herrn D. Carl Friedrich Lau, in Königsberg, nach Zurücklegung des großen Stuffenjahres“, im Untertitel datiert auf den 15. Oktober 1723 und damit eines der frühesten Gedichte Gottscheds überhaupt. Es beginnt gleichsam mit einer Feier der Befreiung der eigenen Zeit von abergläubischen Vorurteilen, um später von diesem allgemeinen Zustand auf den Lobpreis des Adressaten für die eigene Vorurteilslosigkeit gegenüber einem so genannten ‚Stufenjahr‘ zu kommen (Näheres vgl. in der hier angeschlossenen Anm.[2]). Die erste von zehn Strophen mag als Kostprobe genügen, zumal Gottscheds Lyrik im Zeitvergleich nicht sonderlich herausragt:

> Des Aberglaubens Anker bricht,
> Sein tiefbeschämtes Angesicht
> Muß sich je mehr und mehr mit blöder Röthe färben.
> Der aufgeklärte Geist der Welt,
> Dem keine Thorheit mehr gefällt,
> Wird nun nicht, wie vorhin, vor eitler Angst verderben.[3]

Ein sprachlich-poetisch bedeutenderer Vertreter der Zeit ist hingegen der Hamburger Beamte *Barthold Heinrich Brockes* (1680-1747), der bei Thomasius selbst studiert hat und nach kasuallyrischen Versuchen eine eigene Form von lehrhafter Dichtung kultiviert. In schlicht-eleganter Sprache und einfacher Gedankenführung thematisiert Brockes in der Sammlung *Irdisches Vergnügen in Gott*, die jedoch erst posthum 1747 erscheinen wird, Fragen der Natur- und immer wieder damit gekoppelten Gottesanschauung. Christliches Denken und zeittypischer vernünf-

Abb. 15: Barthold Heinrich Brockes (1680-1747)

tiger Optimismus paaren sich hier auf beeindruckende Weise, und das berühmteste Beispiel dieser theologisch-naturphiloso-phischen Lyrik stellt das Gedicht „Kirsch-Blühte bey der Nacht" dar:

> Ich sahe mit betrachtendem Gemüte
> Jüngst einen Kirsch-Baum, welcher blüh'te,
> In küler Nacht beym Monden-Schein;
> Ich glaubt', es könne nichts von gröss'rer Weisse seyn.
> Es schien, ob wär' ein Schnee gefallen.
> Ein jeder, auch der klein'ste, Ast
> Trug gleichsam eine rechte Last
> Von zierlich-weissen runden Ballen.
> Es ist kein Schwan so weiß, da nemlich jedes Blat,
> Indem daselbst des Mondes sanftes Licht
> Selbst durch die zarten Blätter bricht,
> So gar den Schatten weiß und sonder Schwärze hat.
> Unmöglich, dacht' ich, kann auf Erden
> Was weissers ausgefunden werden.
> Indem ich nun bald hin bald her
> Im Schatten dieses Baumes gehe:
> Sah' ich von ungefehr
> Durch alle Bluhmen in die Höhe
> Und ward noch einen weissern Schein,
> Der tausend mal so weiß, der tausend mal so klar,
> Fast halb darob erstaunt, gewahr.
> Der Blühte Schnee schien schwarz zu seyn
> Bey diesem weissen Glanz. Es fiel mir ins Gesicht
> Von einem hellen Stern ein weisses Licht,
> Das mir recht in die Sele stral'te.
>   Wie sehr ich mich an GOtt im Irdischen ergetze,
> Dacht' ich, hat Er dennoch weit gröss're Schätze.
> Die gröste Schönheit dieser Erden
> Kann mit der himmlischen doch nicht verglichen werden.[4]

Lyrikinnovationen in der ersten Hälfte des 18. Jahrhunderts er-schöpfen sich aber nicht in dem bisher skizzierten rationalistisch-schlichten Zweig. Vielmehr zeigen sich auch vielfältige ‚emotio-nal' ausgerichtete Spielarten, die ihrerseits bereits auf weiteren Entwicklungen der (hier: sensualistischen) Aufklärung fußen. Es handelt sich um die Strömungen der *Anakreontik* und der bald hinzutretenden *Empfindsamkeit*, deren Poetiken zudem eine zu-mindest temporäre Befreiung von den Nützlichkeitsforderungen des neuen Rationalismus ermöglichen, indem sie das mensch-liche Bedürfnis vor allem nach Liebe und Freundschaft bezie-hungsweise Geselligkeit berücksichtigen. Die Anakreontik stellt dabei eine ‚spielerisch-ausgelassene' Variante dar, während die kaum spätere empfindsame Lyrik ‚ernsthafter' erscheint.

1.2 Anakreontik

Vorgeschichte der Anakreontik

Die *Anakreontik* stellt zugleich den frühaufklärerischen Ausläufer einer langen Tradition dar, die auf einen griechischen Lyriker des 6. Jahrhunderts v. Chr., *Anakreon* von Teos, zurückgeht. Dessen einfache, anmutige Verse zu Themen der ‚leichten' Liebe und weinseligen Geselligkeit in idyllischer Atmosphäre (vor allem unter Hirten und ihren Gespielinnen) inspirieren unter anderem bereits Horaz und seinen nicht minder bedeutenden Zeitgenossen *Vergil* (*Publius Vergilius Maro*, 70-19 v. Chr.): Insbesondere ihre lateinischen *bukolischen* Gedichte waren bis in die Frühe Neuzeit wirkmächtig. Außerdem entsteht bereits antik eine anonyme Sammlung einfacherer griechischer Lyrik, die so genannten *Carmina Anacreontea*. Nachdem diese um die Mitte des 16. Jahrhunderts schließlich in Frankreich neu ediert worden waren, hielt man sie bis weit ins 18. Jahrhundert für originale Dichtungen Anakreons, und zahlreiche Literaten der europäischen Renaissance und des Barock imitieren sie, um mit Anakreon zu wetteifern (dessen wirkliche eigene Dichtungen werden erst später wieder entdeckt). Im deutschsprachigen Raum entsteht so zunächst eine neulateinische, im 17. Jahrhundert dann auch deutsche Bukolik beziehungsweise *Schäferdichtung* (vgl. bereits im vorangegangenen Aufbaumodul), und auch die galante Strömung nutzt das idyllische Sujet in lasziver (erotisch-freizügiger) Form.

Die als Anakreontik bezeichnete Mode, die ab den späten 1730er Jahren in verschiedenen Dichterkreisen gepflegt wird, stellt zwar nur den späten Ausläufer einer großen Tradition dar. Sie hat aber im frühaufklärerischen Kontext durch die bereits angedeutete implizite Opposition zum Zweckrationalismus ihren eigenen Stellenwert: Anakreontiker wie der Hamburger *Friedrich v. Hagedorn* (1708-1754), der vor allem in Halberstadt wirkende *Johann Wilhelm Ludwig Gleim* (1719-1803) oder dessen Verehrer *Johann Peter Uz* (1720-1793) aus Ansbach ‚erdichten' mit ihrer Lyrik der heiteren geselligen und amourösen Atmosphäre gleichsam einen virtuellen Rückzugsraum jenseits des höfischen Zwangs bezie-

Abb. 16: Friedrich v. Hagedorn (1708-1754)

hungsweise der neuen (zunehmend bürgerlichen) Welt der Nützlichkeit. Das Spiel mit
den anakreontischen Traditionen ist durch
die betonte sprachliche Einfachheit allerdings
zugleich selbst ein Ausweis des zeittypischen
vernünftig-einfachen Stilideals.

Aus Friedrich v. Hagedorns Œuvre stammt
das nachfolgende Beispielgedicht „Der Tag
der Freude" von 1742. In ihm zeigt sich in den
ersten Strophen auch noch eine zeitgemäß
gewendete Aufnahme des barocken Vergäng-
lichkeitsthemas. Dieses ist nun jedoch nurmehr Argument für das auf Horaz (*carmen*/
Ode I, II) zurückgehende Motto *Carpe diem!*
(lat. ,Pflücke den Tag!' im Sinne von ,Nutze
den Augenblick!'), das hier im Kontext der sich verschränkenden
Ziele der Weingeselligkeit und der Liebelei begegnet:

Ergebet euch mit freyem Herzen
Der jugendlichen Fröhlichkeit:
Verschiebet nicht das süsse Scherzen,
Ihr Freunde, bis ihr älter seyd.
Euch lockt die Regung holder Triebe;
Dieß soll ein Tag der Wollust seyn:
Auf! ladet hier den Gott der Liebe,
Auf! ladet hier die Freuden ein.

Umkränzt mit Rosen eure Scheitel
(Noch stehen euch die Rosen gut)
Und nennet kein Vergnügen eitel,
Dem Wein und Liebe Vorschub thut.
Was kann das Todten-Reich gestatten?
Nein! lebend muß man fröhlich seyn.
Dort herzen wir nur kalte Schatten:
Dort trinkt man Wasser, und nicht Wein.

Seht! Phyllis kommt: O neues Glücke!
Auf! Liebe, zeige deine Kunst,
Bereichre hier die schönsten Blicke
Mit Sehnsucht und mit Gegengunst.
O Phyllis! glaube meiner Lehre:
Kein Herz muß unempfindlich seyn.
Die Sprödigkeit bringt etwas Ehre;
Doch kann die Liebe mehr erfreun.

Die Macht gereizter Zärtlichkeiten,
Der Liebe schmeichelnde Gewalt,
Die werden doch dein Herz erbeuten;
Und du ergiebst dich nicht zu bald.
Wir wollen heute dir vor allen
Die Lieder und die Wünsche weihn.
O könnten Küsse dir gefallen
Und deiner Lippen würdig sein!

Der Wein, den ich dir überreiche,
Ist nicht vom herben Alter schwer.
Doch, daß ich dich mit ihm vergleiche,
Sey jung und feurig, so wie er.
So kann man dich vollkommen nennen:
So darf die Jugend uns erfreun,
Und ich der Liebe selbst bekennen:
Auf Phyllis Küsse schmeckt der Wein. [5]

1.3   Empfindsamkeit

Erscheint die Anakreontik als heiter-ausgelassene Spielart einer
neuen ,emotionalen' Lyrik in latenter Opposition zum Zweckrationalismus, kann die Lyrik der *Empfindsamkeit* in den 1740er
Jahren als ,ernstere' Variante in ähnlichen Bahnen gesehen
werden: Sie nutzt zumindest in Teilen das gleiche bukolisch-
idyllische *setting* in *empfindsam-zärtlichem* beziehungsweise *empfindsam-erhabenen* Ton, das heißt in einer
leichteren oder einer pathetisch-schwereren
Ausgestaltung.

Die erste Form der Empfindsamkeit wird
etwa von dem preußischen Offizier *Ewald
Christian v. Kleist* (1715-1759) vertreten. Sein in
zeittypischer Weise in lockeren Madrigalversen verfasstes Gedicht „Galathee" von 1755
etwa bezeugt die empfindsam-zärtliche, gegenüber der Anakreontik weniger grob laszive Ausrichtung. Das ,empfindsame' lyrische
Ich erzielt auch aus dem nicht erfüllten Begehren ein ,bittersüßes' Gefühl als neuen Gewinn:

Abb. 17: Ewald Christian v. Kleist (1715-1759)

Beglückter Schmerz, der in den Hain mich führte!
Dort schläft im Klee
Die Ursach meiner Pein, die schöne Galathee.
O wär ich doch der Klee,
Daß mich ihr Leib berührte!
Weh sanft o Luft! daß sich die Blätter nicht bewegen – – – –
Doch sie erwachet schon und fliehet – Folg ich ihr?
O nein, sie zürnt und sie entfliehet mir!
Ich will, o welch ein Glück! Da wo sie lag, mich legen,
Auf Klee, der ihren Leib berührte.
Ich will, o welch ein Glück! auf den erfreuten Beeten,
Die schönen Spuren treten.[6]

Die zweite, empfindsam-erhabene Richtung manifestiert sich in unmittelbarer thematischer wie zeitgenössischer Nachbarschaft und scheint sich insbesondere der Rezeption einer nachklassischen antiken Rhetorikschrift verdankt zu haben. Diese wird poetologisch aktuell und vor einem christlichen Hintergrund (in Nachbarschaft zur wenig älteren Glaubensströmung des so genannten *Pietismus*) rekontextualisiert.

Exkurs

Theorien des Erhabenen

Es handelt sich um die Schrift *Vom Erhabenen* (grch. *Perì hýpsous*) des Pseudo-Longinus vermutlich aus dem 2. Jahrhundert n. Chr., die wie schon die *Carmina Anacreontea* bereits im 16. Jahrhundert wiederentdeckt worden ist. Sie erlebt mit ihrer Anleitung zu pathetisch-erhabenem Dichten als bester Art der Poesie bereits eine längere Diskussion im (west-)europäischen Kontext, bevor sie im deutschsprachigen Raum der ersten Hälfte des 18. Jahrhunderts ebenfalls Gegenstand kontroverser Debatten wird. Zum Missfallen vor allem des Leipziger rationalistischen ,Literaturpapstes' Gottsched entwickeln dann die beiden Züricher Literaturtheoretiker *Johann Jacob Bodmer* (1698-1783) und *Johann Jacob Breitinger* (1701-1776) aus dem pseudolonginischen Traktat und ihren christlich-moralischen Literaturvorstellungen das Postulat einer neuen „herzrührenden Schreibart".[7] Zugleich verbinden sie damit die Vorstellung von einer Literatur, die nicht nur in der Vernunft fundiert ist wie die Philosophie. Die Literatur erhält vielmehr eine eigene Qualität, da sie mindestens ebenso auf Gefühl und Phantasie basiere und abziele.

Literarische Vertreter der empfindsam-erhabenen Lyrik sind zunächst zwei Autoren, die sich namentlich gegen Gottsched und seine Schule wenden: *Jakob Immanuel Pyra* (1715-1744) aus Cott-   Freundschaftliche Lieder (1745) bus, der in Halle studiert und dann in Berlin lebt, sowie der mit ihm befreundete Hallenser *Samuel Gotthold Lange* (1711-1781). Zusammen veröffentlichen sie 1745 *Thirsis und Damons freundschaftliche Lieder*, die nun das bukolische *setting* in empfindsam-erhabener Manier umformen und mit einem intensivierten Freundschaftskult verbinden.

Je einzeln bedichten sie ferner ihr Streben nach einer neuen, dichtungsgemäßeren Pathetik in poetologischen Gedichten: Pyra bereits 1737 in seinem *Tempel der wahren Dichtkunst*, Lange 1747 in seinen *Horatzischen Oden*. Nachdem der Lyriker Horaz zuvor schon für die locker-heitere Anakreontik Vorbild war, entdeckt Lange an dessen *carmina* (,Oden') einen empfindsam-erhabenen Zug. Sein Gedicht „Auf die Horatzische Ode" bezeugt diese Sichtweise. Inhaltlich stellt sie weitgehend ein *cento* (ital., hier neutral für: ,literarisches Flickwerk') horazischer Gedanken und Ausdrücke dar, die hier nicht im Einzelnen nachgewiesen werden sollen:

Ich, Feind des Goldes und der schwarzen Sorgen,
Verberge mich oft vor dem Schwarm der Schwätzer
Und höre Dir o grosser Flaccus [= Horaz] zu,
Wenn Du die starken lebschen Därme rührst.

Begeistert donnerst Du mit raschen Griffen,
Der Wald erschrickt, und die Gebürge beben,
Jetzt steigst du edel mit verwegnen Flug
Und glücklich, Dir folgt kein gemeiner Blick.

Durch Wolken schießt so, von den Schweizer Bergen,
An deren Fuß die Ungewitter krachen,
Ein klarer Bach, und wächst und wird zum Strom,
Und welzt die Steine rauschend mit sich fort.

Du scheust den matten Abfluß armer Bäche,
Und stürzest Dich, des Wiederkommens sicher,
Verbirgest Dich, der Guadiana gleich,
Und brichst, mit neuer Kraft verstärkt, hervor.

So eilt der starke und gewisse Reuter
Auf seinem muthig schnellen Gaul, und lachet
Der Klüfte. Spornt den feurigen Hengst und fliegt
Mit sicherm Sprung. Es braust die Luft um ihn.

O göttlicher Horatz! entzückt, verwundernd
Seh ich Dir nach, und reize mich zum folgen,
So, wie der Löw, die Mähne schüttelnd, sich,
Mit Klauen schlägt und muthig reizt, und brüllt. [8]

Abb. 18: Friedrich Gottlieb Klopstock (1724-1803)

Erstaunlicherweise wird übrigens in der zweiten und dritten Strophe für Horaz eine Bildlichkeit in Anschlag gebracht, die dieser selbst
in einem Gedicht (*Carmina* 4, 2 Anf.) nahezu
wortgleich gerade *nicht* für sich, sondern für
einen eigenen Vorläufer, den frühantiken
Pindar (vgl. S. 72) verwendet. Horaz sah sich
in nobilitierend gemeintem *understatement*
hingegen als jemand der mühevoll ‚im Kleinen‘ arbeite. Lange und andere liegen mit
ihrem ‚Pindar-Horaz‘ jedoch nicht völlig
falsch, denn andere Horaz-Oden eifern in gewissen Grenzen durchaus dem Pindarton
nach.

Die beiden empfindsamen Richtungen sind bisher an heutzutage wohl fast gänzlich vergessenen Lyrikern festgemacht worden.
Im Weiteren ist ein Autor etwas genauer vorzustellen, der zumindest als epochemachender Name noch bekannt sein sollte. Der
aus Quedlinburg gebürtige *Friedrich Gottlieb Klopstock* (1724-1803)
ist es, der wie kaum ein anderer nicht nur für die Lyrik vor allem
zwischen 1750 und 1770 steht, sondern der sich seinerzeit zumal
als Verfasser des Großepos *Der Messias* einen (wenn auch bald
immer zweifelhafteren) Ruf erschrieben hat. Er studiert 1745 zunächst in Jena Theologie und wechselt 1746 an die Universität
Leipzig, wo er noch Gottsched, aber auch bereits den zweiten
großen Leipziger der Zeit, *Christian Fürchtegott Gellert* (1715-1769),
hört. Durch Letzteren kommt er dann in Kontakt mit einigen etwas älteren Dichtern (Johannes Andreas Cramer, Johann Arnold
Ebert und Johann Adolf Schlegel), die wie Gellert zu den so genannten *Bremer Beiträgern* zählen und in der gleichen Stoßrichtung wie die beiden Zürcher Bodmer und Breitinger in dichtungstheoretische Opposition zu Gottsched treten.

Von Bodmer wird Klopstock 1750 sogar nach Zürich eingela-
den, damit er weiter am *Messias* arbeiten kann. Klopstocks jugend-
lich-lockerer, weltzugewandter Lebensstil (s. dazu auch noch Abschnitt 3 dieses Aufbaumoduls, Entstehung und Interpretation
von *Der Zürchersee*) erscheint Bodmer jedoch eines erhaben Dichtenden nicht würdig, und so verlässt Klopstock die Schweiz nach
wenigen Monaten bereits wieder. Mit einem dauerhaften Stipen-
dium hält sich Klopstock dann für nahezu zwanzig Jahre in un-

mittelbarer Nachbarschaft zum dänischen Königshof auf. 1770 muss er das Land mit seinem bei Hofe in Ungnade gefallenen Fürsprecher, dem Grafen Johann Hartwig Ernst v. Bernstorff, verlassen und geht mit diesem nach Hamburg, wo er bis zu seinem Tod wohnt.

Aufgrund der häuslichen und schulischen Erziehung (Letztere am einst berühmten Internat Schulpforta bei Naumburg) ist Klopstock sowohl christlich geprägt als auch intensiv in klassischer griechisch-römischer Literatur und Rhetorik gebildet. Außerdem manifestiert sich gegen Ende seiner Schulzeit ein kulturpatriotischer Impetus im Kontext der antik-frühneuzeitlichen Poetik von *imitatio* (lat. ‚Nachahmung') und *aemulatio* (lat. ‚Überbietung, Wettstreit'): In seiner Abiturrede von 1745 fordert Klopstock ein aktuelles, deutsches Äquivalent zu den Versepen von *Homer* (8. Jahrhundert v. Chr.) bis *Torquato Tasso* (1544-1595). Diese drei Grundzüge, ein christlicher, ein antikischer und ein kulturpatriotischer, verbinden sich in verschiedener Weise mit Klopstocks überaus wirkmächtiger empfindsamer Literaturproduktion, die sowohl im Zeichen der zärtlichen als auch der erhabenen Empfindsamkeit steht.

Unter den frühen Gedichten, das heißt in den späten 1740er bis 1750er Jahren, lassen sich entsprechend sowohl einige in der Art etwa seines Freundes Ewald Christian v. Kleist finden als auch solche, die eher den erhabenen Ton eines Samuel Gotthold Lange aufweisen. Für die erste Richtung sei hier stellvertretend „Das Rosenband" von 1753 angeführt:

> Im Frühlingsschatten fand ich Sie;
> Da band ich Sie mit Rosenbändern:
> Sie fühlt' es nicht, und schlummerte.
>
> Ich sah Sie an; mein Leben hing
> Mit diesem Blick' an Ihrem Leben:
> Ich fühlt' es wohl, und wusst' es nicht.
>
> Doch lispelt' ich Ihr sprachlos zu,
> Und rauschte mit den Rosenbändern:
> Da wachte Sie vom Schlummer auf.
>
> Sie sah mich an; Ihr Leben hing
> Mit diesem Blick' an meinem Leben,
> Und um uns ward's Elysium.[9]

In frühen Gedichten der ‚stärkeren' Tonalität zeigt sich hingegen der wie bei Lange am pindarischen Horaz orientierte Grundzug, etwa in dem Langgedicht „Auf meine Freunde" von 1747. Dessen

prologische Eingangsstrophen werden hier auch zum Vergleich
mit dem Lange'schen „Auf die Horatzische Ode" wiedergegeben.
Die fünf ersten Strophen stehen bei Klopstock 73 (!) weiterer
voran, die sich dem Lobpreis von Freunden widmen, die mit re-
alem Namen, aber im antikischen Habitus erscheinen:

> Wie Hebe, kühn und jugendlich ungestüm,
> Wie mit dem goldnen Köcher Latonens Sohn,
> Unsterblich, sing ich meine Freunde
> Feyrend in mächtigen Dithyramben.
>
> Wilst du zu Strophen werden, o Lied? oder
> Ununterwürfig Pindars Gesängen gleich,
> Gleich Zevs erhabnem trucknem Sohne,
> Frey aus der schaffenden Sel enttaumeln?
>
> Die Waßer Hebrus wälzten sich adlerschnell
> Mit Orpheus Leyer, welche die Hayne zwang
> Daß sie ihr folgten, die die Felsen
> Taumeln, und Himmelab wandeln lehrte;
>
> So floß der Hebrus. Großer Unsterblicher
> Mit fortgerißen folgte dein fliehend Haupt
> Blutig mit todter Stirn, die Leyer
> Hoch im Getös ungestümer Wogen.
>
> So floß der Fluß, des Oceans Sohn, daher;
> So fließt mein Lied auch, hoch, und gedanckenvol;
> Des spott ich, der es unbegeistert,
> Richterisch und philosophisch höret. [10]

Im Vergleich zu Lange schafft sich Klopstock bereits in seiner
ersten Strophe einen eigenständigeren thematischen Einstieg sowie im Weiteren einen etwas differenzierteren poetologischen
Rahmen: Er weiß durchaus zwischen Pindar und Horaz zu unterscheiden, lässt aber in der Schwebe, wem er denn nun nachfolgt.
Die entsprechende Frage der zweiten Strophe wird dann anscheinend in Richtung auf Pindar beantwortet, *performativ*, das heißt
in der Umsetzung durch das Gedicht selbst, wird jedoch die horazische Strophenform eingehalten! Man kann annehmen, dass
die gesamte Gedichtstruktur nicht einfach „[f]rei aus der schaffen-
den Seele [getaumelt]" ist. Der explizit erklärte Anspruch ist somit
ein pindarisch-erhabener, dahinter steht jedoch ein eher hora-
zisch-feines Kalkül, das die große Pathetik rhetorisch und reflektiert erzeugt. Entsprechendes kann vermutlich für Klopstocks
Poetik überhaupt angenommen werden: Sie stilisiert zeitgenössisch überaus wirksam im Autor selbst den Typus des gleichsam

heilig-inspirierten Dichters. Hinter diesem steht jedoch ein noch sehr frühneuzeitlicher Rhetoriker, der nach zu seiner Zeit aktuellen Maßstäben ‚vernünftig' und ‚empfindsam' vorgeht. Ziel ist, mit einem Ausdruck von Klopstock, die möglichst intensive ‚Darstellung', das heißt die Verlebendigung eines Themas zum ‚Erlebnis' in Gefühl, Phantasie und Verstand, um die ‚ganze Seele' zu bewegen. Schlicht-schöne, rational gefasste ‚Beschreibung' (so erneut Klopstock selbst) wird hingegen nicht als poetisch, sondern lediglich prosaisch angesehen (vgl. hierzu zahlreiche theoretische Schriften des Dichters wie *Von der Darstellung* von 1779[11]).

Erhabenheit: inspiriert oder kalkuliert?

An Klopstocks Selbstüberhöhung und seinem poetischen Ideal wird in der Literaturgeschichtsschreibung oft der eigentliche Beginn eines ‚echten', auf ‚wahre Tiefe' abzielenden Dichtertums festgemacht, das den Weg zu der nachfolgenden, noch stärker auf das dichtende Individuum und seinen Gefühlsaudruck setzenden Literatur gebahnt habe. Demgegenüber sei an dieser Stelle jedoch zum einen an die immer noch frühneuzeitliche Rhetorizität dieser Pose bei Klopstock erinnert und ferner daran, dass dieser zutiefst religiöse Dichter seine Individualität sicherlich grundsätzlich an den christlichen Gott zurückgebunden sah und nicht, wie Teile der unmittelbar folgenden Dichtergeneration, ‚geniehaft' befreit.

Lyrik, die dann in deutlich christlichem Duktus empfindsamerhaben ausfällt und zudem besondere Aufmerksamkeit bei den Zeitgenossen erfährt, verfasst Klopstock zumal in den späten 1750er Jahren. Zu dieser Zeit ahmt er nämlich nicht mehr nur klassisch-antike (und moderne anakreontische) Formen nach, sondern erschafft eine eigene antikisch-christliche Hymnik. Deren spezifische Art der Überblendung zeigt sich zumal auf der metrischen Ebene, weshalb hier aus Gründen der Ökonomie der Darstellung auf den nachfolgenden Abschnitt dieses Aufbaumoduls (Stichwort: *Freie Rhythmen*) verwiesen sei. Dort soll ein prominentes Beispiel, die Hymne „Über die ernsthaften Vergnügungen des Landlebens" von 1759, nach Überarbeitung 1771 erfolgreicher publiziert als „Die Frühlingsfeier", genauer betrachtet werden.

Kulturpatriotismus und Deutschtümelei

Nicht das Christliche, aber das explizit Klassisch-Antike erleidet in den darauffolgenden (1760er bis frühen 1780er) Jahren bei Klopstock einen gewissen Einbruch zugunsten des *kulturpatriotischen* Grundzugs, der sich nun teils bis ins Nationalistische steigert. Besonders deutlich zeigt sich diese Schwerpunktverlagerung in der 1767er Fassung von „Auf meine Freunde". Klopstock publiziert das gesamte Langgedicht nun nämlich in signifikanter

Weise ,germanisch-deutsch' umgeformt und unter dem Titel „Wingolf" erneut: Jeder einzelne klassisch-antike Begriff ist hier so gut als möglich durch einen germanisch-deutschen ersetzt. Klopstock muss dafür auf den nur vage überlieferten nordischen Mythos zurückgreifen sowie eine Tradition germanischer Barden-dichtung postulieren, die in manchem lediglich der Phantasie der Zeit (vgl. den in Str. 2 des Gedichtauszugs genannten *Ossian*, dessen vorgeblich archaische Dichtungen sich bald als zeitgenös-sisches Konstrukt herausstellen) oder gar seiner eigenen ent-springt. Die in dieser Weise überarbeiteten ersten fünf Strophen des Gedichts lauten:

> Wie Gna im Fluge, jugendlich ungestüm,
> Und stolz, als reichten mir aus Iduna's Gold
> Die Götter, sing' ich meine Freunde
> Feyrend in kühnerem Bardenliede.

> Willst du zu Strophen werden, o Haingesang?
> Willst du gesetzlos, Ossians Schwunge gleich,
> Gleich Ullers Tanz auf Meerkrystalle,
> Frey aus der Seele des Dichters schweben?

> Die Wasser Hebrus wälzten mit Adlereil
> Des Zelten Leyer, welche die Wälder zwang,
> Dass sie ihr folgten, die den Felsen
> Taumeln, und wandeln aus Wolken lehrte.

> So floß der Hebrus. Schattenbesänftiger,
> Mit fortgerissen folgte dein fliehend Haupt
> Voll Bluts, mit todter Stirn, der Leyer
> Hoch im Getöse gestürzter Wogen.

> So floß der Waldstrom hin nach dem Ozean!
> So fließt mein Lied auch, stark, und gedankenvoll.
> Des spott' ich, der's mit Klüglingsblicken
> Höret, und kalt von der Glosse triefet. [12]

Von den 1780er Jahren bis zu seinem Tod kommt in Klopstocks nurmehr gemäßigt pathetischer, teils dezidiert (so Klopstock:) ,karglautiger' Lyrik neben dem patriotischen Grundzug sowohl der antikische als auch der christliche wieder stärker zur Geltung, jedoch jeweils in Kombination mit dem Patriotismus. Dies zeigt sich insbesondere in poetologischen Gedichten, etwa bei Versu-chen der Rückführung der von Klopstock postulierten Größe der deutschen Sprache auf antikische Qualitäten (vgl. „Ästhetiker" von 1782 oder „Unsre Sprache an uns" von 1796) oder auf beson-dere christliche Einflüsse (vgl. etwa „Die deutsche Bibel" von 1784).

,Karglautige' Spätphase

Erwähnenswert sind aus Klopstocks Spätphase schließlich seine Gedichte anlässlich der Französischen Revolution, die ihn nun nicht mehr allein als Patrioten zeigen, sondern gleichsam als generellen *Verfechter bürgerlicher Freiheit* im Geiste der Aufklärung. Etwa in „Sie, und nicht wir. An La Rochefoucauld" von 1790 oder in „Der Freiheitskrieg" von 1792 findet sich diese Verbindung. Schon 1793 wendet sich der zum französische Ehrenbürger Erklärte allerdings von der Revolution in ihrer aggressiven Fortentwicklung wieder ab (vgl. Gedichte wie „Mein Irrtum" oder „Der Erobrungskrieg").

Freiheitslyrik (marginal)

1.4 Hainbund und Sturm und Drang

Schon für die frühen 1770er Jahre ist eine neue Dichtergeneration zu verzeichnen, die eine Lyrik hervorbringt, die in manchem Klopstock und dessen Darstellungsideal nachfolgt, thematisch und poetologisch jedoch Modifikationen vornimmt, die sich aus dem Kontext des *Sturm und Drang* und einer neuen *Genieästhetik* erklären. Freundschaftskult, Patriotismus und Selbstüberhöhung des Dichters werden auf eine neue Stufe gehoben und erhalten einen nahezu absoluten Stellenwert (wenn auch nicht unbedingt einen gelungeneren Ausdruck).

Zum einen findet sich im Herbst 1772 – mythisiertes Gründungsdatum ist der 12. September – in der jungen Universitätsstadt Göttingen ein Freundschaftsbund von Studenten verschiedenster sozialer Herkunft zusammen (namentlich Carl Friedrich Cramer, Christian Hieronymus Esmarch, Johann Friedrich Hahn, Ludwig Christoph Heinrich Hölty, Gottlieb Dieterich von Miller, Johann Martin Miller, die Grafen Christian und Friedrich Leopold v. Stolberg sowie Johann Heinrich Voß). Dieser so genannte *Göttinger Hainbund* verschreibt sich vor allem einer freundschaftlichen und patriotischen Lyrik, die in vielem Klopstock nacheifert. Nicht zuletzt der von ihm glorifizierte germanische Dichter*hain* wird ihnen zum Vorbild für das eigene Selbstverständnis (vgl. den Ort des Gründungstreffens). Der von einzelnen Hainbündlern fast abgöttisch verehrte Klopstock tritt dem Bund 1774 sogar selbst bei, der Hainbund zerfällt kurze Zeit später allerdings bereits, da viele Mitglieder ihren Studienort Göttingen verlassen.

Göttinger Hainbund (marginal)

Als Beispiel aus dem Klopstock deutlich nachfolgenden Gedichtspektrum des Hainbunds sei die 1773 entstandene Ode „An Voß" von *Ludwig Christoph Heinrich Hölty* (1748-1776) aus Mariensee bei Hannover vorgestellt. Die Ode überträgt nämlich die

Abb. 19:
links: Ludwig Christoph Heinrich
Hölty (1748-1776) und rechts:
Johann Heinrich Voß (1751-1826)

Alternative des empfindsam-zärtlichen und des empfindsam-erhabenen Dichtens auf das eigene dichterische Vermögen und das
des Bundesgenossen aus dem Mecklenburgischen, *Johann Heinrich Voß* (1751-1826). Festzustellen ist thematisch zudem ein
deutsch-nationaler Fokus:

> Klimme muthig den Pfad, Bester! den Dornenpfad
> Durch die Wolken hinauf, bis du den Strahlenkranz,
> > Der dem Priester Jehovas
> > > Ehre funkelt und Ewigkeit.
>
> Feigen winket er nicht! dir um die Schläfe schlingst!
> Trit den Buben in Staub, wann er die Frevlerstirn
> > Schnaubend thürmet, und hämisch
> > > Tugend lästert und Vaterland.
>
> Reiß den Becher des Gifts Belialssöhnen weg,
> Die, ein Otterngezücht, kriechen, und hauchen Pest,
> > Daß kein Tropfen des Bechers
> > > Ströme Tod in ein Mädchenherz.
>
> Dein ist ewiger Preiß! Vater und Mutter weint
> Dankesthränen dir nach, weil des Verführers Hand
> > Du entschlugest den Giftkelch,
> > > Dankesthränen der Bräutigam.

Angeflammet von dir, huldet der Enkelsohn,
Hingestürzet aufs Knie vor dem Allschauenden,
 Heißrer Seele, der Tugend,
  Heißrer Seele, dem Lande Teuts.

Stillen Trittes, o Voß, wandelt indeß dein Freund
Durch Gefilde der Ruh, lauschet der Nachtigall,
 Und dem Wellengeplätscher
  Des bemondeten Wiesenborns.

Singt die Wonne des Hains, welchen das Morgenroth
Überflimmert mit Gold, oder den Frühlingsstrauß,
 Der am Busen des Mädchens,
  Mildgeröthet vom Abend, bebt.

Auch mir lächelt, auch mir weinet das Mädchen Dank,
Küßt mein zärtliches Lied, drückt' es an ihre Brust,
 Seufzt, du redlicher Jüngling,
  Warum barg dich die Gruft so früh?[13]

Neben klopstockisch-empfindsamen Zügen weisen Gedichte der Hainbündler aber auch andere Züge auf, die eher noch vom Ton der Anakreontik ausgehen und sich dabei mit einer erneuerten volksliedhaften und balladesken Strömung verbinden. Letztere

Abb. 20: *Göttinger Musenalmanach* (1774)

wird in Sonderheit von einem lose mit dem Hainbund verbundenen Wahlgöttinger befördert, und zwar von *Gottfried August Bürger* (1747-1794), der etwa mit seiner kriegskritischen und volksnahen Ballade *Lenore* Epoche macht.

Diese Ballade erscheint 1774 neben Gedichten des Hainbunds im *Göttinger Musenalmanach*, einer zeittypischen Jahreszeitschrift, seit 1770 verlegt vor Ort von dem aus dem Holsteinischen gebürtigen Lyriker *Heinrich Christian Boie* (1744-1806) und ein wesentlicher Beitrg zur Befestigung des Hainbunds. Im *Göttinger Musenalmanach für das Jahr 1774* publizieren jedoch nicht nur die Erwähnten, sondern zudem weitere Vertreter der Generation, die in der Literaturgeschichtsschreibung mit dem Sturm und Drang und der Genieästhetik identifiziert werden. Es sind dies vor allem die etwa zeitgleich agierenden Literaten des so genannten *Straßburger Kreises* um den ostpreußischen Theologen und Kulturphilosophen *Johann Gottfried Herder* (1743-1804) sowie den jungen *Johann Wolfgang Goethe* (1749-1832).

Ein wenig genauer vorzustellen ist hier die Lyrik des aus Frankfurt am Main gebürtigen Goethe. Seine Gedichte aus dieser Zeit sind wie diejenigen Klopstocks generell von einem besonders ‚selbstbewussten' Ton gekennzeichnet. Bei Goethe erscheint dieser allerdings mit Bezug auf Gefühle und übergeordnete Instanzen (etwa die traditionelle antikisch-christliche Gottesvorstellung) um ein signifikantes Maß ‚freier', sprich: ‚geniehafter'. Das einzelne Gedicht kann dabei ähnlich den zwei Ausrichtungen Klopstocks mal ‚zärtlich' (aber wiederum betont ‚kräftiger' als bei Klopstock), mal pathetisch ausfallen.

Im Mittelpunkt steht ferner bei Goethes Gedichten wie bei anderen aus dem Sturm und Drang mehr als bei Klopstock ein einzelnes (aber nicht zwingend ganz historisch-konkretes) Gefühlserlebnis, dessen ‚Echtheit' durch das individuelle Empfinden des ‚Originalgenies' verbürgt sein soll: die so genannte *Erlebnislyrik*. Man erhebt die emphatisch überhöhte Literaturproduktion gleichsam zur Anti-Ästhetik sowohl gegenüber der langen Tradition der frühneuzeitlichen Poetik von *imitatio* und *aemulatio* (vgl. noch bei Klopstock, S. 94) als auch gegenüber der rationalistischen Normpoetik nach Gottsched. Der extreme Individualismus des Sturm und Drang stellt so zudem eine Kritik am Rationalismus der Aufklärung dar, während er als Emanzipationsbewegung auch als Folge derselben angesehen werden kann.

Jedoch zu dem für Goethe skizzierten Spektrum: Als Beispiel für ein eher ‚zärtliches' Gedicht sei aus dem 1770/71 entstandenen Zyklus der *Sesenheimer Lieder* an Friedrike Brion eines präsentiert, das in weiterhin bukolischem *setting* erst in den letzten beiden Strophen den besonderen ‚selbstbewussten' Einschlag des jungen Goethe zeigt (punktuell setzt es sich im Übrigen von dem Klopstock-Gedicht „Das Rosenband" von 1753 ab). Da das Gedicht ursprünglich als Beilage zu einem realen, modisch bemalten Band an die Geliebte ging, erhält es später den Titel „Mit einem gemalten Band". Hier sei das Gedicht einmal in seiner vermutlich ersten Fassung wiedergegeben, wie es sich in einer Abschrift im Nachlass der Adressatin erhalten hat (spätere, bekanntere Fassungen sind teilweise umgearbeitet und um die vorletzte Strophe verkürzt). Die seinerzeitige, nicht nur für den jungen Goethe typische Freiheit in der Orthographie, die in Drucken und späteren Fassungen meist viel mehr reguliert erscheint, mag so auch einmal demonstriert werden:

J. W. Goethe (1749-1832)

Erlebnislyrik

Kleine Blumen, kleine Blätter
Streuen mir mit leichter Hand
Gute iunge FrühlingsGötter
Tandlend auf ein luftig Band

Zephier nimms auf deine Flügel
Schlings um meiner Liebsten Kleid
Und da tritt sie für den Spiegel
mit zufriedener Munterkeit

Sieht mit Rosen sich umgeben
sie wie eine Rosse iung
– einen Kuß geliebtes Leben
Und ich bin belohnt genu<n>g

Schicksal Seegne diese trieben
Laß mich ihr und laß Sie mein
Laß das Leben unsrer Liebe
Doch kein Rossen Leben sein

Mädgen das wie ich Empfindet
Reig mir deine Liebe Hand
Und das Band daß uns verbindet
sey kein schwages Rossenband![14]

Als Beispiel für Goethes pathetisch-erhabene und autoritätenkritische Lyrik in dieser Zeit sei ferner die erste Strophe des bekannten, um 1774 entstandenen „Prometheus" in Erinnerung gerufen:

Bedecke deinen Himmel Zeus
Mit Wolkendunst!
Und übe Knaben gleich
Der Disteln köpft
An Eichen dich und Bergeshöhn!
Mußt mir meine Erde
Doch lassen stehn,
Und meine Hütte
Die du nicht gebaut,
Und meinen Herd
Um dessen Glut
Du mich beneidest.[15]

Mit den beiden Gedichtbeispielen beziehungsweise den an ihnen festgemachten Richtungen ist natürlich Goethes Spektrum keineswegs abgedeckt, etwa im Bereich der von Bürger, Herder und anderen erneuerten Volkslieddichtung ist auch er besonders hervorgetreten (vgl. nur das bis heute in Chören gesungene *Heidenröslein* von 1771).

Antikische Metrik und Freie Rhythmen 2.

Die Metrik des 18. Jahrhunderts bleibt derjenigen des Barock lange Zeit weitgehend treu: Die opitzianische Versifikation mit Reimbindung und zentral gesetzter Ordnung nach Größen stellt weiterhin den Standard dar, ergänzt nur um schon seit der zweiten Hälfte des 17. Jahrhunderts postulierte Erweiterungen etwa gegenüber der strengen Alternation von Hebungen und Senkungen (die so genannte *Mengtrittigkeit*, vgl. S. 75) oder weniger schematische Reimordnungen wie im Madrigal. Das in Renaissance und Barock entfaltete Spektrum von Versarten, Strophen- und Gedichtformen wird entsprechend nur wenig verändert, im Gegenteil: Tendenziell wird es wieder reduziert, sei es im Sinne der galanten beziehungsweise dann proto-aufklärerischen Vorstellungen von schlichter Eleganz, sei es gemäß der rationalistischen Poetik oder sei es entsprechend des anakreontischen Ideals.

Auf der Ebene der Versarten bedeutet dies etwa die Bevorzugung einfacherer Formen, wenn auch manchmal nur in Details. So wird der Gemeine Vers durch den etwas lockeren *endecasillabo* (ital., ursprgl. grch. *héndekasýllabon*, ,Elfsilbler') abgelöst, der keine Mittelzäsur fordert, aber bei wechselnden Kadenzen ebenfalls durch Reim zu binden ist (Gedichtbeispiel nach Wagenknecht, mit zusätzlicher Markierung der Hebungen in der ersten Verszeile): **endecasillabo**

> v – v – v – v – v – (v)
> Kein Zweífel méhr! Sie trítt an's Hímmelsthór,   [m, akatalektisch]
> Zu Ihren Armen hebt sie sich empor.[16]   [wie vor]

Dieser und andere einfachere Versarten verdrängen in der Lyrik nach und nach sogar den Alexandriner, und Letzterer wird außerdem in der dramatischen Dichtung durch den engl. *Blankvers* ersetzt, eine Art *endecasillabo* ohne Reimbindung, der strikt aus fünf akatalektischen Jamben geformt wird.

Auf der Ebene der höheren Ordnungen, also in *Strophen-* und *Gedichtbau*, kommen ebenso ,leichtere' Formen stärker in Mode, wie schon bei der galanten Dichtung. Zu erwähnen ist etwa die neue Lehrdichtung, die oft, an der Grenze zur Epik, mit einer stichischen (einen einzigen Zeilentyp einfach reihenden) Versart arbeitet. Hinzu treten diverse Bauformen des Volksliedes, die sowohl in aufklärerischem und anakreontischem Sinne als auch entsprechend den Vorstellungen des späteren Sturm und Drang poetologisch wieder legitimiert werden. Dementsprechend sind **Strophen- und Gedichtbau** etwa Vaganten-, Romanzen- oder Schäferliedstrophe (vgl. in den vorangegangenen Aufbaumodulen jeweils Abschnitt 2) vermehrt zu finden, und namentlich Goethe wird das volksliedhafte Strophenspektrum später noch in aller Breite ausschöpfen (für einen Überblick mit besonderem Bezug auf Goethe vgl. Wagenknecht[17]).

Wesentlich modifiziert wird das metrische System des Deutschen nicht nur für dieses Jahrhundert, sondern mit bis in die Gegenwart reichenden Folgen jedoch ab den 1740er Jahren: Zuerst wird der Reimbindung eine Abfuhr erteilt, und zwar sowohl von rationalistischer Seite her (erneut unter anderem von Gottsched) als auch aus der anakreontischen und der empfindsamen Strömung heraus – die reimlosen bukolischen Vorbilder der Antike werden nun auch auf dieser Ebene zumal aus Gründen der schöner erscheinenden Schlichtheit nachgeahmt. Für ein Beispiel aus der empfindsam-erhabenen Strömung kann etwa auf das Gedicht „Auf die Horatzische Ode" von Lange zurückverwiesen werden, in dem der *endecasillabo* reimlos verwendet ist (vgl. S. 92). Klopstock verachtet den Reim als unnötiges Wortgeklingel sogar zutiefst und polemisiert gegen ihn im Rahmen seiner theoretischen Schriften (vgl. Anm. 11).

Systemerweiterung (I): antikisch
Sodann aber konzipiert Klopstock eine ganz neue deutsche Metrik: Mit ihr stellt er sozusagen die Mengtrittigkeit auf eine neue systematische Basis, die nicht nur eine irgendwie gesteigerte Mannigfaltigkeit der Versfußarten in den einzelnen Zeilen zum Ziel hat. Vielmehr strebt er eine grundsätzlich antikische Versifikation an, die schon auf der Ebene der *Prosodie* neue Maßstäbe setzt und die eine über die Weimarer Klassik bis ins 20. Jahrhundert reichende Traditionslinie formiert. Es wird nun nämlich angenommen, deutsche Silben seien nicht nur nach der Akzentuierung (betont/unbetont) zu ordnen, sondern näherungsweise auch nach ihrer Quantität (lang/kurz) zu messen. Die natürlichen Wortbetonungen des Deutschen werden bei der Versifikation dann zwar weiterhin beachtet, eine Einteilung der Silben nach ihrer Länge beziehungsweise Kürze wird jedoch als Maßgabe gleichsam überblendet (betont gilt dabei für lang, unbetont für kurz). Die bekannten Versfüße aus der Antike sollen so originalgetreuer abgebildet werden, und zwar zumindest bei Klopstock letztlich vor allem, um im Rahmen des frühneuzeitlichen Paradigmas von *imitatio* (lat. ,Nachahmung') und *aemulatio* (lat. ,Überbietung') eine neue Stufe zu erklimmen. Ferner gilt bei der Übernahme der antiken Versifikation das Prinzip der Silbenzählung nicht mehr überall, da ein Teil der antiken Verse bei den Kürzen eine gewisse

Füllungsfreiheit kennt (allerdings in weit geringerem Maße frei als in der Metrik des Volkslieds vor Opitz).

Die neue Versifikation nutzt Klopstock sowohl für sein großes Versepos, den *Messias*, als auch für seine Lyrik. Im Epos ist es der klassische *Hexameter*, den er nach dem Vorbild *Homers* (8. Jahrhundert v. Chr.) und *Vergils* (*Publius Vergilius Maro*, 70-19 v. Chr.) nachzuahmen strebt, um den als überragend geltenden Mustern nahezukommen. Der ursprünglich französische Alexandriner wird von ihm hingegen nie verwendet, weil Klopstock zeitgenössischen Vorstellungen von der kulturellen Überlegenheit des klassizistischen Frankreich entgegenzuarbeiten sucht.) In der Lyrik sind die favorisierten Metren zum einen *Hexameter und Pentameter*, das *elegische Distichon*, und zum anderen die lyrischen Strophenmaße der griechischen und insbesondere der horazischen Odendichtung.

Hexameter und
elegisches
Distichon

Der Hexameter (grch. ‚Sechs-Versfuß') hat seinen Namen aufgrund der sechs Metren, aus denen er zu bilden ist, während der Pentameter (grch. ‚Fünf-Versfuß') in der Summe aus fünf Füßen gebildet ist. Basaler Versfuß ist jeweils der Daktylus, im Sinne der erwähnten Füllungsfreiheit dürfen dessen zwei Kürzen jedoch antik an verschiedenen Stellen durch eine Länge ersetzt werden, so dass immer wieder Spondeen an die Stelle treten können. Ferner sind beide Verse katalektisch: Der Hexameter endet um eine Silbe verkürzt, der Pentameter weist sowohl vor seiner festen Mittelzäsur nach dem dritten Fuß als auch am Versende einen um beide Kürzen gekappten Daktylus auf (daher: 2 + 0,5 Daktylen und 2 + 0,5 Daktylen = 5!). Das Grundschema des elegischen Distichons lautet antik (übereinander stehende Längen und Kürzen stehen für die variablen, füllungsfreien Positionen):

$$- \overset{\smile}{\smile} - \overset{\smile}{\smile} - \overset{\smile}{\smile} - \overset{\smile}{\smile} - \vee\vee - \times \qquad \text{(Hexameter)}$$
$$- \overset{\smile}{\smile} - \overset{\smile}{\smile} - / - \vee\vee - \vee\vee\times \qquad \text{(Pentameter)}$$

Zu beachten sind – und so auch bei den im Folgenden thematisierten antiken Gedichtformen – außerdem zwei Besonderheiten, die antik besonders streng geregelt waren:

1. *Lang* ist eine Silbe aufgrund eines langen Vokals im Silbenkern oder – so genannte *Positionslänge* – durch mehr als einen Konsonanten nach dem Vokal, und das auch über Wortgrenzen hinweg.

2. Gerade über die Wortgrenzen hinweg ist das direkte Aufeinanderfolgen von Vokalen folgenreich: Der auch in anderen Metriken beachtete *Hiat* gilt als unschön und ist daher zu vermeiden. Treffen zwei Vokale dennoch aufeinander, werden sie zumindest

miteinander verschliffen (Fachbegriff: *Synalöphe*, nach grch. *syn-aloiphé*, ‚Verschmelzung') oder der erste wird völlig unterdrückt beziehungsweise ausgestoßen (*Elision*). Übrig blieb metrisch also in jedem Fall nur ein Vokal.

Entsprechend ist bei dem folgenden Beispiel die metrische Aufzeichnung zum einen vor dem Hintergrund der natürlichen beziehungsweise Positionslängen zu sehen (hier nicht eigens markiert), und zum anderen ist die Synalöphe beziehungsweise Elision einzelner Vokale (s. Fettdruck) berücksichtigt. Exemplarisch sei ein entsprechender Zweizeiler (grch. *dí-stichon*) des *Catull* (Gaius Valerius Catullus, ca. 84-54 v. Chr.) analysiert, der ein abgeschlossenes Gedicht bildet (*Carmina* 85, ein Epigramm). Zur besseren Kenntlichkeit sind die einzelnen Füße durch Kommata getrennt sowie die metrisch relevanten Längen fett gedruckt, und im Hexameter sind zudem zwei Zäsuren markiert, die zu den fakultativen dieses Verses gehören:

Od**i** et amo. quar**e** id faciam, fortasse requiris?
− v v, − /− , −   v v,− −,− v v , − v
nescio, sed fieri senti**o** et excrucior.[18]
− v v, −   vv,−/− vv, − v v ,−

[Ich hasse und ich liebe. Warum ich das tue, fragst du vielleicht? Ich weiß es nicht, aber dass es geschieht, fühle ich und werde davon gequält. Übersetzung: S. E.]

Klopstock ahmt das Distichon vornehmlich in seiner eigenen frühen Werkphase nach, indem er es für die Gedichtform der *Elegie* nutzt, das heißt im Wesentlichen für längere Liebesgedichte mit sehnsüchtig-klagendem Grundton. Er folgt auch in der Thematik ansatzweise antiken Vorbildern, die empfindsame Ausrichtung lässt jedoch einen deutlich anderen Duktus entstehen. Die folgenden zwei Verse bilden den Anfang der Elegie „Die künftige Geliebte" von 1747. Erneut sind die einzelnen Metren mit Kommata zusätzlich voneinander abgesetzt, und die natürlichen Hauptbetonungen der deutschen Wörter ergeben die festen vorderen Längen der Versfüße:

Dir nur, liebendes Herz, euch, meine vertraulichsten Thränen,
− − (?),− v v, − / − , − v v,− v v,   − v
Sing' ich traurig allein dieß wehmüthige Lied.[19]
− −(?),− v v, − / − −, − v v, −

Betrachtet man die deutschen Silben, so wird schnell klar, dass gegenüber dem Lateinischen die Quantitätenmessung diffiziler wird. Einerseits ist die oben benannte Regel der Positionslänge aufgrund der Vielzahl der deutschen Konsonanten nicht umgesetzt (s. etwa das Wort „liebenden" im Hexameter, das mit einer Länge und zwei Kürzen versifiziert ist). Andererseits mag fraglich erscheinen, ob insbesondere so mancher als lang angesetzter Einsilbler („nur", „ich") denn wirklich lang zu messen ist. Aufgrund letzterer Problematik hat Klopstock wohl auch beschlossen, dass der deutsche Hexameter neben Daktylen und Spondeen auch Trocheen enthalten dürfe, und er hat diese Erweiterung sogar als schöne(re) Mannigfaltigkeit verstanden (eine sprachpatriotische Position, die gerade sein wichtiger Schüler Voß nicht teilen wird und die neben anderen Metrikfragen zu einem jahrelangen Zerwürfnis der beiden führt[20]).

Eine zweite Innovation vor allem durch Klopstock ist die im engeren Sinn antikische Umsetzung der lyrischen Odenmaße. Diese hat man zwar bereits im 17. Jahrhundert imitiert, jedoch nur in den Grenzen der opitzianischen Metrik und ihrer mengtrittigen Erweiterungen (vgl. etwa die barocke Sapphische Strophe, Aufbaumodul 2, S. 78). Einigermaßen genau setzt Klopstock etwa die *Alkäische Odenstrophe* um; hier zuerst das antike metrische Schema nach Horaz:

x – v – – ' – v v – v x   [Elfsilbler]

x – v – – ' – v v – v x   [wie vor]

x – v – – – v – x   [Neunsilbler]

– v v – v v – v – x   [Zehnsilbler]

Auch Klopstock erlaubt sich jedoch gewisse Abweichungen, die er aufgrund der deutschen Prosodie für legitim hält. Das metrische Schema sei nochmals an seiner Umsetzung entlang verfolgt, und zwar anhand der ersten Strophe der im vorangegangenen Abschnitt dieses Aufbaumoduls vorgestellten Ode „Auf meine Freunde" von 1747 (vgl. S. 95):

Wie Hebe kühn, und jugendlich ungestüm,
  v   – v   –   v '– v   v   – v   –
Wie mit dem goldnen Köcher Latonens Sohn,
  v   –   v   –   v ' – v   v – v   –
Unsterblich, sing' ich meine Freunde,
  v   –   v   –   v   – v   –   v
Feiernd in mächtigen Dithyramben.
  –   v   v   – v v   –   v –   v

Eine ganz eigene Adaptation stellt Klopstock ferner bei *seiner* Sapphischen Odenstrophe her, deren Hauptverse er anscheinend bewusst variativ gestaltet. Zunächst erneut das antike Schema nach Horaz (vgl. bereits im vorangegangenen Aufbaumodul, Abschnitt zur Metrik, S. 78):

Lyrische Odenmaße

– v – – – ‘ v v – v – x   [Elfsilbler]
– v – – – ‘ v v – v – x   [wie vor]
– v – – – ‘ v v – v – x   [wie vor]
– v v – x   [Adonius]

Klopstock hingegen lässt den durch Zäsur geteilten Mittelteil des antiken Elfsilblers, das heißt quasi einen Daktylus (– , v v), in seiner Adaption gleichsam über die drei Elfsilbler hinweg spielerisch von vorne an seine Mittelposition wandern (vgl. jeweils die Hervorhebung durch Fettdruck):

– **v v** – v – v – v – v   **Ring des Sa**turns, entlegner, ungezählter
– v – **v v** – v – v – v   Satell**iten Ge**dräng, die um den großen
– v – v – **v v** – v – v   Stern sich drehn, er**leuchtet, und** leuchtend, droben
– v v – v   Wandeln im Himmel![21]

Diese Form der souveränen Variation übt Klopstock nach eng imitativen Anfängen zunehmend öfter, und er denkt sich sogar neue antikische Strophenmaße aus, die er in eigenen Gedichten umsetzt sowie in Aufsätzen vorstellt (vgl. etwa „Neue Silbenmaße" von 1779[22]). In der neuartigen Imitation antikischer Odenmaße folgen Klopstock außerdem bald diverse Lyriker zumal der Generation des Sturm und Drang nach. Das im vorangegangenen Abschnitt dieses Aufbaumoduls vorgestellte Hölty-Gedicht (vgl. S. 99) etwa setzt die auch bereits von Klopstock eingeführte *Dritte Asklepiadeische Odenstrophe* um; nachfolgend zuerst das metrische Schema und dann die erste Strophe von Höltys Ode „An Voß", in der ersten Verszeile mit Markierung der metrisch relevanten Längen/Hebungen:

– v – v v – ‘ – v v – v –   [Kleinerer Asklepiadeus)
– v – v v – ‘ – v v – v –   [wie vor]
– v – v v – v   [Pherekrateus]
– v – v v – v –   [Glykoneus]

Klímme múthig den Pfád, Béster! den Dórnenpfád
Durch die Wolken hinauf, bis du den Strahlenkranz,
        Der dem Priester Jehovas
                Ehre funkelt und Ewigkeit.

Als Odendichter in der Nachfolge Klopstocks sind des Weiteren *Friedrich Schiller* (1759-1805) oder *Friedrich Hölderlin* (1770-1843) in ihren jungen Jahren zu erwähnen. Klopstocks Schüler Voß wiederum bemüht sich auch in der lyrischen Odendichtung, zumal bei seinen späten Übersetzungen der horazischen Originale, um minutiös imitierte antikische Metren.

In der eigenständigen Variation der antiken Odenmaße findet Klopstock keinen sehr großen Anklang oder gar namhafte Nachfolger. Mit einer noch weiter gehenden Loslösung kann er jedoch mit weitaus größerem Erfolg eine ganze weitere Vers- und Gedichtform generieren. Insbesondere seit den späten 1750er Jahren bricht er nämlich die Schemata der Alkäischen, Asklepadeischen, Sapphischen und anderen Strophenarten für seine neue *Hymnendichtung* noch weiter auf. Er verwendet nun nurmehr Bruchstücke und metrische Grundelemente dieser Formen, um die so genannten *Freien Rhythmen* zu formen.

Ihr inhaltliches Ziel ist ein nochmals intensiveres empfindsamerhabenes Pathos, meist zu religiösen Themen. Sie erinnern daher nicht zuletzt an die alttestamentarischen Psalmen. Zu diesem Zweck scheinen Klopstock gleichmäßig geformte, horazische Odenformen jedoch nicht mehr ausgereicht zu haben. Metrisches Vorbild werden ihm daher die auf der Versebene scheinbar völlig unregelmäßigen Oden des poetologisch bereits in „Auf meine Freunde" angerufenen *Pindar* (zu dem nun allerdings nicht mehr interessierenden Strophenbau der Pindarischen Oden vgl. bereits Aufbaumodul 2, S. 72). Ein Beispiel für Klopstocks Freirhythmik mit Rudimenten lyrischer Odenmaße stellt die Hymne „Über die ernsthaften Vergnügungen des Landlebens" von 1759 dar, die 1771 metrisch interessant überarbeitet als „Die Frühlingsfeier" erscheint und erst in dieser Form bekannt wird. Hier zunächst die erste Strophe der frühen Fassung und ihre vermutliche metrische Struktur:

Systemerweiterung (II): freirhythmische Hymnen

> Nicht in den Ozean
> — v v — v —
> der Welten alle
> v — v — v
> Will ich mich stürzen!
> — v v — v
> Nicht schweben, wo die ersten Erschaffnen,
> v — v — v — v v — v
> Wo die Jubelchöre der Söhne des Lichts
> — v — v — v v — v v —
> Anbeten, tief anbeten!
> v — v — v — v
> Und in Entzückung vergehn![23]
> — v v — v v —

In der späteren Version ist Klopstock auf den ersten Blick zu einer regelmäßigeren Versform in vierzeiligen Strophen zurückgekehrt:

> Nicht in den Ocean der Welten alle
> Will ich mich stürzen! schweben nicht,

> Wo die ersten Erschafnen, die Jubelchöre der Söhne des Lichts,
> Anbeten, tief anbeten! und in Entzückung vergehn![24]

Tatsächlich hat sich in der Silbenstruktur jedoch nicht viel geändert – die neue Verseinteilung stellt allerdings eines deutlich heraus: Die Silbenfolge ist nicht völlig beliebig frei, sondern sie lässt in Teilen noch lyrische Odenmaße erkennen. Wagenknechts Analyse folgend ist nämlich festzustellen: Die erste Zeile etwa entspricht der ersten Zeile von Klopstocks Sapphischer Strophe (– v v – v – v – v – v), und der Beginn der neuen zweiten Zeile setzt deren abschließenden Adonius um (– v v – v). In der dritten Zeile ist sodann ab der zweiten Silbe der letzte Vers der Alkäischen Odenstrophe zu erkennen (– v v – v v – v – v), und im weiteren Gedicht ließen sich noch zahlreiche Strukturanalogien finden.[25]

Klopstock fundiert seine Freirhythmik im Nachhinein übrigens mit einer eigenen metrischen Theorie: Er erklärt, dass für ein gelungenes Gedicht nicht so sehr die eher mechanische Abfolge der klassischen Versfüße wichtig sei, sondern vielmehr das Gespür für das einzelne Wort beziehungsweise für eine Phrase aus einzelnen Wörtern. Ihre Silbenstruktur stelle gleichsam einen individuellen ‚Wortfuß‘ dar.[26]

Ihren berühmtesten Nachahmer finden die Freien Rhythmen bald im jungen Goethe. Sein „Prometheus" (vgl. S. 102) etwa kann dank des klopstockischen Vorbilds auch metrisch dem genieästhetischen Anspruch von der Absage an strenger Regelpoetiken genügen. Späterhin verlieren die Freien Rhythmen ihre antikische Signatur allerdings ganz, und die nun gänzlich *Freien Verse* erscheinen vielfach als formaler Inbegriff ‚echter‘ Dichtung.

Zusammenfassung

In den ersten Jahrzehnten des 18. Jahrhunderts tritt neben die spätbarocke Galanterie stilistisch noch schlichtere Lyrik, die mehr noch unter dem Einfluss der frührationalistischen und dann der sensualistischen Aufklärung steht. Zu unterscheiden sind dabei Strömungen wie die Lehrdichtung eines Brockes und die etwas spätere Anakreontik eines Hagedorn. Letztere wendet sich nicht so sehr an die Vernunft als vielmehr in heiterer Weise an die Sinne des Menschen. Das menschliche Gefühl wird um die Jahrhundertmitte noch mehr zum eigenständigen Dichtungsthema im Rahmen zweier Ausprägungen der ‚ernsteren‘ Empfindsamkeit, die mal ‚zärtlich‘ (Kleist und andere), mal ‚erhaben‘ (Lange, Pyra und andere) Gemüt und Verstand ansprechen wollen. Beide Richtungen vertritt Klopstock mit wechselnden weiteren Schwerpunkten (antikischer, christlicher und patriotischer Grundzug). Während Letzterer bei allem poetischen Selbstbewusst-sein immer noch moralisch und im Angesicht des christlichen Gottes dichtet, richtet sich eine Generation von jungen Lyrikern um 1770 deutlich emanzipato-rischer aus: Besonders nahe steht Klopstock noch der Göttinger Hainbund, ei-genständiger stürmisch und drängerisch entwickelt sich der Straßburger Kreis um Herder und den jungen Goethe (Genieästhetik, Erlebnislyrik).

Im Bereich der Metrik ist es ebenfalls vor allem Klopstock der das zunächst fort-geschriebene barocke Paradigma in mehrfacher Weise und mit nachhaltiger Wir-kung verlässt: Am Anfang steht eine nun auch im Versbau tatsächliche Nachah-mung antiker Metren (Hexameter, Odenmaße), es folgen eigenständige Variationen zumal auf horazische Odenstrophen und schließlich die völlig neu kreierten Freien Rhythmen, die weit über das 18. Jahrhundert hinaus zahlreiche Nachahmer finden sollen.

Literatur

Alt, Peter-André: Aufklärung. 3., aktualis. Aufl. Stuttgart, Weimar: Metzler 2007 (Lehrbuch Germanistik), hier bes.: S. 126-166.

Gedichte und Interpretationen. Hg. v. Volker Meid u. a. Bd. 2: Aufklärung und Sturm und Drang. Hg. v. Karl Richter. Stuttgart: Reclam 1983 [u. ö.].

Große, Wilhelm: Aufklärung und Empfindsamkeit. In: Geschichte der deutschen Lyrik vom Mittelalter bis zur Gegenwart. Hg. v. Walter Hinderer. 2., erw. Aufl. Würzburg: Königshausen & Neumann 2001, S. 139-176.

Huyssen, Andreas: Sturm und Drang. In: Geschichte der deutschen Lyrik vom Mittelalter bis zur Gegenwart. Hg. v. Walter Hinderer. 2., erw. Aufl. Würzburg: Königshausen & Neumann 2001, S. 177-201.

Karthaus, Ulrich: Sturm und Drang. Epoche – Werke – Wirkung. 2. Aufl. München: Beck 2007 (Arbeitsbücher zur Literaturgeschichte), hier: S. 139-178.

Kemper, Hans-Georg: Von der Reformation bis zum Sturm und Drang. In: [Franz-Josef Holznagel u. a.:] Geschichte der deutschen Lyrik. Stuttgart: Reclam 2004, S. 95-260, hier: S. 180-260.

Analysebeispiel: Klopstock: Der Zürchersee   3.

Str. I	Schön ist, Mutter Natur, deiner Erfindung Pracht	Z. 1
	Auf die Fluren verstreut, schöner ein froh Gesicht,	
	Das den großen Gedanken	
	Deiner Schöpfung noch Einmal denkt.	
II	Von des schimmernden Sees Traubengestaden her,	5
	Oder, flohest du schon wieder zum Himmel auf,	

Kom in röthendem Strale
Auf dem Flügel der Abendluft,

III   Kom, und lehre mein Lied jugendlich heiter seyn,
Süße Freude, wie du! gleich dem beseelteren   10
Schnellen Jauchzen des Jünglings,
Sanft, der fühlenden Fanny gleich.

IV   Schon lag hinter uns weit Uto, an dessen Fuß
Zürch in ruhigem Thal freye Bewohner nährt;
Schon war manches Gebirge   15
Voll von Reben vorbeygeflohn.

V   Jetzt entwölkte sich fern silberner Alpen Höh,
Und der Jünglinge Herz schlug schon empfindender,
Schon verrieth es beredter
Sich der schönen Begleiterin.   20

VI   „Hallers Doris", die sang, selber des Liedes werth,
Hirzels Daphne, den Kleist innig wie Gleimen liebt;
Und wir Jünglinge sangen,
Und empfanden, wie Hagedorn.

VII   Jetzo nahm uns die Au in die beschattenden   25
Kühlen Arme des Walds, welcher die Insel krönt;
Da, da kamest du, Freude!
Volles Maßes auf uns herab!

VIII   Göttin Freude, du selbst! dich, wir empfanden dich!
Ja, du warest es selbst, Schwester der Menschlichkeit, 30
Deiner Unschuld Gespielin,
Die sich über uns ganz ergoß!

IX   Süß ist, fröhlicher Lenz, deiner Begeistrung Hauch,
Wenn die Flur dich gebiert, wenn sich dein Odem sanft
In der Jünglinge Herzen,   35
Und die Herzen der Mädchen gießt.

X   Ach du machst das Gefühl siegend, es steigt durch dich
Jede blühende Brust schöner, und bebender,
Lauter redet der Liebe
Nun entzauberter Mund durch dich!   40

XI   Lieblich winket der Wein, wenn er Empfindungen,
Beßre sanftere Lust, wenn er Gedanken winkt,
Im sokratischen Becher
Von der thauenden Ros' umkränzt;

XII   Wenn er dringt bis ins Herz, und zu Entschließungen, 45
Die der Säufer verkennt, jeden Gedanken weckt,

Wenn er lehrt verachten,
Was nicht würdig des Weisen ist.

XIII   Reizvoll klinget des Ruhms lockender Silberton
In das schlagende Herz, und die Unsterblichkeit   50
Ist ein großer Gedanke,
Ist des Schweisses der Edlen werth!

Poetologie

XIV   Durch der Lieder Gewalt, bey der Urenkelin
Sohn und Tochter noch seyn; mit der Entzückung Ton
Oft beym Namen genennet,   55
Oft gerufen vom Grabe her,

XV   Dann ihr sanfteres Herz bilden, und, Liebe, dich,
Fromme Tugend, dich auch gießen ins sanfte Herz,
Ist, beym Himmel! nicht wenig!
Ist des Schweisses der Edlen werth!   60

XVI   Aber süßer ist noch, schöner und reizender,
In dem Arme des Freunds wissen ein Freund zu seyn!
So das Leben genießen,
Nicht unwürdig der Ewigkeit!

XVII   Treuer Zärtlichkeit voll, in den Umschattungen,   65
In den Lüften des Walds, und mit gesenktem Blick
Auf die silberne Welle,
That ich schweigend den frommen Wunsch:

XVIII   Wäret ihr auch bey uns, die ihr mich ferne liebt,
In des Vaterlands Schooß einsam von mir verstreut,   70
Die in seligen Stunden
Meine suchende Seele fand;

bibl. Überhöhung

XIX   O so bauten wir hier Hütten der Freundschaft uns!
Ewig wohnten wir hier, ewig! Der Schattenwald
Wandelt' uns sich in Tempe,   75
Jenes Thal in Elysium![27]

Der Entstehungskontext des Gedichts ist historisch sehr gut zu   Entstehung
bestimmen und etwa in der zugrunde gelegten Textausgabe sowie
ausführlich in der Reclamausgabe *Oden* dokumentiert.[28] Ein direkt verbürgtes gesellschaftliches Ereignis steht ihm voran, und
die bald danach erfolgte Abfassung des Gedichts lässt sich durch
eine fast unmittelbar nachfolgende Publikation nachweisen: Das
Gedicht wird erstmals in *Oden von Klopstock. Zürch im August 1750*
publiziert, und zwar nach einer „Erste[n] Ode an Herrn Bodmer"
unter dem Titel „Zweyte Ode von der Fahrt auf der Zürcher-See".
Der Name Bodmer ruft dabei ins Gedächtnis, dass Klopstock zu
dieser Zeit bei dem Züricher Literaturtheoretiker Johann Jacob

Bodmer zu Gast ist, um dort weiter an seinem *Messias*-Epos zu arbeiten (vgl. S. 93). Der Titel der Erstveröffentlichung macht ferner klar, dass das Gedicht anscheinend von einer realen Fahrt auf dem Zürichsee handelt.

Eine reale Zürichseefahrt Wann diese Fahrt stattgefunden hat, ist durch verschiedene schriftliche Zeugnisse belegt, nämlich durch Briefe und sogar ein Protokoll der festen Gruppe, mit der Klopstock die Ausfahrt unternommen hat. Klopstock selbst schreibt einem Cousin am 1. August 1750 von diesem Ereignis als gerade vorgestrig, es ist also recht sicher auf den 30. Juli zu datieren. Der Brief ist im Zürich benachbarten Winterthur verfasst, und dort wird sich der Autor nachgewiesenermaßen noch neun Tage aufhalten, um dann wohl bereits mit dem Gedicht im Gepäck nach Zürich zu Bodmer zurückzukehren.[29] Die Ode ist also recht unmittelbar auf einen Anlass im Leben des 1750 erst 26-jährigen Autors hin entstanden und zählt damit zu seinem frühen lyrischen Werk, das ja generell besonders antikisch orientiert ist, und zwar zum einen durch die Kenntnis antiker Größen wie Horaz und Vergil und zum anderen durch die Auseinandersetzung mit der zeitgenössischen (zu dieser Zeit vor allem anakreontischen) Bukolik. Erst geraume Zeit später wird das Gedicht – wie viele andere des Autors – in einer ersten größeren Sammlung seiner Lyrik, das heißt in der Hamburger Ausgabe *Oden* von 1771, erneut und nun breitenwirksam veröffentlicht werden; bis dahin kursiert es in interessierten Kreisen in Abschriften.

Formanalyse (1) *Analysieren* Sie zuerst die Eingangsstrophe des Gedichts metrisch (zur Erinnerung: natürliche Hauptbetonungen lassen feste Längen erwarten) und *vergleichen* das Ergebnis probehalber mit einigen weiteren Strophen auf Übereinstimmungen. Versuchen Sie dann mithilfe des vorangegangenen Abschnitts dieses Aufbaumoduls zur Metrik der Zeit das zugrunde liegende *Strophenmaß zu bestimmen*.

(2) Welchen grundsätzlichen *Sinnbeitrag* könnte das Metrum leisten?

An *einfachen Verständnisfragen* seien angesprochen:

Z. 2: „Gesicht" hier wohl im Sinne von ‚(menschliche) Vorstellung, Imagination'.

Z. 5: „Traubengestade" für: Ufer voller Weinberghängen.

Inhaltliche Analyse Z. 12: „Fanny": Kosename Klopstocks für seine Cousine Maria Sophia Schmidt.

Z. 13: „Uto": der Ütliberg am Zürichsee.

Z. 21: „‚Hallers Doris'": das 1730 entstandene anakreontische Gedicht „Doris" des Schweizers Albrecht v. Haller (vgl. S. 86);

syntaktisch handelt es sich um ein Objekt zu „sang" (‚singen'
hier transitiv, also ‚etwas singen' statt ‚besingen').

Z. 22: „Hirzels Daphne": die in spielerischer Weise anakreontisch
umbenannte Frau des Johann Kaspar Hirzel, Arzt aus Zürich; syntaktisch das Subjekt zu „sang".

A.a.O.: „Kleist": der empfindsame Dichter (vgl. S. 94).

A.a.O.: „Gleim": der anakreontische Dichter (vgl. S. 88).

Z. 24: „Hagedorn": der anakreontische Dichter (vgl. S. 89).

Z. 25: „die Au": Halbinsel im Zürichsee, Imbissplatz der realen
Ausflügler.

Z. 43: „Im sokratischen Becher" hier wohl im Sinne von ‚In einem
Weinbecher mit einer Aura der Weisheit (wie diejenige des
sprichwörtlichen Weisen Sokrates)'.

Z. 44: „thauend" für: ‚mit Tau benetzt'.

Z. 73: „Hütten der Freundschaft" anspielend auf Neues Testament, Mk 9, 5, Rede des verklärten Petrus zu Jesus nach
Erscheinung des Hl. Geistes: „[H]ier ist für uns gut sein.
Wir wollen drei Hütten bauen, dir eine, Mose eine und Elia
eine."[30]

Z. 75: „Tempe": Tal im grch. Thessalien, antik bereits als wild-
idyllisch besungen.

Z. 76: „Elysium": klassisch antikes Paradies am westl. Weltrand
beziehungsweise in der Unterwelt, reserviert für Lieblinge
der Götter.

Die auf eine erste Untergliederung zielende Lektüre lässt vor
allem eines ins Auge fallen: Das Gedicht ist durchzogen von zahlreichen Wiederholungen einzelner Wörter beziehungsweise iden-
tischer Bedeutungsträger (etwa Z. 13/15, 17/25: „Schon [...] /
Schon", „Jetzt [...] Jetzo"; Z. 10, 27 u. 29: „Freude") und ganzer
Phrasen oder gar Sätze (Z. 52 = Z. 60). Die markanteste, anapho-
rische Wiederholung ist eine etwas abstrakter strukturelle, denn
sie ist auf der semantisch-konkreten Ebene zugleich mit Variationen verbunden. Gemeint ist die gleich in der ersten Verszeile
begegnende Aussagestruktur „Schön ist, Mutter Natur, deiner
Erfindung Pracht [Auf die Fluren verstreut]", das heißt das thematisch vorangestellte *Adverb* „schön", danach die *Kopula* „ist", die
Interjektion/Anrede „Mutter Natur" und das *komplexe Subjekt* „deiner Erfindung Pracht" (noch gefolgt von einem ebenfalls komplexen Prädikatteil in der zweiten Zeile).

Diese Struktur findet sich mit gewissen Abwandlungen (vor
allem Wegfall der Interjektion) gleich viermal wieder, und zwar
jeweils zu Anfang von Str. IX („Süß ist, fröhlicher Lenz, deiner

1. Gliederungsver-
such

Begeistrung Hauch [...]"), XI („Lieblich winket der Wein [...]"), XIII („Reizvoll klinget des Ruhms lockender Silberton [...]") und, gleichsam zusammenfassend, XVI („Aber süßer ist noch, schöner und reizender [...]"). Betrachtet man diese Reihe inhaltlich, so ist durch sie eine erste Grobeinteilung möglich, die zugleich eine *Klimax* enthält: Str. I bis VIII rücken zusammen, mit Str. IX wird eine Art Neueinsatz markiert, und ähnliche Neueinsätze folgen in Str. XI und XIII, bis in Str. XVI schließlich eine absolute Klimax formuliert wird.

Diese erste Einteilung kann des Weiteren verfeinert werden, wenn man einige der kleineren Wiederholungen hinzunimmt und mit zusätzlichen inhaltlich-rhetorischen Abschnittsmarkern kombiniert. Eine entsprechende genauere Untergliederung könnte lauten:

Str. I: Schönheit der Natur und deren Steigerung durch imaginative Erfassung – zugleich *prologtypische These* und *Ankündigung des Folgenden*:

Str. II-VIII: Ortsbeschreibung und Anrufung der personifizierten Freude als Muse, Beschreibung der Fahrt in Schüben (zeitlich markiert durch: „schon", „jetzt" etc.) bis zum doppelten Ziel („die Au" und die „[volle] Freude") *–erster Hauptteil* (mit *Musenruf*) und *Rahmen/Voraussetzung für*:

Str. IX-XV: Anrufungen von ‚Umständen' am Ziel und deren Bedeutung für die Ausflügler (zugleich repräsentativ für Menschen allgemein): Lob des Frühlings, der Inspiration durch Wein, des Ruhms durch bestimmte Lieddichtung – *zweiter Hauptteil* und *Steigerungsmomente vor dem Folgenden*:

Str. XVI-XIX: Freundschaft als Höchstes, im Angesicht der konkreten Situation Herbeisehnen aller deutschen Freunde und biblisch-antike Überhöhung – *Schlussteil* und *emphatischer Ausblick/Epilog*.

Detailanalyse (ausschnittweise)

Eine komplette *Detailanalyse* des recht umfänglichen Gedichts kann hier nicht geleistet werden. Das Augenmerk wird daher im Folgenden zwangsläufig nur auf einige besonders deutungswürdige Passagen gerichtet: Bemerkenswert erscheint zuerst, dass der eigentlichen Beschreibung der Fahrt ein thesenhafter kleiner *Prolog* (Str. I) vorangestellt ist. Hier wird zum einen die Schönheit der Natur als Thema gesetzt, zum anderen aber wird, zumindest implizit, geschickt auf den noch höheren Wert von deren imaginativer Erfassung für den Menschen hingewiesen – ein Wert, der sich, noch impliziter, wohl konkret mit dem folgenden Gedicht erweisen soll. Denn der *erste Hauptteil* beginnt zunächst mit einer Naturbeschreibung, geht dann jedoch zugleich auf die Fahrtbeschreibung über und enthält mit der Herbeirufung der Freude (Str. II f.) ein weiteres typisches (rhetorisch-poetisches) Moment für einen Gedichtanfang: die Musenanrufung. Diese gilt wiederum einem doppelten Zweck, nämlich sowohl der rechten ,Stimmung' des Gedichts selbst (Z. 9) als auch derjenigen des ausfahrenden ,Wir', das in schnellen Schüben (vgl. die Reihe der Temporaladverbien, ,schon', ,jetzt' und andere) über die Fahrtetappen hin und bis zum Zielort die „Freude [...] Volles Maßes" erreicht.

Der *zweite Hauptteil* setzt mit der beschriebenen variierten Aussagestruktur des Gedichtanfangs ein und wird durch zwei syntaktisch ähnliche Aussagen in Abschnitte unterteilt. Der ,fröhliche Lenz' von Str. IX, der ,liebliche Wein' von Str. XI und der ,reizvolle Ruhm [der Lieddichtung]' von Str. XIII haben wiederum eine doppelte Funktion. Sie sind zwar zuerst als Elemente des Aufenthalts auf der Au-Insel zu verstehen, lassen das Gedicht jedoch latent in eine allgemeinere Reflexion über Gegenstände höchster Freude übergehen: Der Frühling begeistert, der Wein inspiriert, wenn er nicht nur gesoffen wird, und bestimmte Lieddichtung macht berühmt und dient der ,Herzensbildung' durch Liebes- und Tugendthematiken. Der Ruhm bezieht sich dabei im engeren Sinn natürlich nur auf den Verfasser solcher Lieder. Es lässt sich hier auch an die These des Prologs zurückdenken, dass poetische Imagination ,schöner' sei als die Natur selbst und dass das vorliegende Gedicht dies beweisen solle – es zielt, gemessen an Str. XIII-XV, vermutlich höchst selbst auf den angesprochenen Ruhm!

Der *Schlussabschnitt* hat wiederum eine mehrfache Bedeutung: Er benennt zuerst in Form einer Klimax die Freundschaft als höchsten Freudenquell und Wert (Str. XVI), dann wird die konkrete Ausflugssituation wieder stärker in den Blick gerückt (Str. XVII), schließlich aber dient diese zudem als Anlass für einen pathetischen *Ausblick* in Form eines ,frommen Wunsches' (Str. XVII ff.): Zu dem konkreten Freundeskreis auf der Insel möchten doch alle über Deutschland verstreut lebenden Freunde hinzustoßen, damit sich gemäß der Vision des Petrus beziehungsweise in antikischer Manier vor Ort ein glückseliger Lebenskreis bilden lässt.

Textimmanent gesehen wird wohl dreierlei hauptsächlich und in enger Verzahnung über das Gedicht hinweg entwickelt:

I. eine poetische *Imagination der Natur* am Beispiel des Zürichsees und der ihn umgebenden erhabenen Alpenlandschaft;

II. das *Erlebnis einer gemeinschaftlichen Fahrt* mit dem Ziel der höchsten *Freude*;

Gesamtinterpretation

III. eine *Reflexion* von weiteren Aspekten der Freude, die in ein *Lob der Freundschaft* mündet; anknüpfend an den konkreten Ort der erlebten Freundschaft wird zum Schluss in mythisch-religiöser Überhöhung ein *neues Paradies* herbeigesehnt.

Was nebenher immer wieder mitschwingt, ist ferner die Frage nach dem poetologischen Status der poetischen Imagination und derjenige von deren Produzenten: Poetische Imagination sei ‚schöner‘ als die Natur selbst (Str. I) und mit bestimmter Lyrik (Str. XIII ff.) könne ein nahezu ewiger Ruhm erreicht werden. Implizit scheint damit suggeriert zu werden, dass der vorliegende Text zugleich diese ‚Probe aufs Exempel‘ macht, also ein in obigem Sinne gelungenes Gedicht darstellt, und dass dieses folglich zum Ruhm seines Autors beitragen kann.

Kontextbildungen *Der Zürchersee* kann des Weiteren in verschiedenen Kontexten weiter interpretiert werden, von denen hier einige herausgegriffen seien: zum einen sein Status als Gedicht aus der frühen, besonders antikischen Phase des Autors, zum anderen sein Bezug zu zeitgenössischen Strömungen und zum Dritten sein mögliches Verhältnis zu nachfolgenden poetologischen Positionen.

Antike Muster (I): Horaz In der *ersten* Hinsicht kann positiv festgestellt werden, dass das Gedicht schon formal eine Nachahmung griechischer beziehungsweise horazischer Odenstrophik darstellt, deren Metrik dem Gedicht einen streng-schönen antikischen Rahmen gibt. Auf sprachlicher Ebene, das wäre im Einzelnen noch nachzuweisen, lehnt es sich ebenso in manchem an den horazischen Stil an, und zwar von einzelnen konzentrierten Ausdrucksformen bis zu den typischen Enjambement-reichen Satzstrukturen (was hier nicht im Einzelnen nachgewiesen werden kann). In der teils recht pathetischen Ausdrucksweise geht es allerdings oft über den elegant-gefeilten Stil des Horaz hinaus, liegt damit jedoch auf einer gewissen Linie des zeitgenössischen ‚pindarischen‘ Horazverständnisses (vgl. Langes *Auf die Horatzische Ode*). Schließlich, das sei hier noch eingeführt, ist die starke Zweiteilung des Gedichts, der Sprung von der Fahrtbeschreibung bis Str. VIII zu den freieren Reflexionen, möglicherweise auf die antike und zumal horazische Odendichtung zurückzuführen. Man hat bereits bei Letzterer immer wieder eine überraschende ‚Wende‘ innerhalb eines Gedichts festgestellt und diese vor allem im 18. Jahrhundert als typisch horazischen Oden-‚Schwung‘ im Sinne von ‚Umschwung‘ bezeichnet.

Antike Muster (II): Bukolik In *zweiter* Hinsicht steht dem Gedicht erkennbar die bukolische Tradition der Anakreontik voran, deren Hauptvertreter (Hagedorn, Gleim, in gewissem Umfang auch der ältere Haller) in

Str. VI als Muster für die erreichte freudige Stimmung sogar explizit genannt werden. Bezeichnenderweise tritt mit dem Namen Ewald Christian von Kleists auch ein jüngerer, empfindsamer Bukoliker hinzu und weist sozusagen darauf hin, dass das Gedicht nicht nur die heiter-leichte, tändelnde Atmosphäre der Anakreontik im Fokus haben könnte. Vielmehr lässt sich sagen, dass *Der Zürchersee* mit seinem Prolog sogleich einen anderen Ton setzt, der von einem ‚ernsteren‘, und wie sich im Laufe des Gedichts zunehmend zeigt: empfindsam-erhabenen Ansatz zeugt. Namentlich die anakreontische Freude (vgl. Hagedorns *Der Tag der Freude* und dessen Aspekte in Aufbaumodul 3, Abschnitt 1) wird sozusagen höher gezogen auf das empfindsam-erhabene Niveau und gekoppelt mit einer ‚tieferen‘ Freundschaftsthematik, wie sie etwa Lange und Pyra kurz zuvor in ihren *Freundschaftlichen Liedern* bereits anlegten.

In epochaler Hinsicht eine gesonderte Frage würde schließlich die *Beschreibung der Natur* in „Der Zürchersee" darstellen: Sie beinhaltet eine neue Unmittelbarkeit, die nun nicht mehr in den Bahnen der emblematisch-allegorischen barocken Weltauslegung oder der alleinigen Verrechnung mit der Göttlichen wie bei Brockes verläuft (auch wenn Klopstock Letzteres nicht völlig fernlag, vgl. etwa „Über die ernsthaften Vergnügungen des Landlebens" /„Die Frühlingsfeier").

Neue Naturbeschreibung

Die dritte und letzte Perspektive soll in Form einer Aufgabe eröffnet werden:

(3) Das Gedicht ist fast unmittelbar auf ein reales Ereignis hin entstanden und stellt vornehmlich das emotionale und ethische Erleben desselben dar (erinnert sei an den emphatischen Sinn, den Klopstock dem Begriff ‚Darstellung‘ gab, s. o., S. 96). Versuchen Sie anhand der bisherigen Interpretation und Kontextbildungen abzuwägen, inwieweit man für dieses Gedicht bereits von *Erlebnislyrik* im Sinne des Sturm und Drang sprechen kann (vgl. S. 101). Stellen Sie dafür Pro und Contra nebeneinander und versuchen ein Fazit zu ziehen.

[handschriftliche Notiz:] wichtig: nicht das indi. Erlebnis, sd. die zu verallg. Erfahrung einer wahlhaft repräsentativen Subjektivität wird hier artikuliert

das einmal empfundene Gefühl als Exempel einer im allg. angemessenen Reaktion d. menschl. Subj. auf die Schönheit d. Natur, die wiederum auf die Macht u. Güte d. Schöpfers verweist

7. Aufbaumodul 4: Weimarer Klassik, Romantik und Vormärz

Dieses Modul widmet sich Strömungen der Lyrik von der Phase der Weimarer Klassik und der Romantik bis hin zur Zeit des politischen Vormärz, reicht also vom letzten Viertel des 18. bis an die Mitte des 19. Jahrhunderts. Entwicklungslinien auf inhaltlicher Ebene werden dabei an der Lyrik Goethes und Schillers ab etwa 1785, an prominenten Vertretern der Romantik von Novalis bis Eichendorff sowie an den politisch progressiven Lyrikern von Hoffmann v. Fallersleben bis Heine festgemacht. Im Bereich des Metrischen ist vor allem das Fortwirken unterschiedlicher Traditionen (aus Antike, Romania und Volkslied) zu beobachten. Ein kulturhistorisch aufschlussreiches Heine-Gedicht schließt als Analysebeispiel das Modul ab.

1. Entwicklungslinien: Goethe bis Heine

1.1 Weimarer Klassik

Im Folgenden werden aus Gründen der Darstellungskonzentrierung für den Zeitraum von ca. 1780 bis 1850 nur die *Weimarer Klassik*, der ‚Sonderfall' *Hölderlin*, die *Romantik* sowie die Linie der *politisch progressiven Lyrik des Vormärz* mit ausgewählten Beispielen vorgestellt werden. Für die Lyrik des *konservativen Biedermeier* sowie die prinzipiell wenig lyriklastigen Epochen von *Realismus* und *Naturalismus* sei auf umfassendere historische Darstellungen verwiesen (vgl. die Literaturhinweise nach Abschnitt 2 dieses Aufbaumoduls). Das Aufbaumodul 5 wird dann, zumal in gesuchter Kontrastsetzung zum politischen Vormärz, mit der Phase des *Ästhetizismus* einsetzen.

Als Goethe im November 1775 auf Einladung des Herzogs Carl August von Sachsen-Weimar-Eisenach nach Weimar übersiedelt, endet seine Sturm-und-Drang-Phase bekanntlich nicht abrupt. Es ist jedoch festzustellen, dass er sich in der Folgezeit nach und nach von deren unbedingten Idealen (vgl. S. 101 ff.) entfernt. An die

Stelle treten in seinen Werken des ersten Weimarer Jahrzehnts, auf dem *Weg zu einer neuen Klassik*, Reflexionen und Einsichten in Hinsicht auf naturgegebene beziehungsweise anstrebenswerte Beschränkungen menschlichen Strebens. So reflektiert das um 1780 entstandene Gedicht „Grenzen der Menschheit" ganz im Gegensatz zum „Prometheus"-Gedicht (vgl. S. 102) gerade die eigene Unterstelltheit unter die Götter und nicht mehr eine selbstbewusste Empörung gegen sie. Die letzten drei Strophen zeigen dies besonders deutlich:

Was unterscheidet
Götter von Menschen?
Daß viele Wellen

Vor jenen wandeln,
Ein ewiger Strom:
Uns hebt die Welle,
Verschlingt die Welle,
Und wir versinken.

Ein kleiner Ring
Begrenzt unser Leben,
Und viele Geschlechter
Reihen sich dauernd
An ihres Daseins
Unendliche Kette. [1]

Ferner fordert Goethe nun in seinen Werken, ein ‚rechtes Maß' in allem anzustreben, und er hat als Mitstreiter für dieses Bemühen wiederum Johann Gottfried Herder, dessen Übersiedlung nach Weimar er bereits 1776 erwirkte, sowie den vormaligen Erzieher Herzog Carl Augusts, *Christoph Martin Wieland* (1733-1813).

Exkurs

Winckelmann, die Antike und Italien

Ein weiteres, für viele Zeitgenossen zentrales Muster für das ‚rechte Maß' in Kunst und Leben hat bereits in den 1750er Jahren der Kunsthistoriker *Johann Joachim Winckelmann* (1717-1768) beschrieben, und zwar in seinen *Gedanken über die Nachahmung der griechischen Werke in der Malerei und Bildhauerkunst* von 1755. In ihr prägt er die folgenreiche Formel von der ‚edlen Einfalt und stillen Größe', die solchermaßen *klassisch* antike Kunstwerke in einer Gestaltung ausstrahlen, die auch die größten Leidenschaften ‚bändigt'. Winckelmann gibt damit zugleich ein ästhetisches wie ethisches Programm für Kunst vor, die auch in der Gegenwart ,klassisch' sein will. Seine kunsthistorischen Studien finden zunächst anhand der Dresdner Kunstsammlungen statt, 1755 geht er jedoch nach Rom, um dort seine Arbeit fortzusetzen. Weitere, umfassende Schriften entstehen dort bis zu Winckelmanns gewaltsamem Tod 1768 in Triest.

Abb. 21: Goethe in Italien, inmitten anderer Künstler

Einen programmatischen Gang nach Italien unternimmt auch Goethe. Er sucht das Land und nicht zuletzt Rom ebenfalls auf, um sich neue Möglichkeiten und Einsichten zu erschließen. Die Reise vom Spätsommer 1786 bis zum Frühjahr 1788 bringt zwar zunächst vor allem eine Begeisterung für das *gegenwärtige* Land, seine Natur und seine Bewohner. Zumal während des zweiten, längeren Aufenthalts in Rom beschäftigt er sich aber auch mit dessen antiken Zeugnissen und erhält so ein eigenes Bild von deren Klassizität nach Winckelmann.

Einige wenige Lyrik, die Goethe zumindest unter dem Eindruck der Italienreise verfasst, bezeugt seine Begeisterung für das antike Rom. Es handelt sich dabei im Wesentlichen um die formal gut *Erotica Romana* antikische Elegiensammlung *Erotica Romana* von 1788 (1795 veröffentlicht als *Römische Elegien*). Diese Sammlung setzt allerdings *(Röm. Elegien)* das Winckelmann'sche Programm nicht vollends um, ist also nur bedingt als klassizistisch-maßvoll zu bezeichnen. Besonders deutlich wird dies etwa in der sechsten (später: fünften) Elegie. In ihr werden das Streben nach klassisch-antiker Bildung und eine recht erotische Liebesleidenschaft zwar ,lebendig' verbunden, die selbstbewusste und augenzwinkernde Art der Engführung erinnert jedoch eher an den jungen Goethe als an klassisches Maßhalten. Zitiert sei hier die erste Hälfte des frühesten erhaltenen Manuskripts, das für die spätere Veröffentlichung hinsichtlich der erotischen Direktheit noch ,entschärft' werden wird:

> Froh empfind' ich mich nun auf klassischem Boden begeistert.
> Lauter und reizender spricht Vor- und Mitwelt zu mir.
> Ich befolge den Rat durchblättre die Werke der Alten
> Mit geschäftiger Hand, täglich mit neuem Genuß
> Aber ich habe des Nachts die Hände gerne wo anders
> Werd ich auch halb nur gelehrt, bin ich doch doppelt beglückt.

Und belehr ich mich nicht, wenn ich des lieblichen Busens
   Formen spähe, die Hand leite die Hüften hinab.
Dann versteh ich erst recht den Marmor; ich denk und vergleiche,
   Sehe mit fühlendem Aug, fühle mit sehender Hand.[2]

Im weiteren Gedicht stellt sich das elegische Ich implizit sogar in eine Reihe mit den großen römischen Liebeselegikern des letzten vorchristlichen Jahrhunderts (namentlich wären dies Catull, Properz und Tibull), denen es als Liebender beziehungsweise als liebeselegisch Dichtender gleichkomme.

Eine zweite Italienreise, als Begleiter der Mutter des Weimarer Herzogs, Anna Amalia, führt ihn 1790 auf einige Wochen vor allem nach Venedig. Dort stellt sich jedoch eine gewisse Distanzierung zumal vom Italien der Gegenwart ein, und es entsteht nun eine in vielerlei Stoßrichtung kritische Gedichtsammlung, die Goethe als *Libellus Epigrammatum* (lat.: ‚Büchlein der Epigramme'), später: *Venezianische Epigramme*, bezeichnet. Epigramme sind die Gedichte allerdings eher nach Goethes eigener Bezeichnung, denn sie zeigen sich nur bedingt gattungstypisch im klassisch-antiken Sinn: Wohl sind sie kürzer als Elegien, mit denen sie das Metrum gemein haben, aber zumindest zum Teil hat Goethe sie nicht besonders auf die typische *Schlusspointe* (s. den nachfolgenden kleinen Exkurs) ausgerichtet. Stattdessen sind seine ‚Epigramme' Momentaufnahmen des Venedigaufenthalts oder freiere Überlegungen, etwa über Liebschaften zu Frauen – dies allerdings ein klassisch epigrammatisches Thema – oder über das Wesen der Deutschen im Vergleich zu dem der Italiener. Ferner reflektieren die Gedichte den Status der Dichter im Allgemeinen und Goethes eigenen im Besonderen sowie das politische Schwärmertum der Zeit, das heißt die von Goethe mit großer Skepsis beobachtete Französische Revolution.

Venezianische Epigramme

Exkurs

Martial (1. Jahrhundert n. Chr.)

Die gewitzte Anlage auf eine (überraschende) Schlusspointe hin ist neben der *brevitas* (lat. ‚Kürze') das eigentliche rhetorische Moment im Sinne der geforderten epigrammatischen *argutia* (lat. für ‚gedankliche Schärfe'). Sie bezeugt mit seinen Epigrammen etwa der nachklassische antike Meister der Gattung, *Martial* (Marcus Valerius Martialis, zw. 38/41 u. 101/104 n. Chr.), an dem sich noch die frühneuzeitlichen Epigrammatiker bis hin zu Lessing schulen.

Als Beispiel für Goethes eher freie Epigrammdichtung der Zeit sei aus dem Eingangsabschnitt der *Venezianischen Epigramme* die Nr. 4 wiedergegeben. Aus ihr lässt sich die Ernüchterung gegenüber der ersten Italienreise gut ablesen, zumal in der Erinnerung an die in Z. 7 benannte Geliebte, die in den *Römischen Elegien* verewigt worden war:

> Noch ist Italien, wie ichs verließ, noch stäuben die Wege,
>> Noch ist jeder Fremde geprellt, stell er sich wie er auch will;
> Deutsche Redlichkeit suchst du in allen Winkeln vergebens,
>> Leben und Weben ist hier, aber nicht Ordnung und Zucht;
> Jeder sorgt nur für sich, ist eitel, mißtrauet dem andern,
>> Und die Meister des Staats sorgen nur wieder für sich.
> Schön ist das Land; doch ach! Faustinen find ich nicht wieder,
>> Das ist Italien nicht mehr, das ich mit Schmerzen verließ. [3]

F. Schiller (1759-1805)

Durchgängiger in Martials Weise epigrammatisch werden sich die zusammen mit *Friedrich Schiller* (1759-1805) verfassten *Xenien* zeigen, die in der zweiten Hälfte der 1790er entstehen. Doch vor der Thematisierung dieses Werks des gemeinsamen Jahrzehnts der beiden ‚Klassiker‘ ist kurz auf Schillers Entwicklung bis zu der berühmten Zusammenarbeit mit Goethe einzugehen. Schillers lyrische Anfänge zeigen ihn wie viele andere der Zeit als Klopstock-Adepten sowie als einen historisch freilich etwas verspäteten ‚Stürmer und Dränger‘, bevor er sich in den 1780er Jahren ebenfalls mit der Antike als ethisch-ästhetischem Maßstab für den Zustand der eigenen Gegenwart auseinandersetzt. Als Beispiel für diese hier besonders interessierende Entwicklung kann das Langgedicht „Die Götter Griechenlandes" dienen, ein für den ‚klassisch‘ werdenden Schiller typisches Stück *Gedankenlyrik*. Es stammt aus dem Jahr 1788, in dem sich Schiller als Geschichtsprofessor in Jena etabliert. In der ursprünglichen Fassung umfasst es 25 Strophen (abgedruckt in Wielands *Teutschem Merkur*; 1800, im zweiten Druck [Band 1 der *Gedichte*], sind 14 Strophen verblieben, jedoch auch zwei neue eingeschoben). Wiedergegeben sei zuerst Str. 7 der ersten Fassung (1800 getilgt), die die ‚Beseeltheit‘ der antiken Welt und ihre allgemeine Verbindung mit dem Göttlichen vorstellt, im Speziellen aber die hohe Leistungsfähigkeit der Künste zur damaligen Zeit reflektiert:

> Himmlisch und unsterblich war das Feuer,
> das in Pindars stolzen Hymnen floß,
> niederströmte in Arions Leier,
> in den Stein des Phidias sich goß.
> Beßre Wesen, edlere Gestalten

kündigten die hohe Abkunft an.
Götter, die vom Himmel niederwallten,
sahen hier ihn wieder aufgethan.[4]

Demgegenüber sieht Str. 19 (1800: Str. 12) die Dichtkunst der
Gegenwart nurmehr als schwachen Trost beziehungsweise gerade schmerzliche Gemahnung an den alten natürlichen Zustand
an:

> Schöne Welt, wo bist du? – Kehre wieder,
> holdes Blütenalter der Natur!
> Ach! nur in dem Feenland der Lieder
> lebt noch deine goldne Spur.
> Ausgestorben trauert das Gefilde,
> keine Gottheit zeigt sich meinem Blik,
> Ach! von jenem lebenwarmen Bilde
> blieb nur das Gerippe mir zurück.[5]

Einen weiteren programmatischen Schritt auf dem Wege zu einer
klassisch-maßvollen ethischen Ästhetik stellt einige Zeit später
Schillers berühmte lyriktheoretische Schrift „Über Bürgers Gedichte" von 1791 dar. In ihr macht er anhand Gottfried August
Bürgers in aufklärerischem Sinne betont ‚volksnah' gehaltenen
Gedichten dingfest, warum bei einer solchen Lyrik die eigene Zeit
zwangsweise mit der Antike nicht mithalten könne. Schiller formuliert außerdem, was eine ‚würdige' Kunst leisten müsse, um
von der Antiken ausgehend sogar einen Fortschritt für die Menschheit zu erzielen. Er will dabei nicht hinter die von Aufklärung und
Sturm und Drang postulierte Individualität zurückfallen, die sich
insbesondere in lyrischer Dichtung ausdrücken könne, fordert
aber zugleich aus klassizistischer Intention heraus mehr:

„Über Bürgers Gedichte"

> Alles, was der Dichter uns geben kann, ist seine *Individualität*. [...]
> Diese seine Individualität so sehr als möglich zu veredeln, zur reins-
> ten herrlichsten Menschheit hinaufzuläutern, ist sein erstes und
> wichtigstes Geschäft [...]. Der höchste Wert seines Gedichtes kann
> kein andrer sein, als daß es der reine vollendete Abdruck einer in-
> teressanten Gemütslage eines interessanten vollendeten Geistes
> ist.[6]

Die Sehnsucht nach der ‚edlen Größe' der ‚natürlicheren' antiken
Welt, wie sie bereits „Die Götter Griechenlands" bezeugt, sowie
das skizzierte Ideal der harmonischen Vollendung menschlicher
Individualität kommen schließlich zusammen in dem Kunstpro-
gramm, dass Schiller mit Goethe zusammen als so genannte
Weimarer Klassik (die Benennung ist nicht zeitgenössisch) zwischen der berühmten Begegnung im Juli 1794 und seinem Tod

Gemeinsames
Jahrzehnt
(1794-1805)

Horen-
Ankündigung

im Mai 1805, dem so genannten *gemeinsamen Jahrzehnt*, entfalten sollte.

Das erste, sogleich theoretische Manifest dieses Programms ist Schillers berühmte, eng mit Goethe abgestimmte „Ankündigung der [Zeitschrift] Horen" vom Dezember 1794. Diese zielt nach Wulf Segebrecht ab auf „eine mit höchstem künstlerischen, geistigen und moralischem Anspruch auftretende Elite, die keine Zugeständnisse an Moden und Mehrheiten macht".[7] Die Hoffnung allerdings, ausgehend von den *Horen* eine solche Idealgemeinschaft Gleichgesinnter in größerem Maßstab zu bilden, erfüllt sich nicht. Skepsis oder sogar Spott gegenüber der hier implizit selbsterklärten Größe Goethes und Schillers sind weitaus häufiger die Reaktionen der kulturellen Kreise.

Xenien

Aus Verdruss und zur Behauptung des eigenen Anspruchs verlegen sich die beiden in der zweiten Hälfte der 1790er Jahre auf eine – an sich wenig klassisch-würdige – offensive Auseinandersetzung mit den Zeitgenossen, und zwar in Form der nun gut epigrammatischen Gedichtsammlung der *Xenien*. Ein erstes Beispiel aus dieser Sammlung vom Juli 1796 (abgedruckt im von Schiller herausgegebenen *Musen-Almanach für das Jahr 1797*) ist betitelt *Schillers Almanach von 1796* und stellt scheinbar selbstkritisch einen Tadel aus dem Munde der Leser vor, kreidet so aber deren begrenztes Verständnis für das klassizistische Programm an:

> Du erhebest uns erst zu Idealen, und stürzest
> Gleich zur Natur uns zurück! glaubst du, wir danken dir das?[8]

Aus einer *Xenien*-Reihe mit Bezug auf die astrologischen zwölf Tierkreise in Übertragung auf Literatur beziehungsweise Literaten stammt das Epigramm „Zeichen des Löwen", das Johann Heinrich Voß, zu der Zeit beheimatet im holsteinischen Eutin, und dessen vor allem metrisch sehr genaue Nachahmung griechischer Verse (vgl. S. 107) aufs Korn nimmt:

> Jetzo nehmt euch in acht vor dem wackern Eutinischen Leuen,
> Daß er mit griechischem Zahn euch nicht verwunde den Fuß.[9]

Die folgenden beiden Beispiele schließlich erklären den Namen der Sammlung (grch. *xenion*: ‚Gastgeschenk', antik in der Regel Speise, Trank u. Nachtlager umfassend) und reflektieren zugleich den eigenen Ton im Vergleich zur zeitgenössischen Dichtung anderer. Das erste Gedicht ist aus dem Mund *Martials* gesprochen, das zweite gibt die Antwort der personifizierten

Xenien (die Rollenangabe entspricht dabei jeweils dem Gedichttitel):

> Xenien nennet ihr euch? Ihr gebt euch für Küchenpräsente?
> Ißt man denn, mit Vergunst, spanischen Pfeffer bei euch?

> Nicht doch! Aber es schwächten die vielen wäßrigten Speisen
> So den Magen, daß jetzt Pfeffer und Wermut nur hilft. [10]

Weniger theoretisierende Umsetzungen des eigenen Anspruchs
lieferten Goethe und Schiller im Weiteren vor allem in den drei
Gedichtformen *Ballade, Elegie* und *Lied.* Unter diesen ist die be- **Balladen**
sonders ‚ethische‘ Ballade mehr als (strophisch) erzählende denn
als lyrische Versdichtung zu bezeichnen und wird daher hier betont kurz behandelt. Die meisten bedeutenden Balladenstücke der
beiden Autoren entstanden 1797, das heißt im so genannten *Bal-
ladenjahr.* Es handelt sich auf Seiten Schillers etwa um (vor wenigen Jahrzehnten noch zum engsten Schulkanon gehörige) Gedichte wie diejenige zu ‚Schicksalsthemen‘ aus altgriechischer
Zeit, in der die Welt noch im Sinne der „Götter Griechenlandes“
‚funktioniert‘ („Der Ring des Polykrates“, „Die Kraniche des Iby-
kus“, „Die Bürgschaft“ und andere mehr). Ferner zu nennen sind
Balladen Schillers, die in mittelalterlicher und ‚altdeutsch‘ wirken-
der bürgerlicher Sphäre situiert sind, etwa „Der Handschuh“. Aus
Goethes ‚buntem‘ Balladenwerk der Zeit stammen etwa das bekannte Gedicht „Der Zauberlehrling“, das (indisch-)exotische
„Der Gott und die Bajadere“ oder, mit einer ungewöhnlichen antiken Situierung im Übergang zum Christentum, „Die Braut von
Korinth“.

Eine Wiederaufnahme der bereits bei den *Erotica Romana* ein-
gesetzten klassisch-antiken Elegienform stellt zum einen Goethes **Elegien**
elegische Lehrdichtung der späten 1790er dar, in Form des für
sein Naturdenken zentralen Langgedichts „Die Metamorphose
der Pflanzen“ von 1798 (abgedruckt im von *Schiller herausgegebenen Musen-Almanach für das Jahr 1799*). Das Gedicht erklärt das
Wachstum der Pflanzen einer Geliebten und sucht dabei nach der
einen Urform in allen Pflanzen, so etwa in V. 63-68:

> Nun Geliebte wende den Blick zum bunten Gewimmel,
> Das verwirrend nicht mehr sich vor dem Geiste bewegt.
> Jede Pflanze winket dir nun die ewgen Gesetze,
> Jede Blume sie spricht lauter und lauter mit dir.
> Aber entzifferst du hier der Göttin heilige Lettern,
> Überall siehst du sie dann, auch in verändertem Zug. [11]

Zum anderen erwähnenswert ist ein Exemplum Schillers in der Gattung, nämlich seine „Nänie", die schon nach dem griechischen Titelwort eine ‚Totenklage' darstellt (erinnert sei hier an die bereits antike volksetymologische Rückführung des Begriffs ‚Elegie' auf ein grch. Verb *e-legein*, ‚weh-sagen'). Das Gedicht stammt aus dem Jahr 1799 (Erstdruck im ersten Band der *Gedichte* v. 1800) und stellt zugleich eine Reflexion der Gattung dar, denn in typisch ethisch-ästhetischer Koppelung wird bestimmt, wer überhaupt klagend besungen wird:

> Auch das Schöne muß sterben! Das Menschen und Götter bezwinget,
>   Nicht die eherne Brust rührt es des stygischen Zeus.
> Einmal nur erweichte die Liebe den Schattenbeherrscher,
>   Und an der Schwelle noch, streng, rief er zurück sein Geschenk.
> Nicht stillt Afrodite dem schönen Knaben die Wunde,
>   Die in den zierlichen Leib grausam der Eber geritzt.
> Nicht errettet den göttlichen Held die unsterbliche Mutter,
>   Wann er, am skäischen Tor fallend, sein Schicksal erfüllt.
> Aber sie steigt aus dem Meer mit allen Töchtern des Nereus,
>   Und die Klage hebt an um den verherrlichten Sohn.
> Siehe! Da weinen die Götter, es weinen die Göttinnen alle,
>   Daß das Schöne vergeht, daß das Vollkommene stirbt.
> Auch ein Klaglied zu seyn im Mund der Geliebten, ist herrlich,
>   Denn das Gemeine geht klanglos zum Orkus hinab.[12]

Lieder Eine dritte Umsetzungsform stellen die *Lieder* der Jahrhundertwende dar. Einige Lieder ähneln allerdings wiederum Balladen, so Schillers bekanntes „Lied von der Glocke", entstanden wohl 1797/99 (Erstdruck wiederum im ersten Band der *Gedichte* v. 1800); hier mit den ersten beiden Strophen:

> Fest gemauert in der Erden
> Steht die Form, aus Lehm gebrannt.
> Heute muß die Glocke werden,
> Frisch, Gesellen, seyd zur Hand.
>   Von der Stirne heiß
>   Rinnen muß der Schweiß,
> Soll das Werk den Meister loben,
> Doch der Segen kommt von oben.
>
> Zum Werke, das wir ernst bereiten,
> Geziemt sich wohl ein ernstes Wort;
> Wenn gute Reden sie begleiten,
> Dann fließt die Arbeit munter fort.
> So laßt uns jezt mit Fleiß betrachten,

Was durch die schwache Kraft entspringt,
Den schlechten Mann muß man verachten,
Der nie bedacht, was er vollbringt.
Das ist's ja, was den Menschen zieret,
Und dazu ward ihm der Verstand,
Daß er im innern Herzen spüret,
Was er erschafft mit seiner Hand.[13]

Goethes lyrisches Schaffen setzt sich nach 1805 in verschiedensten Formen fort (vgl. etwa den *West-östlichen Divan* und diverse Alterslyrik), dies soll jedoch um der Schwerpunktsetzung willen hier nicht mehr verfolgt werden.

Hölderlin   1.2

Stattdessen sei, vor dem Übergang zur Lyrik der Romantik, mit *Friedrich Hölderlin* (1770-1843) in aller Kürze ein Lyriker vorgestellt, der zwischen der Weimarer Klassik und der Romantik steht. Auch Hölderlin orientiert sich in jungen Jahren vor allem an Klopstock und setzt zumal dessen antikisch-erhabenen Ton kongenial fort.

Als Schüler besucht Hölderlin das elitäre Tübinger evangelisch-theologische Stift, dem er eine gute antikische Bildung verdankt. Er strebt allerdings nicht das Pfarrersamt an und muss sich zuerst als Hofmeister (Hauslehrer) verdingen. Zeitweise versucht er sogar als freier Schriftsteller zu leben (was damals erst wenigen gelingt) und hegt in den 1790er Jahren die Hoffnung auf einen demokratischen Wandel in Deutschland. Nachdem er bereits in den Jahrzehnten zuvor immer wieder unter depressiven Schüben zu leiden hat, fällt er 1806 in einen dauerhaften Zustand der geistigen Umnachtung, der bis zu seinem späten Tod mehr oder weniger stark anhält (bisweilen dichtet er noch, dies aber auf viel einfachere Weise als zuvor).

Antik-pathetische Klage

Ein für Hölderlin besonders bezeichnendes Thema, die *antik gekleidete pathetische Klage*, sei hier an zwei Gedichten illustriert. Das erste, eine der Kurzoden von 1797/98 (Erstdruck 1799 in Christian Ludwig Neuffers *Taschenbuch für Frauenzimmer von Bildung*), ist trauerelegisch und euphorisch zu-

Abb. 22: Friedrich Hölderlin (1770-1843)

gleich und heißt „An die Parzen", das heißt es ist gerichtet an die
antiken Schicksalsgöttinnen Klotho, Lachesis und Atropos. Es hat
die metrische Form der bereits von Klopstock geschätzten Alkäischen Ode (vgl. S. 107):

> Nur Einen Sommer gönnt, ihr Gewaltigen!
>   Und einen Herbst zu reifem Gesange mir,
>   Daß williger mein Herz, vom süßen
>   Spiele gesättiget, dann mir sterbe.
>
> Die Seele, der im Leben ihr göttlich Recht
>   Nicht ward, sie ruht auch drunten im Orkus nicht;
>   Doch ist mir einst das Heil'ge, das am
>   Herzen mir liegt, das Gedicht gelungen,
>
> Willkommen dann, o Stille der Schattenwelt!
>   Zufrieden bin ich, wenn auch mein Saitenspiel
>   Mich nicht hinab geleitet; Einmal
>   Lebt ich, wie Götter, und mehr bedarfs nicht.[14]

Das zweite Beispielgedicht, „Hälfte des Lebens", gehört zum 1803
fertiggestellten Zyklus „Nachtgesänge" (erschienen in *Taschenbuch für das Jahr 1805. Der Liebe und Freundschaft gewidmet* in
Frankfurt/Main bei F. Wilmans). In ihm sind eine stimmungs-
voll-erhabene und eine pathetisch klagende Strophe unter einem
bedeutungsvollen Titel wie eine Art doppelte Halbzeitbilanz miteinander verbunden. Das Gedicht ist in vermutlich von Klopstock
angeregten Freien Rhythmen abgefasst:

> Mit gelben Birnen hänget
> Und voll mit wilden Rosen
> Das Land in den See,
> Ihr holden Schwäne,
> Und trunken von Küssen
> Tunkt ihr das Haupt
> Ins heilignüchterne Wasser.
>
> Weh mir, wo nehm' ich, wenn
> Es Winter ist, die Blumen, und wo
> Den Sonnenschein,
> Und Schatten der Erde?
> Die Mauern stehn
> Sprachlos und kalt, im Winde
> Klirren die Fahnen.[15]

Romantik   1.3

Mit seinem elegischen und erhabenen Ton in antikischer Atmosphäre schließt sich Hölderlin zum einen noch der Empfindsamkeit und ein wenig auch den beiden Weimarern an. Zum anderen
verweist sein sehnender und ‚entgrenzter‘ Ton aber auch auf die
romantische Strömung, die um 1800 entsteht und die im Folgenden an einigen zentralen Vertretern vorgestellt werden soll.
Die Lyrik der Romantik wird somit gesondert von der Weimarer
Klassik behandelt und nicht wie in denjenigen neueren Darstellungen, die aufgrund gewisser Abhängigkeitsverhältnisse (etwa
die Bezogenheit einzelner Romantiker gerade auf Goethe) und
Überschneidungen die beiden Strömungen gar nicht mehr tren-
nen wollen, ohne freilich auf die Epochenbezeichnungen zu ver-
zichten.

Um zunächst auf die Parallelen einzugehen, die sich in den
Denkmustern der beiden Strömungen beziehungsweise Kunst-
programmen erkennen lassen, sei insbesondere auf das *triadische*   Triadisches
(hier im Sinne von ‚dreischrittigen‘) *Geschichtsbild* von Klassikern   Geschichtsbild
und Romantikern hingewiesen. Am Anfang der Geschichte sehen
diese nämlich jeweils eine Art ‚glückliches Zeitalter‘, in dem die
menschliche Kultur im Einklang mit der Natur und dem Göttlichen steht. Als zweite, bis in die Gegenwart reichende Phase
wird dann ein kultureller Verfall und eine Entfernung vom einstigen Idealzustand festgestellt, während für die Zukunft ein Wiedereinholen des ersten Zustands und nach Möglichkeit sogar ein
Fortschreiten in demselben ersehnt beziehungsweise mithilfe der
eigenen Kunst angestrebt wird. Zu wesentlichen Unterschieden
kommt es jedoch bereits in der konkreten Bestimmung des Ur-
sprungszustands sowie dann insbesondere hinsichtlich des für
Wiedereinholen und Fortschreiten postulierten Kunstprogramms.
Wie oberhalb ausgeführt setzen Goethe und Schiller für ihre
ethisch-ästhetische Erneuerung der Gegenwart auf ein ‚klassisch-
antikisches Maßhalten‘ nach Winckelmanns Griechenbild und
eine entsprechend harmonisch-geschlossene Idealität. In den romantischen Programmen und der zugehörigen Lyrik ist die sehn-
suchtsvoll angerufene Zeit jedoch das (deutsche) christliche Mittelalter mit in ihm gesehenen gesellschaftlichen Idealverhältnissen
und Tugenden. Diese werden im politischen Zeitkontext etwa
gegen die Spätaufklärung und politische Strömungen aus Frankreich gesetzt. Die Wiederherstellung dieser ‚guten alten Zeit‘ streben die Romantiker zudem viel stärker als die Weimarer über ein
Programm der entgrenzenden ‚Poetisierung‘ aller Lebensbereiche

an, und zwar durch eine ‚progressive Universalpoesie‘ (*Friedrich Schlegel*, 1772-1829), die umfassend integrierend wirken soll.

Zwecke der Lyrik Die Lyrik, neben dem Roman poetischer Kernbereich der Romantik, ist zum Zweck des vorbildlichen Wiedereinholens der ‚guten alten Zeit‘ durch eine bewusst konstruierte Naivität von Themen und Formen geprägt, die an ‚altdeutsche‘ Volksdichtungen, Romanzendichtung und deren einfache Moralität anschließen soll. Neben den volkstümlichen metrischen Formen kristallisiert sich vor allem ein Set von Motiven und Themen heraus, das immer wieder aufgerufen wird. Es sind dies die ‚Sehnsucht‘, vornehmlich nach der ‚alten Heimat‘ in historischer, religiös-transzendenter, aber auch landschaftlicher Hinsicht, und aus letzterer Perspektive die ‚dunkle Tiefe‘ des ‚deutschen Waldes‘ mit den darin verborgenen ‚Wundern‘. Es geht aber auch um Farb- und Klang-Erfahrungen, deren Zusammenfallen zu über-wirklichen, die romantische Sehnsucht erfüllenden ‚Stimmungen‘ führen sollen (Effekt der *Synästhesie*, vgl. etwa aus Brentanos *Abendständchen* das nahezu topische „Golden wehn die Töne nieder, / Stille, stille, laß uns lauschen!“[16]).

Gefühlsdichtung Diese bereits zweite deutsche *Gefühlsdichtung* (nach der Empfindsamkeit) wurde lange Zeit als Inbegriff von Literatur verstanden und dient bisweilen noch heute als Maßstab für intuitive literarische Wertungen. Innerhalb des poetologischen und historischen Spektrums, das hier vorgestellt werden soll, stellt die romantische jedoch lediglich *eine* Art von Lyrik dar – allerdings eine durch den erhobenen Anspruch wie durch suggestive Techniken überaus wirkmächtige.

Einer der frühesten Vertreter der Strömung ist der Dichter und Philosoph *Georg Philipp Friedrich Freiherr v. Hardenberg* (1772-1801), der sich selbst *Novalis* nennt. Während seines kurzen, aber überaus produktiven Lebens pendelt er zwischen theoretischer Neigung literarischer, philosophischer und religiöser Art und beruflicher Praxis. Zudem versucht er angesichts der aufkommenden Ära Napoleons patriotisch Position zu beziehen. Sowohl philosophisch-theologisch als auch politisch wird er so neben dem Philosophen Friedrich Schlegel zu einem Vordenker der so

Abb. 23: Novalis (1772-1801)

genannten *Frühromantik* des *Jenaer Kreises*. In einem Gedicht aus dem Kontext von Novalis' Romanfragment *Heinrich von Ofterdingen* (veröffentlicht posthum 1802) findet sich die romantische Hoffnung auf die universale, ‚heilende' Kraft des poetischen Wortes in Versform ausgedrückt:

> Wenn nicht mehr Zahlen und Figuren
> Sind Schlüssel aller Kreaturen
> Wenn die so singen, oder küssen,
> Mehr als die Tiefgelehrten wissen,
> Wenn sich die Welt ins freye Leben
> Und in die <freye> Welt wird zurück begeben,
> Wenn dann sich wieder Licht und Schatten
> Zu ächter Klarheit wieder gatten,
> Und man in Mährchen und Gedichten
> Erkennt die <alten> wahren Weltgeschichten,
> Dann fliegt vor Einem geheimen Wort
> Das ganze verkehrte Wesen fort.[17]

In Novalis' Lyrik, besonders den zwischen 1797 und 1800 entstandenen *Hymnen an die Nacht*, kommt ferner insbesondere eine religiös-romantische Sehnsucht zum Ausdruck, die untergründig nicht zuletzt durch das traumatische Erlebnis des frühen Todes einer nun visionär verklärten Geliebten geprägt erscheint. Das Ich der in Prosa und Lyrik verfassten *Hymnen an die Nacht* reflektiert und besingt analog eine eigene „Sehnsucht nach dem Tode" (Titel der sechsten Hymne) als ‚ewiger Nacht', allerdings in christlich-mystischer Heilserwartung, was den Übertritt vom Diesseits ins Jenseits betrifft. Zitiert seien aus dieser Hymne in der Fassung des Erstdrucks (in der Zeitschrift der Brüder Friedrich und August Wilhelm Schlegel, *Athenaeum*) Str. 2 und 8 (von 10):

> Gelobt sey uns die ewge Nacht,
> Gelobt der ewge Schlummer.
> Wohl hat der Tag uns warm gemacht,
> Und welk der lange Kummer.
> Die Lust der Fremde ging uns aus,
> Zum Vater wollen wir nach Haus.

> Was hält noch unsre Rückkehr auf,
> Die Liebsten ruhn schon lange.
> Ihr Grab schließt unsern Lebenslauf,
> Nun wird uns weh und bange.
> Zu suchen haben wir nichts mehr –
> Das Herz ist satt – die Welt ist leer.[18]

L. Tieck (1773-1853)

Mit Novalis befreundet ist *Ludwig Tieck* (1773-1853) aus Berlin, der ebenfalls schon früh als freier Schriftsteller zu leben versucht und Kontakte nach Jena pflegt, an dessen romantischem Dichterkreis er bald mitwirkt. In den 1820er Jahren wird er nochmals Mittelpunkt eines geselligen Kreises in Dresden werden, in seinen späten Lebensjahren lebt er jedoch trotz beruflichen Aufstiegs (als königlicher Geheimer Rat in Berlin) zunehmend isoliert und ohne weitere literarische Erfolge. Das oberhalb skizzierte romantische Themen- und Motivspektrum findet sich bei ihm wieder und wieder in heiteren und melancholischen Spielarten und verbunden mit einem besonderen Streben nach Musikalität, während auf differenzierte ‚Inhaltlichkeit‘ weniger Wert gelegt wird. Ein typisches Beispiel für ein Lied der ‚Sehnsucht nach der (in Liebesleid tröstenden) Waldnatur‘ und deren Wirkung ist etwa das Gedicht „Wehmut" aus dem *Sternbald*-Roman von 1798; Str. 1 und 5 (von 8) lauten:

> Holdes, holdes Sehnsuchtrufen
> Aus dem Wald, vom Tale her:
> Klimm' herab die Felsenstufen,
> Folg' der Oreade Rufen
> Und vertrau dem weiten Meer.
>
> Wald und Tal, ihr grüne Hügel
> Kennt die Wünsche meiner Brust,
> Wie ich gern mit goldnem Flügel
> Von der Abendröte Hügel
> Möchte ziehn zu meiner Lust.[19]

[handschriftliche Notiz: = Nymphe der griech. Mythologie (Bergnymphe) ↪ Najade (Wassernymphe) ↪ Dryade (Baumnymphe)]

Einige Jahre nach dem Einsetzen der *Frühromantik* von Novalis und Tieck beginnen der Enkel der Goethe-Freundin Sophie von La Roche, *Clemens Brentano* (1778-1842), und der aus Berlin stammende *Ludwig Achim v. Arnim* (1781-1831) romantisch zu wirken, nachdem sie sich während des Studiums in Göttingen kennengelernt haben. Sie prägen ab 1804 in Heidelberg die so genannte *mittlere Romantik*, und zwar insbesondere durch die Herausgabe von ihnen gesammelter *Alter deutscher Lieder* (so der Untertitel) mit dem Obertitel *Des Knaben Wunderhorn* (3 Bde., erschienen 1805/08). Die Sammlung erneuert die Wertschätzung volksnaher

Abb. 24: *Des Knaben Wunderhorn* (Bd. 2: 1808)

Lieddichtung, freilich nun in kunstvollem romantischem Arrangement und teils nach Überarbeitung und Ergänzung der historischen Vorlagen. Zur Demonstration des bisweilen solchermaßen erst hergestellten volksliedhaften Tons sei das titelgebende Gedicht in seiner zweiten Hälfte wiedergegeben. Die Herausgeber haben in diesem Fall eine deutsche Versübersetzung einer ursprünglich altfranzösischen Vorlage schließlich noch in eine ihnen anscheinend genehmere Form gebracht. Inhaltlich ist vorauszuschicken, dass hier ein zu Pferde aufs kaiserliche Schloss gekommener junger Bote hier das „Wunderhorn" übergibt:

> Von einer Meerfey Hand
> Der Kaiserin gesandt,
> Zu ihrer Reinheit Preis,
> Dieweil sie schön und weis'.
>
> Der schöne Knab sagt auch:
> „Dies ist des Horns Gebrauch:
> Ein Druck von Eurem Finger,
> Ein Druck von Eurem Finger
>
> Und diese Glocken all,
> Sie geben süßen Schall,
> Wie nie ein Harfenklang
> Und keiner Frauen Sang,
>
> Kein Vogel obenher,
> Die Jungfraun nicht im Meer
> Nie so was geben an!"
> Fort sprengt der Knab bergan,
>
> Ließ in der Kaisrin Hand
> Das Horn, so weltbekannt;
> Ein Druck von ihrem Finger,
> O süßes hell Geklinge![20]

Bereits als Vertreter einer so genannten *Spätromantik* wird der aus einer alten katholischen Adelsfamilie Schlesiens (Ratibor/Racibórz) stammende *Joseph v. Eichendorff* (1788-1857) angesehen. Gekennzeichnet ist sein äußeres Leben von dem langjährigen Bemühen um feste Anstellung im preußischen Staatsdienst, wodurch er zahlreiche Wohnortwechsel vornehmen muss. In die Hauptstadt Berlin

Eichendorff-Denkmal zu Ratibor
Enthüllt im 75. Jahre des Bestehens des M. G. V. Liedertafel, 26. September 1909

Abb. 25: Eichendorff-Denkmal (Ratibor/Racibórz)

kommt Eichendorff dabei immer wieder zurück, und er hat auch besonders Kontakt zu der dortigen romantischen Szene. Seine literarische Tätigkeit seit den 1810er Jahren kann er so allerdings nur verzögert in Publikationen von Prosa und Lyrik umsetzen. Gerade Eichendorff verbindet dabei in romantischer Manier diese beiden Gattungen, indem er etwa – das wohl bekannteste Beispiel nach Goethes *Wilhelm Meister* – die Titelfigur seiner Erzählung *Aus dem Leben eines Taugenichts* (1826) das eigene Schicksal in Liedern besingen lässt. Als Beispiel für Eichendorffs klingende und synästhetische Sehnsuchts- und Naturlyrik sei allerdings ein Gedicht vorgestellt, das genuin ohne einen Erzählkontext entstanden ist, typischerweise jedoch nachträglich eine entsprechende Integration erfahren hat. Es handelt sich um das 1810 verfasste „Frische Fahrt", das 1815 in den Roman *Ahnung und Gegenwart* aufgenommen und so erstmals publiziert wird (dort allerdings ohne den genannten Titel):

> Laue Luft kommt blau geflossen,
> Frühling, Frühling soll es sein!
> Waldwärts Hörnerklang geschossen,
> Mut'ger Augen lichter Schein;
> Und das Wirren bunt und bunter
> Wird ein magisch wilder Fluß,
> In die schöne Welt hinunter
> Lockt dich dieses Stromes Gruß.
>
> Und ich mag mich nicht bewahren!
> Weit von euch treibt mich der Wind,
> Auf dem Strome will ich fahren,
> Von dem Glanze selig blind!
> Tausend Stimmen lockend schlagen,
> Hoch Aurora flammend weht,
> Fahre zu! ich mag nicht fragen,
> Wo die Fahrt zu Ende geht![21]

Um den weiteren Verlauf der Romantik und zumal ihren Übergang in das Biedermeier zu beschreiben, wären hier noch einige Lyriker vorzustellen, etwa *Friedrich Rückert* (1788-1866), *August v. Platen* (1796-1835), *Annette v. Droste-Hülshoff* (1797-1848) und *Eduard Mörike* (1804-1875). Zum Abschluss soll jedoch stattdessen an *Heinrich Heine* (1797-1856) als den ‚kritischen Geist' der Romantik aus deren rheinischen Kernlanden erinnert werden (weitere Ausführungen zum Autor vgl. im Kontext des Vormärz). In wohl einzigartiger Weise hat er ihre Themen und Motive teils mit (Ironische) größtem Erfolg ‚fortgeschrieben' – von ihm stammt ja etwa das Fortschreibung bekannteste ‚rheinromantische' Loreley-Gedicht – und dabei oft ironisierend und bisweilen grob trivialisierend infrage gestellt. In seinem *Buch der Lieder* von 1827 zeigt gleich das erste Gedicht der „Traumbilder" innerhalb des Abschnittes „Junge Leiden" (bereits zwischen 1815 und 1822 entstandene Stücke), in welchem Ton schon der junge Heine eine romantische Liebesmelancholie ‚entschweren‘ konnte:

> Mir träumte einst von wildem Liebesglühn,
> Von hübschen Locken, Myrten und Resede,
> Von süßen Lippen und von bittrer Rede,
> Von düstrer Lieder düstern Melodien.
>
> Verblichen und verweht sind längst die Träume,
> Verweht ist gar mein liebstes Traumgebild!
> Geblieben ist mir nur, was gluthenwild
> Ich einst gegossen hab’ in weiche Reime.
>
> Du bliebst, verwaistes Lied! Verweh’ jetzt auch,
> Und such’ das Traumbild, das mir längst entschwunden,
> Und grüß’ es mir, wenn du es aufgefunden – –
> Dem luft‘gen Schatten send ich luft‘gen Hauch.[22]

Vormärz   1.4

Der Begriff *Vormärz* im Allgemeinen steht, als mittlerweile etablierter historischer Terminus, für die Zeit der politischen Restauration vom Jahr des Wiener Kongresses (1815) bis zur deutschen Märzrevolution 1848. In demselben Zeitraum als *literarischer* Epoche herrscht durch Weiterführungen der klassischen und romantischen Strömung eine besondere Breite der lyrischen Themen und Formen. Als neue literarische Strömungen aus der Zeit heraus werden in der literaturwissenschaftlichen Forschung mittlerweile unterschieden: auf der einen Seite das *Biedermeier* als eher konservativer Traditionsstrang, der die restaurativen Gesellschaftsverhältnisse unterstützt oder zumindest resignativ hinnimmt, und auf der anderen Seite die progressive politische Lyrik des Vormärz, die vor allem von den Dichtern des *Jungen Deutschland* ausgeht, ein Traditionsstrang mit einem eigenen Spektrum von den gemäßigten Liberalen über die Radikaldemokraten bis hin zu den Anarchisten und Frühsozialisten. Die progressive politische Lyrik des Vormärz schließt damit im emanzipatorischen Bestreben an die Aufklärungszeit und im patriotischen Impetus an die Lyrik der Befreiungskriege gegen Napoleon an, das heißt in letzterer Linie an *Theodor Körner* (1791-1813), *Ernst Moritz Arndt* (1769-1860), *Lud-*

wig Uhland (1787-1862) und andere, die hier nicht eigens behandelt werden konnten.

Nach Wiener Kongress und Karlsbader Beschlüssen (1819) können sich politisch freiheitliche Lyriker zunächst nur in Nischen wie den Burschenschaften und anderem Vereinsleben äußern, und selbst dies geschieht aufgrund von Zensur und Überwachung nur indirekt, etwa durch eine Bezugnahme auf die griechische oder polnische Freiheitsbewegung. Eine breitere Öffentlichkeit zu erreichen und im innerdeutschen Kontext deutlicher Partei zu nehmen ist erst im Jahrzehnt nach der französischen Julirevolution von 1830 und noch mehr in den 1840er Jahren möglich. Die Gattung Lyrik nimmt dabei neben der Prosa und dem politischen Feuilleton eine bedeutende Stellung ein: Sie vermag es, vor allem in der populären Form des geselligen Lieds an die gesellschaftliche Situation anzuknüpfen.

Eine kurzzeitige Erwartungserfüllung, dann aber nachhaltige Enttäuschung bringen die Jahre 1848/49: Die Märzrevolution scheint erfolgreich zu sein und in der verfassunggebenden Nationalversammlung in der Frankfurter Paulskirche zu kulminieren, wird jedoch 1849 schrittweise von konservativen Kräften zurückgedrängt, bis hin zu Verfolgungen und zahlreichen Emigrationen der ‚Achtundvierziger‘, die sich daher teils überhaupt nicht mehr in Deutschland etablieren können. Auch das Feld der Lyrik muss so über Jahrzehnte konservativen oder zumindest apolitischen Positionen überlassen werden.

Als bedeutender Vertreter, zumal für die zugespitzte Lage nach 1839 (Rheinkrise, Thronbesteigung Friedrich Wilhelms IV. v. Preußen) ist etwa der Liberale *August Heinrich Hoffmann* (1798-1874), nach seinem Geburtsort mit dem selbstgegebenen Beinamen *v. Fallersleben*, anzuführen. Nach anfänglichem Studium erst der Theologie und dann der griechisch-römischen Antike begeistert ihn der Philologe *Jacob Grimm* (1785-1863) 1818 für die germanische Altertumskunde, die er fortan betreibt; einen besonderen Schwerpunkt bildet für Hoffmann das Sammeln von Kirchen-, Volks- und Kinderliedern. Eine adäquate Anstellung für seine wissenschaftliche Tätigkeit erreicht er jedoch erst spät. Nach Jahren zumindest als Mitarbeiter der Zentralbibliothek in Breslau wird er gegen konservative Widerstände an der dortigen Universität 1829 zum außerordentlichen und 1835 zum ordent-

Abb. 26: Hoffmann-Büste in Fallersleben

lichen Professor berufen. 1837 äußert er sich jedoch kritisch zu der Abberufung der *Göttinger Sieben*, wendet sich in der Folgezeit eindeutig dem politischen Liberalismus zu und verschärft seine Kritik an der Restauration in der 1840/41 erschienenen Sammlung (natürlich gerade nicht:) *Unpolitscher Lieder*. 1842 wird er daher ohne Pension des Amtes enthoben und schlägt sich bis 1848 als moderner ,fahrender Sänger' für ein gleichgesinntes studentisches und bürgerliches Publikum durch. Nach der Amnestie des preußischen Königs und Erhalt eines Wartegelds kann er sich ökonomisch wieder etwas konsolidieren. Eine ordentliche Berufsstellung erreicht er jedoch erst von 1860 an (bis zu seinem Tod) als Schlossbibliothekar in Corvey.

Für ein Beispiel seiner nicht nur negativ-kritischen Lieddichtung sei hier das „Lied der Deutschen" von 1841 angeführt, dessen dritte Strophe ja auch die Nationalhymne der Bundesrepublik Deutschland ist. Das Lied ist zu seiner Zeit hinsichtlich der in der ersten Strophe umrissenen geographischen Ausdehnung („Deutschland, Deutschland über alles [...]") nicht aggressiv zu verstehen, sondern zielt vornehmlich auf historische und kulturelle Verbindungen. Diese und die ihr nachfolgende Strophe („Deutsche Frauen, deutsche Treue [...]") sind jedoch durch spätere nationalistische Interessen nachhaltig in Misskredit gebracht beziehungsweise die zweite aufgrund ihres patriarchalischen Grundzugs zumindest zweifelhaft geworden. Die dritte Strophe, die an die Notwendigkeiten für das Erreichen eines freiheitlich-liberalen Gemeinstaates gemahnt, mag daher hier als Zitat genügen:

„Lied der Deutschen"

> Einigkeit und Recht und Freiheit
> Für das deutsche Vaterland!
> Danach laßt uns alle streben
> Brüderlich mit Herz und Hand!
> Einigkeit und Recht und Freiheit
> Sind des Glückes Unterpfand –
> Blüh im Glanze dieses Glückes,
> Blühe, deutsches Vaterland![23]

Ein weiterer herausragender Vertreter des progressiven Vormärz, der Stuttgarter Gastwirtssohn *Georg Herwegh* (1817-1875), geht zunächst einen bürgerlichen Bildungsweg, der ihn, wie ein halbes Jahrhundert zuvor Hölderlin, auf das Tübinger Stift führt. Von diesem

Abb. 27: Georg Herwegh (1817-1875)

wird er jedoch bereits nach einem Jahr (1836) verwiesen und versucht sich daraufhin vergeblich an einem Jurastudium in der Heimatstadt. Um der Einberufung zum Militär zu entgehen, flieht er 1839 in die Schweiz, wo er eine Reihe gesellschafts- und literaturkritischer Aufsätze und Gedichte schreibt. Letztere erscheinen 1841 in Winterthur unter dem Titel *Gedichte eines Lebendigen* und etablieren seinen Ruf als führender liberalpolitischer Lyriker seiner Zeit. Herwegh erreicht diesen Publikumserfolg zum einen durch das Wiederaufgreifen des kämpferischen Pathos der antinapoleonischen Lyrik der Befreiungskriege.

Linkspolitische Kontrafakturen

Zum anderen arbeitet er mit geschickten *Kontrafakturen* klassischer, romantischer und konservativ-biedermeierlicher Lieder, das heißt er nutzt deren bekannte Melodien (und Textversatzstücke) zum Transport neuer politischer Botschaften. Gerade das Befreiungskriegspathos produziert allerdings auch quasi-religiöse Überhöhungen, die selbst Weggefährten zu abgehoben (da gemessen an der politischen Lage ins Leere laufend) und letztlich kontraproduktiv für die demokratischen Intentionen erscheinen, so etwa das politisch-apokalyptische „Der letzte Krieg" aus der erwähnten Sammlung, das hier mit erster und letzter (vierter) Strophe wiedergegeben sei:

> Wer seine Hände falten kann,
>   Bet' um ein gutes Schwert,
> Um einen Helden, einen Mann,
>   Den Gottes Zorn bewehrt!
> *Ein* Kampf muß uns noch werden,
>   Und drin der schönste Sieg,
> Der letzte Kampf auf Erden,
>   Der letzte heilige Krieg!
>
> O walle hin, du Opferbrand,
>   Hin über Land und Meer,
> Und schling' ein einig Feuerband
>   Um alle Völker her;
> So wird er uns beschieden,
>   Der große, große Sieg,
> Der ewige Völker-Frieden, –
>   Frisch auf, zum heiligen Krieg![24]

Kurzzeitig kann Herwegh geradezu triumphal nach Deutschland zurückkehren, dann aber scheitert er im Jahr 1842 ebenso spektakulär (Ausweisung durch den preußischen König, allgemeine Verschärfung der Zensur nicht zuletzt wegen Herweghs kritischer Schriften). Im Anschluss hält sich Herwegh zunächst wieder in der Schweiz auf und siedelt schließlich wie andere nach Paris

Abb. 28: (Hermann) Ferdinand Freiligrath (1810-1876)

über. Von dort aus schließt er sich 1848 dann der
Revolution in Baden an, nach deren Scheitern er
bald von Paris zuerst nach Genf und in der Folge
nach Zürich geht. Dort steht er im Mittelpunkt
eines prominenten Kreises vor allem deutscher
und französischer Emigranten. Nachdem er mit
Marx bereits in den 1840er Jahren Kontakt geha-
bt hat, schließt er 1860 sich den demokratischen
Sozialisten unter Führung von Lassalle an und
verfasst als Bevollmächtigter des Allgemeinen
Deutschen Arbeitervereins in der Schweiz 1863
sogar dessen „Bundeslied". Erst 1866 kann er
nach Deutschland zurückkehren, wo er der radi-
kalen Sozialdemokratie treu bleibt.

Biographisch relativ spät wird *(Hermann) Ferdinand Freiligrath*
(1810-1876) zum politisch liberalen und schließlich sogar radikal
linken Schriftsteller. Der gebürtige Detmolder gibt 1839 zunächst
den Beruf des Kaufmanns für den des apolitischen Dichters in St.
Goar am idyllischen Mittelrhein auf, wo er unter anderem über-
raschend exotistische Gedichte verfasst. Noch 1841 greift er Herwegh dafür an, dass dieser Politik und Literatur nicht trenne.
Nachdem er 1842 sogar zum Empfänger einer preußischen Pension geworden ist, schärft sich jedoch sein kritisches Bewusstsein,
er gibt die Pension auf und wird auch in seiner Lyrik linkspolitisch
– was ihn prompt der Zensur zum Opfer fallen lässt. Aus Gründen
der persönlichen Sicherheit geht er 1845 nach Belgien, wo er in
Brüssel *Karl Marx* (1818-1893) kennenlernt.

Der weitere Weg führt ihn wie andere ins Schweizer (kurz darauf: Londoner) Exil, wo er insbesondere sechs Gedichte veröffentlicht, die als politische Kontrabande für Deutschland vorgesehen
sind. Die Sammlung (publ. in Herisau 1846) betitelt er mit dem
alten Kampfruf der französischen Revolutionäre *Ça ira!* (‚Es wird   Kampfruf aus dem
gehen!' im Sinne von ,Wir werden es schaffen!'), und insbesonde-   Exil
re im dritten Stück, der Ballade „Von unten auf!", klingen
kommunistische Drohperspektiven an. Einzelne der insgesamt
dreizehn Strophen dieser Ballade sind in der nachfolgenden Wiedergabe ausgelassen, für die ursprüngliche Position der verbliebenen Strophen siehe aber die erhaltene Gesamtnummerierung. Die
von Freiligrath hier verwendeten Paarreimstrophen sind in eher
seltenen achthebigen Jamben versifiziert, eine allerdings bereits

frühneuzeitliche Variante des antiken *Oktonars* (lat.: ‚Achtheber').
Bei dem in Str. 13 erwähnten „jungen Stolzenfels" handelt es sich
um eine an sich alte Burg südlich von Koblenz, die der preußische
König allerdings kurz zuvor erworben und renoviert hat.

(1) Ein Dämpfer kam von Bieberich: – stolz war die Furche, die er zog!
Er qualmt' und räderte zu Tal, daß rechts und links die Brandung flog!
Von Wimpeln und von Flaggen voll, schoß er hinab keck und erfreut:
Den König, der in Preußen herrscht, nach seiner Rheinburg trug er heut!

(3) Nach allen Seiten schaut' umher und winkte das erhabne Paar;
Des Rheingaus Reben grüßten sie und auch dein Nußlaub, Sankt Goar!
Sie sahn zu Rhein, sie sahn zu Berg: – wie war das Schifflein doch so nett!
Es ging sich auf den Dielen fast als wie auf Sanssoucis Parkett!

(4) Doch unter all der Nettigkeit und unter all der schwimmenden Pracht,
Da frißt und flammt das Element, das sie von dannen schießen macht;
Da schafft in Ruß und Feuersglut, der dieses Glanzes Seele ist;
Da steht und schürt und ordnet er – der Proletariermaschinist

(7) Das glühnde Eisen in der Hand, Antlitz und Arme rot erhitzt,
Mit der gewölbten, haar'gen Brust auf das Geländer breit gestützt –
So läßt er schweifen seinen Blick, so murrt er leis dem Fürsten zu:
„Wie mahnt dies Boot mich an den Staat! Licht auf den Höhen wandelst du!

(8) Tief unten aber, in der Nacht und in der Arbeit dunkelm Schoß,
Tief unten, von der Not gespornt, da schür' und schmied' ich mir mein Los!
Nicht meines nur, auch deines, Herr! Wer hält die Räder dir im Takt,
Wenn nicht mit schwielenharter Faust der Heizer seine Eisen packt?

(9) Du bist viel weniger ein Zeus, als ich, o König, ein Titan!
Beherrsch' ich nicht, auf dem du gehst, den allzeit kochenden Vulkan?
Es liegt an mir: – ein Ruck von mir, ein Schlag von mir zu dieser Frist,
Und siehe, das Gebäude stürzt, von welchem du die Spitze bist! [...]"

(12) So hat in seinen krausen Bart der grollende Zyklop gemurrt;
Dann geht er wieder an sein Werk, nimmt sein Geschirr und stocht und purrt.
Die Hebel knirschen auf und ab, die Flamme strahlt ihm ins Gesicht,
Der Dampf rumort; – er aber sagt: „Heut, zornig Element, noch nicht!"

(13) Der bunte Dämpfer unterdes legt vor Kapellen zischend an;
Sechsspännig fährt die Majestät den jungen Stolzenfels hinan.
Der Heizer blickt auch auf zur Burg; von seinen Flammen nur behorcht,
Lacht er: „Ei, wie man immer doch für künftige Ruinen sorgt!"[25]

Von London aus verbindet sich Freiligrath 1848 sofort mit der
erfolgreichen revolutionären Bewegung in Deutschland; er arbeitet sogar in Karl Marx' Kölner Redaktion der *Neuen Rheinischen
Zeitung* mit und schließt sich dem Bund der Kommunisten an.

Abb. 29: Heinrich Heine (1797-1856)

1849 muss er jedoch, persönlich verfolgt, wieder aus Preußen fliehen und geht 1851 erneut nach London. Erst 1868, Jahre nach dem persönlichen Bruch mit Marx und der organisierten Arbeiterbewegung, kann er nach Deutschland zurückkehren.

⌐Heinrich Heine, keineswegs der jüngste der Vormärz-linken (geb. 1797, gest. 1856), soll dennoch diesen Modulabschnitt beschließen. Wie bereits mit Bezug auf die Spätromantik erwähnt, setzt seine Lyrik einen einzigartig ‚leichten‘ und zugleich scharf-ironischen Ton, der sich ebenso auf seine spätere politische Lyrik erstreckt. Der aus einer jüdischen Bürgerfamilie in Düsseldorf stammende Harry Heine – den Vornamen (Christian Johann) Heinrich erhält er durch evangelische Taufe 1825 – versucht sich zunächst in familiärer Tradition als Kaufmann. Dann studiert er jedoch an den Universitäten zu Bonn, Göttingen und Berlin von 1819 bis 1825 erfolgreich Jura (abgeschlossen mit der Promotion), verfolgt nebenher vielfältige literarisch-philosophische wie auch politische Interessen und kommt mit bedeutenden Zeitgenossen aus (vor allem romantischer) Kunst und Wissenschaft in Kontakt.

Nach mehreren kleineren Publikationen in den frühen 1820er Jahren lebt er seit 1825 als freier Schriftsteller, und durch die Verbindung mit dem führenden neueren Verleger *Julius Campe* (1792-1867) in Hamburg erhält Heine auch einen sicheren Publikationsort, an dem er vornehmlich mit seinen im wesentlichen lyrisch-epischen *Reisebildern* (erschienen ab 1826) reüssiert. In diesen Reisebildern und anderen Schriften dieser Jahre zeigt sich zunehmend seine polemisch-gesellschaftskritische Haltung gegenüber den reaktionären Zuständen in Deutschland. Nach der Julirevolution 1830 übersiedelt Heine aus ideellen wie ökonomischen Gründen nach Paris, von wo er zunehmend unpublizierbare politische Berichte für deutsche Journale schreibt. 1835 ereilt ihn jedoch wie andere Vertreter des *Jungen Deutschland* das Veröffentlichungsverbot durch den Deutschen Bund, es folgen langjährige Zensurerschwernisse in den verschiedenen deutschen Staaten. Nach zudem langwierigen verlagsinternen Problemen erscheinen 1844 die *Neuen Gedichte*, die im Gegensatz zu vielen Erzeugnissen anderer Dichter der politischen Linken nicht nur agitieren wollen, sondern das Verhältnis von Lyrik und politischer

Als freier Schriftsteller (im Exil)

Öffentlichkeit zugleich reflektieren. Sie richten sich daher <u>sowohl gegen apolitische Literatur, aber auch deren umfassende Funktionalisierung wie etwa bei Herwegh.</u> Gegen beide Richtungen ironisch zu lesen positioniert sich aus dem genannten Band, Abschnitt „Zeitgedichte", etwa die vermutlich Ende 1841 entstandene Nr. 13, „Die Tendenz":

> Deutscher Sänger! sing' und preise
> Deutsche Freyheit, daß dein Lied
> Unsrer Seelen sich bemeistre
> Und zu Thaten uns begeistre,
> In Marseillerhymnenweise.
>
> Girre nicht mehr wie ein Werther,
> Welcher nur für Lotten glüht –
> Was die Glocke hat geschlagen,
> Sollst du deinem Volke sagen,
> Rede Dolche, rede Schwerter!
>
> Sei nicht mehr die weiche Flöte,
> Das idyllische Gemüth –
> Sey des Vaterlands Posaune,
> Sey Kanone, sey Karthaune,
> Blase, schmettre, donn're, tödte!
>
> Blase, schmettre, donn're täglich,
> Bis der letzte Dränger flieht –
> Singe nur in dieser Richtung,
> Aber halte deine Dichtung
> Nur so allgemein als möglich.[26]

Gerade seit dem Frühjahr 1848 ist Heine allerdings stark von seiner langjährigen Muskelkrankheit geschwächt, was ihn zum bloßen kritischen Beobachter der Revolution macht. Seine ‚nachmärzlichen' Gedichtsammlungen *Romanzero* (1851) und *Gedichte. 1853 und 1854* sind wie viele Werke nach 1849 eher resignativ (und sarkastisch) gestimmt und noch skeptischer gegenüber unmittelbar politischer Lyrik.

2. Metriken: Antike, Romania und Volkslied

Gemessen am bereits historisch abgeschrittenen Spektrum lassen sich für den hier interessierenden Zeitraum keine wesentlichen Neuerungen verzeichnen. Es sind jedoch gerade für Klassik und Romantik – entsprechend ihrer starken allgemeinen Rezeption – Weiterführungen und Re-Etablierungen festzustellen, die sich

bisweilen als wirkmächtiger erweisen als die Ersteinführungen.
Dies ist insbesondere bei originär klopstockischen Innovationen
der Fall, etwa bei der antiken Elegie in Distichen (erst durch Goethe dauerhafter vorbildlich), den horazischen Odenmaßen (nun à
la Hölderlin und v. Platen verwendet) oder den antikischen Freien
Rhythmen. Letztere führt nach dem jungen Goethe maßgeblich
Hölderlin fort, der nochmals direkt an Klopstock anknüpft, aber
sogar strenger als dieser pindarisch versifiziert (die äußere Stro-
phenordnung nach Pindar vgl. bereits in barocker Zeit, S. 72).

Sind einerseits antikische Metren in der von Weimar ausgehenden Tradition stark, ist es andererseits die Volkslieddichtung,
die besonders von der Romantik erneuert wird. Im 19. Jahrhundert werden sie sowohl apolitisch-biedermeierliche als unterschiedliche politische Vertreter nutzen, um Geselligkeit und Gemeinschaft durch den Gesang zu unterstützen. Die oberhalb
aufgeführten Gedichtbeispiele aus Romantik und Vormärz ergeben daher zudem ein kleines Kaleidoskop der in dieser Zeit erneuerten Volksliedmetrik. So ist die sechste von Novalis' *Hymnen
an die Nacht*, „Sehnsucht nach dem Tode", in Form einer sechs-
zeiligen Strophe metrifiziert, die seit dem 17. Jahrhundert bei
Liedern und dann auch bei Balladen zum Einsatz kommt[27] (vgl.
S. 133, hier erneut die zweite Strophe, mit Markierungen der Hebungen in den ersten beiden Verszeilen):

Erneuerte
Volkslieddichtung

v – v – v – v –	(m)	a	Gelóbt sey úns die éwge Nácht,
v – v – v – v	(w)	b	Gelóbt der éwge Schlúmmer.
v – v – v – v –	(m)	a	Wohl hat der Tag uns warm gemacht,
v – v – v – v	(w)	b	Und welk der lange Kummer.
v – v – v – v –	(m)	c	Die Lust der Fremde ging uns aus,
v – v – v – v –	(m)	c	Zum Vater wollen wir nach Haus.

Tiecks Gedicht „Wehmut" hingegen setzt die beliebte *Fünfzeilerstrophe* um (das Gedicht vgl. S. 133, hier die erneut erste Strophe,
mit Markierungen der Hebungen in den ersten beiden Verszeilen):

– v – v – v – v	(w)	a	Hóldes, hóldes Séhnsuchtrúfen
– v – v – v –	(m)	b	Aús dem Wáld, vom Tále hér:
– v – v – v – v	(w)	a	Klimm' herab die Felsenstufen,
– v – v – v – v	(w)	a	Folg' der Oreade Rufen
– v – v – v –	(m)	b	Und vertrau dem weiten Meer.

Eine übliche Form der Romanzenstrophe/Suleikastrophe, die Doppelte Romanzenstrophe, lässt sich sodann in Eichendorffs „Frische
Fahrt" finden (vgl. S. 136, hier die erneut erste Strophe, mit Markierungen der Hebungen in den ersten beiden Verszeilen):

– v – v – v – v	(w)	a	Laúe Lúft kommt bláu geflóssen,
– v – v – v –	(m)	b	Frühling, Frühling sóll es seín!
– v – v – v – v	(w)	a	Waldwärts Hörnerklang geschossen,
– v – v – v –	(m)	b	Mut'ger Augen lichter Schein;
– v – v – v – v	(w)	c	Und das Wirren bunt und bunter
– v – v – v –	(m)	d	Wird ein magisch wilder Fluß,
– v – v – v – v	(w)	c	In die schöne Welt hinunter
– v – v – v –	(m)	d	Lockt dich dieses Stromes Gruß.

Aus dem Bereich der politisch progressiven Vormärzlyrik kann
etwa Herweghs „Der letzte Krieg" angeführt werden, das die *Che-
vy-Chase-Strophe* (im Folgenden Z. 1-4) in Kombination mit der
halben Hildebrandsstrophe (Letztere in ihrer voropitzianischen
Form vgl. bereits S. 44) nutzt; das Gedicht vgl. S. 140, hier wieder
die erste Strophe mit Markierungen der Hebungen in den ersten
beiden Verszeilen:

v – v – v – v –	(m)	a	Wer seíne Hände fálten kánn,
v – v – v –	(m)	b	Bet' úm ein gútes Schwért,
v – v – v – v –	(m)	a	Um einen Helden, einen Mann,
v – v – v –	(m)	b	Den Gottes Zorn bewehrt!
v – v – v – v	(w)	c	*Ein* Kampf muß uns noch werden,
v – v – v –	(m)	d	Und drin der schönste Sieg,
v – v – v – v	(w)	c	Der letzte Kampf auf Erden,
v – v – v –	(m)	d	Der letzte heilige Krieg!

Heines Gedicht „Die Tendenz" hingegen greift die soeben vorgestellte Fünfzeilerstrophe auf, indem es das eigentlich übliche
Reimschema abaab wie folgt variiert (das Gedicht vgl. S. 144, hier
wieder die erste Strophe mit Markierungen der Hebungen in den
ersten beiden Verszeilen):

– v – v – v – v	(w)	a	Deútscher Sänger! síng' und preíse
– v – v – v –	(m)	b	Deútsche Freýheit, dáß dein Líed
– v – v – v – v	(w)	c	Unsrer Seelen sich bemeistre
– v – v – v – v	(w)	c	Und zu Thaten uns begeistre,
– v – v – v – v	(w)	a	In Marseillerhymnenweise.

Mit Wagenknecht kann schließlich zumal für das weitere 19. (und
20.) Jahrhundert konstatiert werden:

Der metrische Formenbestand [...] ist nach dem Ende der Goetheschen ,Kunstperiode' kaum noch verändert worden. [...] Im
übrigen aber verfügen die Dichter der ,Moderne' über alle hier
beschriebenen Metriken aus älterer Zeit – mit Ausnahme nur
der Silbenzählungsweisen des 16. und frühen 17. Jahrhunderts,
die in der Opitzischen Alternationsweise völlig aufgegangen
sind.[28]

Zusammenfassung

Der Zeitraum von ca. 1780 bis 1850 sieht am Anfang die sich formierende *Weimarer Klassik*, die theoretisch von Winckelmanns ästhetisch-ethischem Antikeverständnis (,edle Einfalt, stille Größe') und dann insbesondere von Goethes Italienerlebnis vorbereitet wird. Ihren Höhepunkt erreicht sie allerdings erst in dem so genannten gemeinsamen Jahrzehnt (1794-1805) Goethes und Schillers, in dem nach dem hoffnungsvollen Aufruf in der Zeitschrift *Die Horen* und den aggressiv-defensiven *Xenien* vor allem in Form von Balladen, Elegien und Liedern ein lyrisches Werk entsteht, das zur Umsetzung des klassizistischen Zukunftsprogramms der beiden beitragen soll. Noch in der Nähe ist der ebenfalls antikisch orientierte Hölderlin anzusiedeln, sein lyrisches Œuvre weist allerdings auch Korrespondenzen zur zeitgleich in Jena einsetzenden Frühromantik (die Brüder Schlegel, Novalis, Tieck und andere) auf. Das romantische Programm einer progressiven Universalpoesie richtet sich jedoch zumal in der weiteren Entwicklung der Strömung mehr noch auf eine Wiedererweckung und Fortführung des deutschen Mittelalters als ,guter alter Zeit'. Dies zeigt sich sowohl bei der mittleren (Heidelberger) Romantik (Brentano, Arnim) als auch bei der sich fast bis zur Jahrhundertmitte erstreckenden Spätromantik (Eichendorff, v. Platen). Geht diese zum einen in das eher resignative Biedermeier über (Droste-Hülshoff, Mörike und andere), findet sie zum anderen auch noch eine ironische Brechung im Werk des jungen Heine. Derselbe Heine ist es zudem, der nicht unwesentlich zur Linie der progressiven Lyrik des Vormärz (1815-1848) beiträgt, eine im Gegensatz zur Biedermeierdichtung betont politische Strömung mit Vertretern vom gemäßigt liberalen bis zum radikal linken Spektrum, das heißt von Hoffmann v. Fallersleben über Freiligrath bis Herwegh.
Auf metrischer Ebene sind nicht so sehr echte Neuerungen zu verzeichnen als vielmehr in Teilen überaus erfolgreiche Weiterführungen, so im Bereich antikischer und freirhythmischer Formen die Klopstock-Adaptionen Goethes und Hölderlins und im Bereich der erneuerten Volkslieddichtung die romantischen und vormärzlichen Umsetzungen.

Literatur

Bayerdörfer, Hans-Peter: Vormärz. In: Geschichte der deutschen Lyrik vom Mittelalter bis zur Gegenwart. Hg. v. Walter Hinderer. 2., erw. Aufl. Würzburg: Königshausen & Neumann 2001, S. 308-339.

Bormann, Alexander v.: Romantik. In: Geschichte der deutschen Lyrik vom Mittelalter bis zur Gegenwart. Hg. v. Walter Hinderer. 2., erw. Aufl. Würzburg: Königshausen & Neumann 2001, S. 245-278.

Eke, Norbert Otto: Einführung in die Literatur des Vormärz. Darmstadt: Wissenschaftliche Buchgesellschaft 2005 (Einführungen Germanistik).

Gedichte und Interpretationen. [Hg. v. Volker Meid u. a.] Bd. 3: Klassik und Romantik. Hg. v. Wulf Segebrecht. Stuttgart: Reclam 1984 [u. ö.]. / Bd. 4: Vom Biedermeier zum Bürgerlichen Realismus. Hg. v. Günter Häntzschel. A.a.O. 1983 [u. ö.].

Herin, Christoph: Biedermeier. In: Geschichte der deutschen Lyrik vom Mittelalter bis zur Gegenwart. Hg. v. Walter Hinderer. 2., erw. Aufl. Würzburg: Königshausen & Neumann 2001, S. 279-307.

Kremer, Detlef: Romantik. 3., aktualis. Aufl. Stuttgart, Weimar: Metzler 2007 (Lehrbuch Germanistik), hier: S. 268-316.

Mayer, Mathias: Klassik und Romantik. In: [Franz-Josef Holznagel u. a.:] Geschichte der deutschen Lyrik. Stuttgart: Reclam 2004, S. 261-374.

Merkel, Ingrid: Zwischen Klassik und Revolution: Hölderlin. In: Geschichte der deutschen Lyrik vom Mittelalter bis zur Gegenwart. Hg. v. Walter Hinderer. 2., erw. Aufl. Würzburg: Königshausen & Neumann 2001, S. 228-244.

Segebrecht, Wulf: Klassik. In: Geschichte der deutschen Lyrik vom Mittelalter bis zur Gegenwart. Hg. v. Walter Hinderer. 2., erw. Aufl. Würzburg: Königshausen & Neumann 2001, S. 202-227.

Sorg, Bernhard: Zwischen Romantik und Naturalismus. In: [Franz-Josef Holznagel u. a.:] Geschichte der deutschen Lyrik. Stuttgart: Reclam 2004, S. 375-469.

Völker, Ludwig: Bürgerlicher Realismus. In: Geschichte der deutschen Lyrik vom Mittelalter bis zur Gegenwart. Hg. v. Walter Hinderer. 2., erw. Aufl. Würzburg: Königshausen & Neumann 2001, S. 340-370.

3. Analysebeispiel: Heine: [Sie saßen und tranken am Teetisch]

Sie saßen und tranken am Theetisch,   a
Und sprachen von Liebe viel.   b
Die Herren, die waren ästhetisch,   a
Die Damen von zartem Gefühl.   b

Die Liebe muß seyn platonisch,   a   5
Der dürre Hofrath sprach.   b
Die Hofräthin lächelt ironisch,   a
Und dennoch seufzet sie: Ach!   b

Der Domherr öffnet den Mund weit: a
Die Liebe sey nicht zu roh,   b   10
Sie schadet sonst der Gesundheit.   a
Das Fräulein lispelt: wie so?   b

Die Gräfin spricht wehmüthig: a
Die Liebe ist eine Passion!   b
Und präsentiret gütig,   a   15
Die Tasse dem Herren Baron.   b

Am Tische war noch ein Plätzchen,   *a*
Mein Liebchen, da hast du gefehlt.   *b*
Du hättest so hübsch, mein Schätzchen,   *a*
Von deiner Liebe erzählt.[29]   *b*   20

Weite Verbreitung findet das vorliegende Gedicht in Heines 1827er *Buch der Lieder* (Kap. „Lyrisches Intermezzo", Nr. 50), das sich seit den 1830er Jahren in Teilen der bürgerlichen Gesellschaft größter Beliebtheit erfreut. Zuerst veröffentlicht worden ist das Gedicht jedoch in Heines *Tragödien nebst einem lyrischen Intermezzo* (Berlin 1823), und entstanden ist es wie die anderen lyrischen Stücke des letzteren Bandes sogar spätestens Ende 1822.[30] Es entstammt damit Heines Studienzeit in Berlin, in der dieser sich in Sonderheit mit der (Spät-)Romantik auseinandersetzt (Besuche des Salons der *Rahel Varnhagen v. Ense* [1771-1833]). Schließlich passen auch der im Gedicht beschriebene gesellschaftliche Anlass und die vorgestellten Figuren nicht zuletzt gut in den großstädtischen Erfahrungsbereich des Studenten Heine (allerdings wohl weniger zum kultivierten Salon der Varnhagen). Entstehung

(1) *Analysieren* Sie zuerst die Eingangsstrophe des Gedichts hinsichtlich *Silbenzählung, Betonungsverhältnissen* und *Reimordnung* und vergleichen das Ergebnis mit den weiteren Strophen. Versuchen Sie dann insbesondere mithilfe der vorangegangenen Modulabschnitte zur Metrik (beginnend mit Aufbaumodul 1) das zugrunde liegende *Strophenmaß* zu bestimmen. Formanalyse

(2) Welchen *Sinnbeitrag* könnten das Metrum im Allgemeinen und einzelne Besonderheiten (etwa auf der Ebene der Reime) bereits leisten? Inhaltliche Analyse

(3) Klären Sie zunächst gegebenenfalls *Verständnisfragen auf lexikalischer Ebene*, etwa das zeitgenössische Bedeutungsspektrum des Verbs „lispeln" (Z. 12; vgl. dazu etwa den entsprechenden Wortartikel in: Jacob Grimm, Wilhelm Grimm: Deutsches Wörterbuch. Fotomechan. Nachdr. der Erstausg. der Akademie der Wissenschaften der DDR. Berlin: Akademie-Verlag 1971. München: dtv 1984. Bd. 12, Sp. 1062-1072). Benutzen Sie auch den Apparatband der für den Text zugrunde gelegten historisch-kritischen Textausgabe.[31] Gesamtinter-pretation

(4) Versuchen Sie eine *Gliederung nach Sinnabschnitten*.

(5) Erfassen Sie die *gedankliche Struktur im Detail*.

(6) Bilden Sie eine *textimmanente Hypothese* zur Stoßrichtung der ersten vier Strophen.

(7) Halten Sie dann die letzte Strophe dagegen und versuchen zu bestimmen, ob ihr Aussagewert mit dem Vorangegangenen konform geht oder kontrastiert.

(8) Bewerten Sie abschließend die Gesamtaussage *im gesellschaftlichen Kontext* der Restaurationszeit sowie hinsichtlich der *kulturell-literarhistorischen Position* zwischen Empfindsamkeit und Vormärz.

Aufbaumodul 5: Ästhetizismus bis Zeit des Exils

8.

Mit einem bewussten Sprung von der Mitte des 19. Jahrhunderts an dessen Ende setzt dieses Modul ein, das sich somit zuerst dem Phänomen des Ästhetizismus widmet, um dann die Weiterentwicklung der Gattung im Rahmen von Expressionismus und Dadaismus bis ans Ende des Ersten Weltkriegs zu verfolgen. Die Zeit der Weimarer Republik sowie die Exillyrik zwischen 1933 und 1945 stellen die weiteren zwei Etappen dar. Im Teilmodul zur Metrik der Zeit ist ein Wechselspiel von genutztem metrischem Repertoire und dezidierten Brüchen mit dem traditionellen System zu beobachten. Ein Beispiel für Brechts Exillyrik steht als Analyseaufgabe am Ende des Moduls.

Entwicklungslinien: George bis Brecht 1.

Für die Zeit vom ausgehenden 19. Jahrhundert bis zum Ende des Zweiten Weltkriegs werden Grundzüge des lyrischen *Ästhetizismus* und *Expressionismus,* am Einzelbeispiel *dadaistische Lyrik,* Entwicklungen in der *Weimarer Republik* und schließlich einige wenige Formen der *Exillyrik der NS-Zeit* vorgestellt. Die im NS-Staat entstandene lyrische Dichtung – sowohl von Befürwortern der Ideologie als auch von Autoren der so genannten *Inneren Emigration* – wird im Folgenden hingegen, unter anderem aus Gründen der Konzentration der Darstellung, nicht eigens berücksichtigt.

Ästhetizismus 1.1

Von etwa 1840 bis in die 1880er Jahre beherrschen recht unterschiedliche, je anders gesellschaftlich orientierte Strömungen die Lyrik, das heißt es dominierte zuerst die politische Vormärzdichtung, dann der Realismus und schließlich der Naturalismus. Um 1890 profiliert sich jedoch eine Richtung, die eine Kehrtwende markiert: Vornehmlich in ‚kleinen Formen‘, also nicht zuletzt in der Lyrik arbeitende *ästhetizistische* Literaten stellen sich zumal in urbanen Zentren – nach dem Vorbild der Metropole Paris vor allem in Wien, München und Berlin – jeglicher gesellschaftlicher Zweckbindung der Kunst entgegen. Sie streben stattdessen an, Kunst zum Zwecke der Erfahrung immer neuer und feinerer ästhetischer Reize zu schaffen und damit eine Kunst *nur um ihrer selbst willen. L'art pour l'art* ist also das Schlagwort nach den hier zum Vorbild dienenden französischen *Symbolisten* der zweiten Hälfte des 19. Jahrhunderts, *Charles Baudelaire* (1821-1867), *Stéphane Mallarmé* (1842-1898), *Paul Verlaine* (1844-1896) oder *Arthur Rimbaud* (1854-1891).

Die zumeist großbürgerlichen oder gar adligen Verfechter dieser betont apolitischen und anfangs vor allem anti-naturalistischen Richtung schaffen sich so eine Sphäre, in der sie die für sich in Anspruch genommene ‚Sensibilität‘ zum Ausdruck bringen und sich von weniger feinsinnigen Gesellschaftsschichten absetzen wollen. Begründet wird die besondere ‚Reizbarkeit‘, ja Über-Feinheit der Sinne mit dem (allzu) fortgeschrittenen Zivilisationsstadium, das man erreicht habe und das im doppelten Sinn bereits als ein Zustand der *Dekadenz* (nach frz. *décadence*, ‚Verfall‘) verstanden wird: Die Gesellschaft sei zwar dem allgemeinen Untergang geweiht (vgl. die Selbstbestimmung der Zeit als *fin de siècle*, frz. ‚Jahrhundertende‘, hier im Sinne von ‚zuende gehendes Zeitalter‘), dabei aber zumindest durch einzelne Vertreter, die *décadents*, noch auf einer höchsten zivilisatorischen Stufe befindlich. Es handelt sich dabei nicht zuletzt um eine Art der bloß inneren Selbstermächtigung im Rahmen einer melancholischen ‚Weltflucht‘ (Schlagwort: *Eskapismus*), der eine Resignation gegenüber den wirklich herrschenden gesellschaftlichen Verhältnissen und Kräften der Moderne zugrunde liegt.[1]

Literatur der Dekadenz

Für ein erstes kurzes Beispiel dieser neuen – so der Vorreiter vor allem der ästhetizistischen Theorie in Wien, *Hermann Bahr* (1863-1934) – ‚Romantik der Nerven‘ mag hier ein Gedicht des Wieners *Felix Dörmann* (1870-1928) aus dessen 1892 erschienenen Band mit dem programmatischen Titel *Sensationen* (im Sinne von ‚Gefühlserlebnisse‘) dienen. Autor wie Gedicht können zwar wohl nicht den höchsten Rang beanspruchen, jedoch die neue ästhetische und eskapistische Ausrichtung der Wahrnehmung kurz demonstrieren. Es handelt sich innerhalb eines vierteiligen, den Bandtitel tragenden Zyklus um das abschließende Stück:

Theoretiker H. Bahr (1863-1934)

> O lasst mich, lasst mich ruh'n auf grünem Rasen,
> In seinen Farbenzauber mich versenken,

Entfliehen allem qualvoll-heißen Denken
Zu meiner Seele schweigenden Extasen.

O lichtes Grün, wie Du die Seele weitest,
Um jede Nervenfaser zärtlich kost,
In's Unermess'ne das Gefühl verbreitest,
O lichtes Wiesengrün – mein treuer Trost.

Wenn meine Seele sich vor Grausen sträubet,
Wenn alles öd und ekel ist geworden,
Wenn Qual und Sehnsucht jedes Glück ermorden,
Dein sanfter Schleier einzig sie betäubet.[2]

Ein weitaus bedeutenderer Vertreter des deutschen Symbolismus ist *Stefan George* (1868-1933), der nach dem Schulbesuch in Darmstadt ausgedehnte Sprachreisen durch europäische Großstädte unternimmt und so 1889 auch nach Paris kommt, wo er Mallarmé, Verlaine und andere persönlich kennenlernt. In der Folgezeit eifert er zunächst diesen und anderen (etwa: Londoner) Ästhetizisten nach, deren dekadenter Habitus im deutschsprachigen Raum noch eine große Provokation gegenüber den bildungsbürgerlichen Kulturvorstellungen bedeutet. Ab 1892 bemüht sich George um die Bildung eines eigenen Künstlerkreises in München, aber auch unter Berliner Künstlern (die Stabilität dieses des entstehenden so genannten *George-Kreises* war jedoch anscheinend deutlich geringer als lange Zeit angenommen[3]). Zentrales Organ des Kreises werden die elitären *Blätter für die Kunst* (1892-1919), da George für sie im Laufe der Zeit in der Tat zahlreiche Literaten der neuen Strömung als Beiträger gewinnt.

S. George (1868-1933)

Aus Georges eigenem lyrischen Œuvre seien hier Gedichtbeispiele aus zwei eher frühen und bekannter gewordenen Bänden gegeben, die den Dichter zwischen der Bespiegelung amoralisch-ästhetizistischen Größenwahns und melancholischer ,Feinheit' zeigen. Für die erstere Perspektive wird im Folgenden ein Stück aus dem Band *Algabal* von 1892 wiedergegeben, der den spätantiken, vom Cäsarenwahn befallenen römischen Kaiser *Varius Avitus Bassianus* (218-222), nach dem von diesem verehrten syrischen Gott auch: *Heliogabal, Elagabal* u. ä., imaginiert. Es handelt sich aus dem Zyklus „Tage" (der ,dekadenten' Herrschaft Algabals) um den Abschluss eines Gedichts aus dem Munde des Kaisers, der zur Herrschaftssicherung gerade einen Verwandten hat ermorden lassen:

Abb. 30: *Das Jahr der Seele* (1897)

Sieh ich bin zart wie eine apfelblüte
Und friedenfroher denn ein neues lamm,
Doch liegen eisen stein und feuerschwamm
Gefährlich in erschüttertem gemüte.

Hernieder steig ich eine marmortreppe,
Ein leichnam ohne haupt inmitten ruht,
Dort sickert meines teuren bruders blut,
Ich raffe leise nur die purpurschleppe.[4]

Für ein ästhetizistisch-melancholisches lyrisches Sprechen steht hingegen insbesondere das Auftaktgedicht aus Georges 1897 erschienenem Gedichtband *Das Jahr der Seele* und dort aus dem ersten Zyklus „Nach der Lese" (1895 bereits in den Blättern für die Kunst erschienen). In seinem ersten Satz lädt dieses Naturgedicht sozusagen ein Du ein, in feinsinnig-dekadenter Haltung dort noch einiges zu erleben, wo andere bereits alles für abgestorben halten:

Komm in den totgesagten park und schau:
Der schimmer ferner lächelnder gestade,
Der reinen wolken unverhofftes blau
Erhellt die weiher und die bunten pfade.

Dort nimm das tiefe gelb, das weiche grau
Von birken und von buchs, der wind ist lau,
Die späten rosen welkten noch nicht ganz,
Erlese küsse sie und flicht den kranz,

Vergiss auch diese letzten astern nicht,
Den purpur um die ranken wilder reben
Und auch was übrig blieb von grünem leben
Verwinde leicht im herbstlichen gesicht.[5]

 Dieses und weitere Gedichte aus dem *Jahr der Seele* stellen für viele Literaten der Zeit bereits eine Art Gipfelpunkt poetischen Ausdrucks dar, so auch für den etwas jüngeren *Hugo v. Hofmannsthal* (1874-1929). Hofmannsthal ist mit George bereits 1891 eng vertraut, überwirft sich mit ihm aus persönlichen Gründen jedoch immer wieder und 1906 endgültig (als Zeugnis der zunächst hohen Wertschätzung vgl. etwa Hofmannsthals „Gespräch über Gedichte" von 1903[6]). Schon während der Schulzeit verkehrt Hofmannsthal als Spross einer reichen Wiener Familie in Kreisen der Dekadenzkünstler

Abb. 31: Der junge Hugo v. Hofmannsthal (1893)

und ist etwa mit dem Dramatiker und Erzähler *Arthur Schnitzler* (1862-1931) befreundet. Dessen 1892 veröffentlichter Dramolett-zyklus um einen Wiener Dandy und *décadent*, *Anatol*, erhält als „Einleitung" bereits ein Gedicht des gerade 18jährigen Hof-mannsthal mit den mottohaften Zeilen: „Also spielen wir Theater, / Spielen unsre eignen Stücke, / Frühgereift und zart und traurig, Die Komödie unsrer Seele, Unsres Fühlens Heut und Gestern, / Böser Dinge hübsche Formel".[7]

Der junge Hofmannsthal steht ferner mit Gedichten wie „Vor-frühling" aus demselben Jahr oder der „Ballade des äußeren Le-bens" (1895) selbst geradezu prototypisch für ein Klischee des esoterisch-weltfernen Ästhetizismus. Allerdings ist etwa an den soeben zitierten Zeilen auch zu bemerken, dass Hofmannsthals melancholischer Ton bereits eine selbstreflexiv-kritische Ausein-andersetzung mit der eigenen Grundhaltung befördert, denn ge-spielt wird ja „[b]öser Dinge hübsche Formel". Dass Hofmannsthal schon in seinem Frühwerk in ethischer Perspektive über den Äs-thetizismus hinausdenkt, deutet sich des Weiteren etwa in dem Gedicht „Manche freilich ..." an. Es führt von einer auf den ersten Blick elitären sozialen Dichotomie (Str. 1) auf eine tiefgründigere existentielle Unterschiedlichkeit der Menschen, aber auch auf de-ren Verbundenheit (Str. 2 f.). Schließlich kommt das lyrische Ich in den Blick (Str. 4 f.), das hier zugleich ein Dichter-Ich repräsen-tiert, das aus dem zuvor Gesagten am Ende eine eigene gesell-schaftliche Verantwortung abzuleiten scheint (die in späteren Jahren bei Hofmannsthal sogar in ein Programm dichterischer ‚Menschenführung' münden wird). Das Gedicht ist vermutlich 1895 entstanden und wird zuerst 1896 in Georges *Blättern für die Kunst* abgedruckt:

Selbstreflexion der Dekadenz

> Manche freilich müssen drunten sterben,
> Wo die schweren Ruder der Schiffe streifen,
> Andre wohnen bei dem Steuer droben,
> Kennen Vogelflug und die Länder der Sterne.
>
> Manche liegen immer mit schweren Gliedern
> Bei den Wurzeln des verworrenen Lebens,
> Andern sind die Stühle gerichtet
> Bei den Sibyllen, den Königinnen,
> Und da sitzen sie wie zu Hause,
> Leichten Hauptes und leichter Hände.
>
> Doch ein Schatten fällt von jenen Leben
> In die anderen Leben hinüber,
> Und die leichten sind an die schweren
> Wie an Luft und Erde gebunden:

Ganz vergessener Völker Müdigkeiten
Kann ich nicht abtun von meinen Lidern,
Noch weghalten von der erschrockenen Seele
Stummes Niederfallen ferner Sterne.

Viele Geschicke weben neben dem meinen,
Durcheinander spielt sie alle das Dasein,
Und mein Teil ist mehr als dieses Lebens
Schlanke Flamme oder schmale Leier.[8]

Was den Hofmannsthal der Jahrhundertwende darüber hinaus von der Ich-zentrierten ästhetizistischen Haltung Georges trennt, ist die in dem berühmten „Chandos-Brief" (1902) artikulierte Sprach- und Ich-Krise des modernen Menschen. Es geht dort um die Suche nach einem Ausweg aus den als sinnentleert beziehungsweise haltlos empfundenen Bedeutungssetzungen zumal der Sprache der Gebildeten und aus einem geschlossenen, nur der eigenen Größe bewussten Ich. Einen solchen Ausweg sieht der fiktive Briefverfasser in einer hyperromantischen Fundamentalsprache, in der „die stummen Dinge zu mir sprechen"[9], und zwar jenseits herkömmlichen Begriffsdenkens und jenseits von dessen Verankerung in einem nur über den Dingen stehenden Ich. Diese Sprache soll einer (emphatisch beschriebenen) neuen Welterfahrung in Momenterlebnissen dienen. Sie stellt sich allerdings aus naheliegenden sprachlogischen Gründen nicht nur in der Fiktion keineswegs einfach ein und blieb wohl auch für den realen Autor Hofmannsthal Desiderat. Da er dennoch unmittelbar weiter gedichtet hat, ist mit Lawrence Ryan das lyrische Werk Hofmannsthals bis 1900 (danach verfasst er kaum mehr Gedichte) „weniger ein Vorstoß in das so gesehene neue Gebiet als vielmehr ein melancholisches Abschiednehmen von der lyrischen Vergangenheit."[10]

Der nur ein Jahr nach Hofmannsthal geborene *Rainer Maria Rilke* (1875-1926) wächst in der deutschen Gemeinschaft des habsburgischen Prags auf, allerdings in weitaus kleineren bürgerlichen Verhältnissen als Hofmannsthal und bestimmt zunächst durch die väterliche Absicht, dem Sohn eine militärische Karriere angedeihen zu lassen. Erst

Abb. 32: Paula Modersohn-Becker: *Rainer Maria Rilke* (1906)

nach einem privat vorbereiteten Abitur und einem in Prag begon-
nenem literatur- und kunstwissenschaftlichen Studium ist Rilke,
der um 1895 bereits einige weniger beachtete Lyrikbände veröffentlicht hat, ein entscheidender Schritt möglich: Er siedelt zur
Fortsetzung des Studiums nach München über (1896). Dort kann
er sich an der Seite der einstigen engen Freundin Nietzsches, der
Essayistin und Erzählerin *Lou Andreas-Salomé* (1861-1937), weitergehend bilden und zu einer Existenz als freier Schriftsteller ent-
schließen. So entsteht vor dem Hintergrund von Russlandreisen
mit Andreas-Salomé das lyrische *Stunden-Buch* (im Titel in freier
Anlehnung an den mittelalterlichen Typus des Stundengebet-
Buchs für Laien). In der Fiktion von dessen drei auf 1899, 1901
und 1903 datierten und 1905 geschlossen veröffentlichten Teilen
ist nämlich ein russischer Mönch und Ikonenmaler der Verfasser.
Die Langgedicht-Meditationen über, so die Titelthemen der Teile,
das „mönchische Leben", die „Pilgerschaft" und „Armuth und [...]
Tod", sind jedoch jeweils auf den das Göttliche suchenden Künstler in einer krisenhaften Moderne übertragen zu verstehen.
Sprachlich zeigt sich das Werk dabei als zeitgenössisch ästhetizis-
tisch beziehungsweise genauer: weihevoll-bildhaft in der Manier
des literarischen *Jugendstils*.

Im engeren Sinn lyrische Gedichte umfasst *Das Buch der Bilder*,
in der ersten Auflage von 1902 eine Sammlung von Gedichten
der Jahre 1898 bis 1901, in der zweiten Auflage (1906) erweitert
um Gedichte aus dem Zeitraum 1902 bis 1906. Auch in ihm ist
ein ‚erlesener‘, modern-melancholischer Duktus mit einer christ- | Melancholie und
lich-weihevollen Gottesvorstellung gekoppelt, so etwa in dem lan- | Christentum
ge Zeit schulnotorischen „Herbst" von 1902:

> Die Blätter fallen, fallen wie von weit,
> als welkten in den Himmeln ferne Gärten;
> sie fallen mit verneinender Gebärde.
>
> Und in den Nächten fällt die schwere Erde
> aus allen Sternen in die Einsamkeit.
>
> Wir alle fallen. Diese Hand da fällt.
> Und sieh dir andre an: es ist in allen.
>
> Und doch ist Einer, welcher dieses Fallen
> unendlich sanft in seinen Händen hält.[11]

Die Hofmannsthal'sche Frage nach dem Ich in der Perspektiven-
krise ist durch die Einführung einer ‚gütigen‘ transzendenten
Instanz (und in diesem Fall: ein existenzialistisches ‚Wir‘!) aber
keineswegs endgültig ‚aufgehoben‘. Vielmehr ist für ein bald

nachfolgendes Gedichtwerk Rilkes, die *Neuen Gedichte* von 1907/08, zu konstatieren, dass insbesondere dieses Werk „sich in einem wesentlichen Sinne als Versuch einer Realisierung dessen betrachten [lässt], was Hofmannsthal vorschwebt".[12] In ihm erweist sich Rilke nämlich auf besondere Weise als ein ‚Dichter der Dinge‘, der im Gegensatz zu Hofmannsthal, so Lawrence Ryan, den „Sprung über die Subjektgebundenheit [...] [leisten will], um durch das ‚symbolische‘ Vermögen der poetischen Sprache menschliches Fühlen in dinglich Wirkendes zu verwandeln."[13] Das wohl bekannteste Beispiel für ein solches neues, bei aller Problematik der ‚äußeren Welt‘ kraftvolles In-sich-selbst-Ruhen ist das Gedicht „Der Panther", untertitelt „Im Jardin des Plantes, Paris" und entstanden etwa 1902 (Erstdruck 1903 in der Zeitschrift *Deutsche Arbeit. Monatsschrift für das geistige Leben der Deutschen in Böhmen, München, Prag*):

> Sein Blick ist vom Vorübergehn der Stäbe
> so müd geworden, daß er nichts mehr hält.
> Ihm ist, als ob es tausend Stäbe gäbe
> und hinter tausend Stäben keine Welt.
>
> Der weiche Gang geschmeidig starker Schritte,
> der sich im allerkleinsten Kreise dreht,
> ist wie ein Tanz von Kraft um eine Mitte,
> in der betäubt ein großer Wille steht.
>
> Nur manchmal schiebt der Vorhang der Pupille
> sich lautlos auf –. Dann geht ein Bild hinein,
> geht durch der Glieder angespannte Stille –
> und hört im Herzen auf zu sein.[14]

Weitere lyrische Werke Rilkes mit eigenen ‚Weltentwürfen‘ eines krisenhaft-modernen Ichs stellen in Sonderheit die ‚klagenden‘ *Duineser Elegien* (entstanden bereits seit 1912) und die poetologischen *Sonette an Orpheus* dar, beide publiziert im Jahr 1923, auf die hier nurmehr hingewiesen werden kann.

1.2 Expressionismus und Dadaismus

Eine deutlich andere Zivilisationskritik als im Ästhetizismus lässt sich im zweiten Jahrzehnt des 20. Jahrhunderts in Kunstwerken der Malerei, Bildhauerei und Literatur feststellen, die dem *Expressionismus* zuzurechnen sind. Nicht die quasi aristokratische, dekadente Absetzung ‚nach oben‘ bestimmt hier die ästhetische Haltung, sondern die Suche nach gerade *nicht* erhabenen oder

‚feinen' Ausdrucksformen. Diese sollen eine neue Drastik von
Wahrnehmung und Empfindung präsentieren, die sich jenseits
bürgerlich-konventionalisierter Kunstschönheit bewegen und die
Infragestellung des Menschen in der industriellen und nationa-
listischen Moderne thematisieren.

Die an *Friedrich Nietzsche* (1844-1900) angelehnte nihilistische
Quintessenz der Dichtung dieses Jahrzehnts zieht die von *Kurt
Pinthus* (1886-1975) herausgegebene Sammlung mit dem bezeichnenden Titel *Menschheitsdämmerung* (Untertitel: *Symphonie
jüngster Dichtung*). Ihre vier Hauptabschnitte geben zugleich einen Abriss thematischer Schwerpunkte der expressionistischen
Lyrik, sie sind betitelt: „Sturz und Schrei", „Erweckung des Her-
zens", „Aufruf und Empörung" und „Liebe den Menschen". Die
Sammlung erscheint 1920 (jedoch zurückdatiert auf 1919) in Berlin und markiert bereits einen Endpunkt dieser Strömung, die
sich durch die gewandelten Verhältnisse nach dem Ersten Weltkrieg überlebt hat. (Die von ihr geschaffenen Ausdrucksmittel
werden jedoch ein wichtiger Teil des Repertoires des 20 Jahrhunderts bleiben.) ‚Schrei', ‚Aufruf', ‚Empörung', aber auch eine starke menschliche Empathie bilden also die pathetischen Kerninten-
tionen dieser Strömung, die vielfach auch *Bewegung* im Sinne
realer Künstlergruppenbildungen wird und die sich früh in eigenen Publikationsorganen manifestiert: Zu nennen sind hier vor
allem die bezeichnend betitelten Zeitschriften *Der Sturm*, erschienen von 1910 bis 1932, hg. v. *Herwarth Walden* (1878-1941) und
Die Aktion, 1911-1932, hg. v. *Franz Pfemfert* (1879-1954) oder auch
Das neue Pathos, 1913-1919, zuerst hg. v. *Hans Ehrenbaum-Degele*
(1889-1915).

Erscheint der Unterschied zwischen Ästhetizismus und Expressionismus auf programmatischer Ebene zunächst recht groß, so
lässt sich dennoch feststellen, dass einzelne Lyriker just aus der
einen Strömung kommen und mit gewissen ästhetischen Ver-
schiebungen wenig später in der anderen weiterwirken. Etwa
Ernst Stadler (1883-1914) aus Colmar, seit frühester Kindheit in
Straßburg ansässig, profiliert sich – nach Anfängen in volksliedhafter elsässischer ‚Heimatkunst' à la *Friedrich Lienhard* (1865-
1929) und mythologischen Dichtungen – zu Anfang des neuen
Jahrhunderts zunächst mit dem neoromantisch-symbolistischen
Gedichtband *Praeludien* (1905), einem Werk, das deutlich an
George und den jungen Hofmannsthal anknüpft und sich teils
stark in der Imagination ‚künstlicher Paradiese' (nach frz. *paradis
artificiels*) ergeht. Es folgt eine Phase des Übergangs, in der Stadler
in Straßburg seine literaturwissenschaftliche Ausbildung bis zur

Eine Quintessenz:
*Menschheitsdäm-
merung*

E. Stadler (1883-
1914)

Habilitation (1908) vorantreibt. 1912 bekommt er denn auch eine Dozentur in Brüssel und 1913 eine weitere in Toronto angeboten, die er im Herbst des Folgejahres antreten soll. Dazu kommt es durch die sofortige Einberufung des Reserveleutnants im August 1914 nicht mehr, und Stadler erleidet den Kriegstod noch im selben Jahr.

Expressive Wende nach 1910

Zu Anfang der 1910er Jahre hat Stadler jedoch bereits zu einem neuen lyrischen Ton gefunden, und zwar in Form von hymnischen Langzeilenversen in parataktisch reihender Syntax und mit einer expressiven, spannungsvoll an der modernen Gegenwart orientierten Bildlichkeit. Die ästhetizistische Haltung scheint dabei zwar immer noch als Stilzug durch und blieb wohl auch ein Faszinosum für Stadler. Sie wird jedoch nun mit einer neuen, pathetisch auf Totalität des Erlebens, aber auch das ‚Wesenhafte' gerichteten Weltwahrnehmung gekoppelt. Publiziert wird eine ganze Reihe entsprechender lyrischer Gedichte schließlich 1914 in einer Gedichtsammlung mit dem epochentypischen Titel *Der Aufbruch*. Das Titelgedicht der Gedichtsammlung ist dabei ein besonders aufschlussreiches Beispiel: Oberflächlich inszeniert es ein Wechselbad quasi-soldatischer Erfahrung zwischen einem ersten kriegsartigen Aufbruch, dann traumhaftem Ausruhen und schließlich umso emphatischerem gemeinschaftlichem Losstürmen in eine Schlacht, die zu Sieg oder Untergang, auf jeden Fall aber intensivstes Welt-Erleben führt. Es handelt sich hier jedoch nicht um die berüchtigte reale Kriegsbegeisterung der Zeit (das Gedicht entstand bereits 1913). Vielmehr liefert *Der Aufbruch* die bildhaft-metaphorische Beschreibung eines großen Erlebnisdranges, der sich zudem biographisch-literarisch deuten lässt: Nach einer bereits emphatischen Frühphase (Stadlers dichterische Anfänge?) folgt diejenige einer gleichsam eskapistischen Weltentfernung (der eigene Ästhetizismus?) und schließlich das neue Gefühl, zu einem intensiven Welt-Erleben aufgerufen zu sein (expressionistisches Programm). Das hymnische Langzeilengedicht, hier mit seinem inhaltlich abschließenden Abschnitt zitiert, steht beziehungsreich am Ende des ersten, „Die Flucht" betitelten Zyklus der Gedichtsammlung:

> Ich war in Reihen eingeschient, die in den Morgen stießen, Feuer
> über Helm und Bügel,
> Vorwärts, in Blick und Blut die Schlacht, mit vorgehaltnem Zügel.
> Vielleicht würden uns am Abend Siegesmärsche umstreichen,
> Vielleicht lägen wir irgendwo ausgestreckt unter Leichen.
> Aber vor dem Erraffen und vor dem Versinken
> Würden unsere Augen sich an Welt und Sonne satt und glühend
> trinken.[15]

Nicht nur in Ernst Stadlers Lyrik finden sich verschiedenartig pathetische Metaphorisierungen von Kampf- und Konfliktsituationen. Für Karl Eibl etwa steht eine Vielzahl expressionistischer Werke im Zeichen der „Generalmetapher: Krieg"[16], die einen ‚Weltkrieg' als eine Art Purgatorium, ein Fegefeuer für die als öde und einengend empfundenen Zeitumstände beschwört. Der wichtigste Vertreter einer Dichtung dieses Einschlags war *Georg Heym* (1887-1912). Der in Schlesien geborene, in Berlin aufgewachsene Heym schreibt bereits als Schüler, versucht sich jedoch beruflich nicht als Schriftsteller, sondern auf verschiedensten anderen Berufsfeldern zu etablieren (allerdings vergeblich). Seine überwiegend sentimental-stimmungslyrischen Jugenddichtungen reichen von 1899 bis 1909, finden jedoch in seinen großen Lyrikband *Der ewige Tag* (1911) praktisch keinen Eingang. Dieser steht vielmehr bereits unter dem Eindruck eines zunehmenden allgemeinen Entfremdungsgefühls sowie unter dem Einfluss der Berliner Expressionistenszene: Heym besucht dort seit 1910 den *Neuen Club*, in dessen *Neopathetischem Cabaret* er bald selbst Lesungen abhält. 1911 wird Heym schließlich zu seinem bedeutendsten Gedicht mit Bezug auf die oberhalb benannte ‚Generalmetapher' inspiriert, „Der Krieg I". Die Inspiration war allerdings wohl eine ganz konkrete, denn die vom Deutschen Reich verursachte Zweite Marokkokrise hat in diesem Jahr bereits eine allgemeine Kriegsfurcht ausgelöst. Veröffentlich wird das Gedicht durch Freunde Heyms unmittelbar nach dessen frühem Unfalltod (1912) in einer Sammlung seiner letzten Gedichte, *Umbra Vitae* (lat. ‚Schatten des Lebens'). Die erste, siebte und die letzten beiden Strophen (Nr. 10 f.) von „Der Krieg I" mögen hier einen Eindruck von seiner furiosen Allegorik und der Wucht der Bilder geben:

G. Heym (1887-1912)

(1) Aufgestanden ist er, welcher lange schlief,
Aufgestanden unten aus Gewölben tief.
In der Dämmrung steht er, groß und unerkannt,
Und den Mond zerdrückt er in der schwarzen Hand.

(7) In die Nacht er jagt das Feuer querfeldein
Einen roten Hund mit wilder Mäuler Schrein.
Aus dem Dunkel springt der Nächte schwarze Welt,
Von Vulkanen furchtbar ist ihr Rand erhellt.

(10) Eine große Stadt versank in gelbem Rauch,
Warf sich lautlos in des Abgrunds Bauch.
Aber riesig über glühnden Trümmern steht
Der in wilde Himmel dreimal seine Fackel dreht,

Abb. 33: Georg Trakl (1887-1914)

(11) Über sturmzerfetzter Wolken Widerschein,
In des toten Dunkels kalte Wüstenein,
Daß er mit dem Brande weit die Nacht verdorr,
Pech und Feuer träufet unten auf Gomorrh.[17]

Tatsächlich unter dem Eindruck des entfachten Ersten Weltkriegs entstehen dann andere Werke des Expressionismus, die alte lyrische Topoi wie die hymnische Klage oder eine neue realiter tödliche Feindlichkeit der Umwelt zum Thema haben. Als Beispiele lassen sich etwa Gedichte von Georg Trakl oder August Stramm anführen. Ihr expressiver Sprachduktus ist nicht alleinig aus dem Erlebnis der realen Kriegssituation zu verstehen (vgl. die vorangegangenen Ausführungen), diese führt dem vorgeprägten Stil allerdings einen bitteren Realitätsbezug zu.

Der wie Heym fast zeit seines kurzen Lebens nirgends 'ankommende' *Georg Trakl* (1887-1914) aus Salzburg wendet sich ebenfalls nach ästhetizistischen Anfängen (publiziert in der lyrischen *Sammlung 1909*) dem Expressionismus zu, und zwar wie andere auch im Kontakt mit einer dazu anregenden literarischen Institution. In Trakls Fall ist es die Innsbrucker Zeitschrift *Der Brenner*, herausgegeben von *Ludwig v. Ficker* (1885-1919), der Gedichte des jungen Autors seit 1912 veröffentlicht und ihn persönlich unterstützt. Im *Brenner* erscheint 1915 auch das Gedicht „Grodek", benannt nach einem Schlachtort vom September 1914, an dem Trakl zwei Tage als Sanitäter für eine völlig unzureichende Verwundetenversorgung eingeteilt war. Das Gedicht spiegelt das erschütternde Erlebnis von Schlacht und Sterben in einer romantisch mythologisierenden Klagehymne, die durch das nicht mehr würdevoll-erhabene Geschehen erschüttert wird:

Am Abend tönen die herbstlichen Wälder
Von tödlichen Waffen, die goldnen Ebenen
Und blauen Seen, darüber die Sonne
Düstrer hinrollt; umfängt die Nacht
Sterbende Krieger, die wilde Klage
Ihrer zerbrochenen Münder.
Doch stille sammelt im Weidengrund
Rotes Gewölk, darin ein zürnender Gott wohnt
Das vergossne Blut sich, mondne Kühle;
Alle Straßen münden in schwarze Verwesung.
Unter goldnem Gezweig der Nacht und Sternen

Es schwankt der Schwester Schatten durch den schweigenden Hain,
Zu grüßen die Geister der Helden, die blutenden Häupter;
Und leise tönen im Rohr die dunkeln Flöten des Herbstes.
O stolzere Trauer! ihr ehernen Altäre
Die heiße Flamme des Geistes nährt heute ein gewaltiger Schmerz,
Die ungebornen Enkel.[18]

Die Erfahrung der puren Feindlichkeit der Kriegsrealität setzt in noch schrofferer Form *August Stramm* (1874-1915) lyrisch um, der ebenfalls erst in den 1910er Jahren zu eigenständigeren literarischen Ausdrucksformen (vor allem im Drama) findet, als er in expressionistischen Kreisen Berlins, wo er als Ministerialbeamter lebt, verkehrt. Stramms später bild- und klangstarker Kurzzeilenstil mit effektvollen Kontraktionen von Syntax, Semantik und Wortformen zeigt sich besonders in den Gedichtveröffentlichungen in Waldens Zeitschrift *Der Sturm* von 1914/15. Unter diesen findet sich auch das nachfolgende Stück aus der Zeit nach Kriegsbeginn (Abdruck 1915) mit dem Titel „Patrouille": A. Stramm
(1874-1915)

Die Steine feinden
Fenster grinst Verrat
Äste würgen
Berge Sträucher blättern raschlig
Gellen
Tod.[19]

Dem expressionistischen Thema der nicht mehr verbrämten menschenfeindlichen Lebensverhältnisse nimmt sich seit den frühen 1910er Jahren ferner *Gottfried Benn* (1886-1956) an, und zwar in einer kühl-distanzierten und bisweilen zynischen, aber letztlich doch am einzelnen Menschen hängenden Diktion. Der im Brandenburgischen geborene Pfarrerssohn schlägt 1905 an der Berliner Kaiser-Wilhelm-Akademie die Offizierslaufbahn ein und lässt sich zum Militärarzt ausbilden, muss jedoch wegen eines angeborenen Nierenleidens 1912 zunächst seinen Abschied nehmen (er wird allerdings von Kriegsbeginn bis 1917

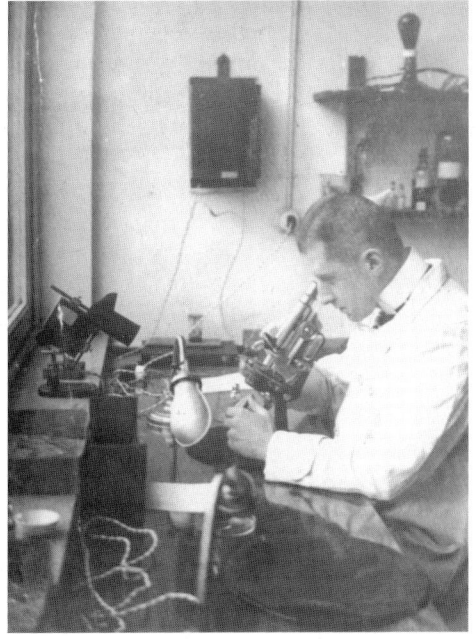

Abb. 34: Gottfried Benn (1886-1956)

noch einmal als Sanitätsarzt im eroberten Belgien tätig sein). In den nächsten zwei Jahren ist Benn Assistenzarzt an Berliner Kliniken, und dort vornehmlich in der Pathologie, wo er eine große Zahl von Leichenuntersuchungen vornimmt. Aus dieser Tätigkeit schöpft er den aufsehenerregenden Stoff für seine Gedichtsammlung *Morgue und andere Gedichte* (*morgue*: frz. ‚Leichenschauhaus‘, aber auch: ‚Überheblichkeit, Dünkel‘). Die zunächst nur neun Stücke der Sammlung erscheinen 1912 mit großer, kontroverser Resonanz in Flugblattform und weisen bereits den oben genannten Benn'schen Ton auf. Wiedergegeben sei hier das erste Gedicht des internen Zyklus „Morgue", „Kleine Aster", das, völlig jenseits der seinerzeit konventionellen Verklärung des Todes, in nüchtern-unregelmäßigen Versen mit rudimentären Reimen eine krude, einfache Realität zeigt:

> Ein ersoffener Bierfahrer wurde auf den Tisch gestemmt.
> Irgendeiner hatte ihm eine dunkelhellila Aster
> zwischen die Zähne geklemmt.
> Als ich von der Brust aus
> unter der Haut
> mit einem langen Messer
> Zunge und Gaumen herausschnitt,
> muß ich sie angestoßen haben, denn sie glitt
> in das nebenliegende Gehirn.
> Ich packte sie ihm in die Brusthöhle
> zwischen die Holzwolle,
> als man zunähte.
> Trink dich satt in deiner Vase!
> Ruhe sanft,
> kleine Aster![20]

Der Expressionismus setzt sich zwar noch bis nach dem Kriegsende 1918 fort, zumal mit pazifistischem Impetus und mehr noch

in der dramatischen Gattung. Seit 1916 entwickelt sich aber auch eine weitere Form provokativ-antibürgerlicher Kunst, der *Dadaismus*. Ein erstes Zentrum dieser Strömung im deutschsprachigen Raum bildet sich in Zürich unter anderem mit dem auch als Lyriker aktiven *Hugo Ball* (1886-1927), dann verlagert sich die Bewegung vor allem nach Berlin. Eine besondere Öffentlichkeitswirksamkeit erreicht allerdings der eigenständig agierende *Kurt Schwitters* (1887-

Abb. 35: Kurt Schwitters: *Kleine Dada-Soiree* (1922)

1948), der seine bildenden und Textkunstwerke unter das Schlagwort MERZ (symptomatischer bloßer Fetzen des Wortes ‚Kom-
merzbank‘ in einer Bildcollage) stellt. Expressionistische
Ausdrucksmittel lassen sich auch bei ihm finden, etwa Stramms
‚gestörte‘ Sprache, die Koppelung von Gegensätzlichem à la Trakl
oder andere Verfahren der *Montage* (vgl. das allbekannte expressive Gedicht „Weltende" [1910] von *Jakob van Hoddis* [1887-1942]).
Nicht mehr zu finden ist jedoch jegliches Pathos. Stattdessen setzt
Schwitters etwa in seinem berühmten ‚Liebesgedicht‘ „An Anna
Blume" (erste Veröffentlichung 1919 in *Der Sturm*) auf scheinbar
sinnentleert alberne Versatzstücke anstelle von konventionellem
‚Tiefsinn‘ – was freilich nicht heißt, dass das Gedicht nicht vielleicht doch eine große, erotische Liebeserklärung enthielte. „An
Anna Blume", untertitelt auch „Merzgedicht I", macht um 1920
medial Furore wie ein frühes Stück Popkultur (Aushang an Lit-
fasssäulen, bürgerliche Proteststürme). Zitiert sei aus Platzgrün-
den lediglich das ‚Finale‘ des Gedichts in der Fassung letzter Hand
von 1947:

> Anna Blume, Anna, A – – – – N – – – – N – – – – A!
> Ich träufle Deinen Namen.
> Dein Name tropft wie weiches Rindertalg.
> Weißt Du es Anna, weißt Du es schon,
> Man kann Dich auch von hinten lesen.
> Und Du, Du Herrlichste von allen,
> Du bist von hinten, wie von vorne:
> A – – – – – – N – – – – – – N – – – – – – A.
> Rindertalg träufelt STREICHELN über meinen Rücken.
> Anna Blume,
> Du tropfes Tier,
> Ich – – – – – – – liebe – – – – – – – Dir![21]

Zeit der Weimarer Republik   1.3

Die nicht einmal zwei Jahrzehnte vom Ende des Zweiten deutschen Kaiserreichs bis zu Hitlers ‚Machtergreifung‘ werden üblicherweise als eigene literarische Epoche betrachtet, und starke
allgemeinhistorische Einschnitte sowie literaturgeschichtliche
Traditionsbrüche davor und danach sprechen dafür: Eine unge-
brochene expressionistische Strömung ist nur bis etwa 1919 festzustellen, und die NS-Herrschaft ab 1933 wird auch die literarische
Landschaft merklich verändern. Was jedoch die Binnenanalyse
dieser schon allgemeinhistorisch turbulenten *Zeit der Weimarer*

Republik betrifft, so greifen einfache Epochenlabels zu kurz. Vielmehr ist von einer Vielfalt der Strömungen zu sprechen, die mal neuer (,moderner'), mal mehr an (freilich wiederum unterschiedliche) Traditionen gebunden erscheinen. Das berühmte Diktum Ernst Blochs von der ,Gleichzeitigkeit des Ungleichzeitigen' in der europäischen Moderne trifft daher im Kleinen hier ebenfalls zu.

Engagement
versus Artistik

Im Bereich der Lyrik bilden dabei in den 1920er Jahren insbesondere zwei Richtungen einen nahezu diametralen Kontrast, obschon sich beide aus vormaligen Vertretern des Expressionismus speisen. Es ist dies auf der einen Seite die kommunistische Agitationslyrik, also eine *litterature engagée* in der Tradition des progressiven Vormärz, und auf der anderen Seite eine betont apolitische, aber dennoch keineswegs einfach traditionsverhaftete Dichtung, nämlich vielmehr eine Art nihilistisch-modernistischer Ästhetizismus. Beide Richtungen sollen an wichtigen Vertretern hier als erste kurz vorgestellt werden, beginnend mit der neu politisierten Lyrikart.

Wegen seiner bis weit in die 1950er Jahre reichenden politisch-kulturellen Bedeutung sei als erster Vertreter dieser Richtung *Johannes R. Becher* (1891-1958) vorgestellt, der aus einem pathetischen Expressionismus heraus seit den späten 1910er Jahren im Sinne eines kommunistischen Umbruchs dichtet. Der großbürgerliche Juristensohn aus München wirkt (nach sogar noch neuromantischen Anfängen) 1912 an Pfemferts Zeitschrift *Die Aktion* mit, ab 1913 gibt er *Die Neue Kunst* mit heraus, und 1914 erscheint sein erster expressionistischer Lyrik- und Prosaband *Verfall und Triumph*, dem bis 1918 mehrere weitere folgen. Der Bewunderer der russischen Oktoberrevolution tritt zunächst der USPD bei, 1918 dem Spartakusbund und 1919 schließlich der KPD, deren Ideologie er – bis auf eine Unterbrechung in den frühen 1920er Jahren – über Jahrzehnte dienen wird (s. noch Aufbaumodul 6, Abschnitt 1).

In sprachlich quasi-christlichem religiösem Eifer ,ersehnen' Bechers Gedichte seit den späten 1910er Jahren zunächst die Vernichtung der herrschenden konservativen Mächte. Diesen stellt Becher in seiner Lyrik immer nachdrücklicher proletarisch-revolutionäre Friedenskämpfer gegenüber, die sein lyrisches Ich besingt und denen es sich beigesellen will. Dazu gesellen sich bisweilen recht martialische Lobeshymnen auf das Fortschreiten des Kommunismus vor allem in der Sowjetunion und auf deren Führer (etwa „Hymne an Lenin" von 1924). Aus dem Band *An Alle!* von 1919, das heißt kurz nach der deutschen Novemberrevolution von 1918 (eigene Mitwirkung im Spartakusbund!), sei hier die

erste Strophe des dreistrophigen „Spartakus", eines der kürzeren
Stücke des überaus produktiven, um nicht zu sagen vielschrei-
benden Dichters, wiedergegeben. Es bezieht sich mythisch-religi-
ös auf den römisch-antiken Führer eines Sklavenaufstands zurück, um dessen Bedeutung bis zur Gegenwart zu beschwören:

> Sklaven (Millionen) rissest du aus Schründen!
> Und du zerschelltest. Dennoch *blüht* dein Reich.
> O deine Tat besternt – welch Glück – die Welten ...
> Der Mensch ist gleich![22]

Ebenfalls aus expressionistischen sowie dadaistischen Ursprün-
gen heraus findet der aus Berlin stammende *Walter Mehring*
(1896-1981) zu seiner allerdings nicht unmittelbar parteilichen
linken Gesellschaftskritik in Lyrik und Prosa. Er arbeitet dabei
weniger mit *einem* pathetischen Grundton à la Becher, sondern
mit unterschiedlichsten Stimmen der Gesellschaft, und zwar
nicht zuletzt mit der Redeweise des schnoddrigen Berliner Jar-
gons. Neben Langgedichten für den Vortrag im politischen Kaba-
rett verfasst er breitenwirksame Chansons und Balladen (vgl. etwa
den Band *Das Ketzerbrevier* von 1921), für die nicht nur ihm das
Gedichtwerk des *François Villon* (1431-1463) ein Vorbild ist. Über
mehrere Jahre (1922-1928) hält sich Mehring zudem selbst in
Frankreich auf.

Der bereits vorgestellte zynische Expressionist *Gottfried Benn*
vollzieht hingegen in den 1920er Jahren – er lebt wieder als Arzt
in Berlin – eine völlige Abkehr von direkten Gesellschaftsbezügen,
und zwar aus einer an sich zutiefst rational-skeptischen Analyse
der Situation der Gegenwart. Infolgedessen ‚verstummt' Benn jedoch nicht, sondern sucht ein ästhet(izist)isches Heil in einer neu-
en *Kunstautonomie* des *absoluten Gedichts*. Er wird dieses Bemühen
später selbst bezeichnen als eine „Artistik" als „Versuch, gegen den
allgemeinen Nihilismus der Werte eine neue Transzendenz zu
setzen: die Transzendenz der schöpferischen Lust".[23] Umgesetzt
ist diese ‚Lust' in eigentümlich gebrochen emphatischen und mo-
dernistisch-erlesenen Gedichten, so etwa in dem selbstreflexiven
Stück „Der Sänger" aus dem Band *Spaltung* von 1925, von dem hier
die letzte von drei Strophen vorgestellt sei:

Das absolute Gedicht

> [E]instmals sang der Sänger
> über die Lerchen lieb,
> heute ist er Zersprenger
> mittels Gehirnprinzips,
> stündlich weht er im Ganzen
> drängend zum Traum des Gedichts

seine schweren Substanzen
selten und langsam ins Nichts.[24]

Mit einer solchen Haltung polarisiert Benn in dieser Zeit stark, findet jedoch in der zweiten Hälfte der 1920er Jahre zumal in Berlin zunehmend Anerkennung und wird 1932 sogar in die junge Sektion Dichtkunst der Preußischen Akademie der Wissenschaften gewählt.

Naturmagik und Völkisches

Ebenfalls dezidiert apolitisch, dabei aber traditioneller ist ferner die so genannte *naturmagische Strömung*, die von den Werken *Konrad Weiß'* (1880-1940), *Wilhelm Lehmanns* (1882-1968) oder *Oskar Loerkes* (1884-1941) ausstrahlt und in den späten 1920er Jahren Vorbild wird für einen ganzen Literatenkreis um die Zeitschrift *Die Kolonne* (Günter Eich, Peter Huchel, Gertrud Kolmar, Elisabeth Langgässer und andere), ein Kreis, der nach 1945 noch zu größerer Wirkung kommen soll (vgl. daher auch Aufbaumodul 6). In der Bedichtung des Überzeitlichen und ‚Tiefen' scheinen diese Lyriker fernerhin in gewisse Nähe zur *völkisch-bündischen* und *rassistisch-mythisierenden NS-Lyrik* (Will Vesper und andere) zu rücken. Die Vereinfachungen und die politisch-ideologische Ausrichtung Letzterer, das sei hier in aller Kürze betont, sind freilich nicht im Sinne des *Kolonne*-Kreises, der sich nach 1933 nicht mit der neuen Macht verbinden, sondern vorwiegend in die so genannte *Innere Emigration* gehen wird.

Brecht

Jenseits von Expressionismus im engeren Sinn, parteilich engagiertem Kommunismus, Benn'scher Artistik oder ‚Naturmagik' ist das in sich überaus breite lyrische Spektrum *Bertolt Brechts* (1898-1956) angesiedelt. Der in gutbürgerlichem, aber eher ‚kulturfernem' Elternhaus in Augsburg aufgewachsene Eugen Berthold Friedrich Brecht geht 1917 zum Studium von Medizin und Naturwissenschaften nach München und sucht dort bereits früh den Kontakt zum Theater (Verfassen von Kritiken, Seminarbesuche). 1922 hat er mit *Trommeln in der Nacht* einen ersten großen Aufführungserfolg und erhält den renommierten Kleistpreis. Mit diesem noch nachexpressionistischem Kriegsstück zeigt sich ein Grundzug des jungen Brecht, der sich bereits in seinem in Bert(olt) vereinfachten Vornamen andeutet: der Wille zu Distanz vom Bürgerlichen und seinen

Abb. 36: Bertolt Brecht (1898-1956)

Werten und stattdessen eine proletarisch-anarchistische Positionsnahme. Brecht zieht es in der Folgezeit folgerichtig ins weniger konservative Berlin, wo er sich von 1924 bis 1933 (Emigration) mit zahlreichen gesellschaftskritischen, zunehmend politisch linken Dramen einen großen Ruf als ‚Stückeschreiber‘ (so die Selbstbezeichnung) erarbeitet, namentlich mit der 1928 uraufgeführten *Dreigroschenoper.*

Der Lyriker Brecht hat in dieser Zeit hingegen noch kein so großes Œuvre vorzuweisen, aber auch dieses macht einige Furore. Zum einen sind es die Lieder und Balladen aus der *Dreigroschenoper,* am bekanntesten: „Die Moritat von Mackie Messer“, die ihre eigene nahezu schlagerartige Wirkung entfalten und die Brechts Stärke in der sang- beziehungsweise sprechbaren Form (wie bei Walter Mehring: unter anderem nach François Villon) zeigen. Zum anderen ist es die große Sammlung *Hauspostille,* an der er seit den frühen 1920er Jahren arbeitet und die sein frühes Schaffen gleichsam zusammenfasst, als sie 1927 mit einigem Erfolg herauskommt. Schon mit dem Titel bezieht sich der protestantisch erzogene Brecht parodistisch auf das auch für den häuslichen Gebrauch bestimmte Predigtmusterbuch Martin Luthers zurück, und die Parodie wird einleitend zumal in einer „Anleitung zum Gebrauch der einzelnen Lektionen“[25] umgesetzt, die den in scheinbar erbauliche Rubriken (für ‚Gefühl‘, ‚Verstand‘, Notsituationen‘ und anderes mehr) geordneten Gedichten vorangestellt ist.

Auch hier sind es vielfältige Formen vor allem von Lied und Ballade, die in einem kühl-distanzierten, zynischen, aber dem einzelnen Menschen gegenüber dennoch mitfühlenden Ton abgefasst sind. Eine gewisse ‚Erbaulichkeit‘ mag daher bei aller Parodie letztlich doch vorhanden sein, und zwar in der immanenten Gesellschaftskritik und Klage über das schlechte Dasein. Einen solchen ambivalenten Gehalt weist etwa das balladeske Stück *Vom ertrunkenen Mädchen* aus der „Fünfte[n] Lektion: Die kleinen Tagzeiten der Abgestorbenen“[26] auf. Für Brecht typisch ist es in einer früheren Fassung bereits in einem anderen Werk verwendet worden (im Drama *Baal* von 1919), und es existiert ferner eine Variante mit dem Titel „Vom erschlagenen Mädchen“[27], nach dessen erster Zeile das Gedicht auf die ermordete *Rosa Luxemburg* (1871-1919) zu beziehen ist: Die Leiche der Kommunistin wurde von den rechtsgerichteten Mördern in den Berliner Landwehrkanal geworfen. Das Gedicht ist außerdem ein Beispiel für Brechts intertextuelles Verfahren, erinnert die weibliche Tote doch an die Ophelia aus Shakespeares *Hamlet,* die zuvor bereits von Rimbaud

Lieder und
Balladen Brechts

Zynismus und
Menschlichkeit

(1869) und Heym (1910) je anders modern bedichtet worden war. Als Detail beachtenswert sind in Brechts lyrischer Umsetzung schließlich die eng vor die Strophen gestellten Ziffern, die im Vortrag mitzulesen sind und so einer V(erfremdungs)-Effekt-ähnlichen Distanzierung dienen. Wiedergegeben sind im Folgenden Str. 1 und 4 von vier Strophen:

1
Als sie ertrunken war und hinunterschwamm
Von den Bächen in die größeren Flüsse
Schien der Opal des Himmels sehr wundersam
Als ob er die Leiche begütigen müsse.

4
Als ihr bleicher Leib im Wasser verfaulet war
Geschah es (sehr langsam), daß Gott sie allmählich vergaß
Erst ihr Gesicht, dann die Hände und ganz zuletzt ihr Haar.
Dann ward sie Aas in Flüssen mit vielem Aas.[28]

Gegen Ende der 1920er bezieht Brecht dann nicht nur in seinen Dramen stärker politisch Position (Lehrstücke, episches Theater). Auch für seine (und sonstige) Lyrik legt er einen zumindest allgemeinen Gesellschaftsbezug fest, und zwar durch den Begriff des *Gebrauchswerts*. Gedichte sollen demnach weder ‚reine Gefühlssachen‘ sein noch in Benn'scher Manier ‚absolut‘. Vielmehr haben sie den Menschen zu ‚nützen‘ und sich auf die gesellschaftliche Gegenwart zu beziehen – und Letztere sieht Brecht zunehmend in marxistischer Perspektive von Widersprüchen gekennzeichnet sowie vom Nationalsozialismus bedroht. Daher schreibt er nun selbst direkter politisch engagierte Lyrik, die er allerdings nicht als echte Parteilyrik beziehungsweise als ‚schlechte Tendenzdichtung‘ – wie etwa diejenige Bechers – verstanden wissen will. Brechts Lieder dieser Art (vgl. etwa die „Hitler-Choräle") werden bereits um 1930 etwa in der Arbeiterbewegung gesungen, in der breiter angelegten Sammlung *Lieder, Gedichte, Chöre,* mit Vertonungen *Hanns Eislers* (1898-1962), kommen sie jedoch erst 1934 in Paris heraus, als Brecht sich bereits im dänischen Exil befindet.

In dem Streben nach einem kritischen Wirklichkeitsbezug steht Brecht eine weitere zeitgenössische Tendenz der Lyrik nicht ganz fern. Sie wird nach einer Hauptströmung der Malerei der Zeit als *Neue Sachlichkeit* bezeichnet und steht in manchen Epochenüberblicken sogar für das Zentrum der Lyrik in der Weimarer Republik (was nach dem hier zuvor Ausgeführten hoffentlich nun als zu enge Sichtweise erscheint). Mit Brecht teilt die Lyrik dieser

Gebrauchswert (Brecht)

Neue Sachlichkeit

Richtung das generelle Streben nach ‚Gebrauchswerten', sie will jedoch in der Regel noch weniger parteilich politisch sein. Vielmehr zeichnet sie sich durch eine generelle Nüchternheit der Betrachtung und Klarheit in Sprache und Stil und eine kritische Distanz gegenüber altem wie neuem Pathos, Mythisieren oder Psychologisieren aus. Als zwei prominente Vertreter der Neuen Sachlichkeit sollen in der gebotenen Kürze vorgestellt werden; beide sind allerdings bis heute mehr durch ihre Prosa bekannt: Erich Kästner und Kurt Tucholsky.

Der aus Dresden stammende *Erich Kästner* (1899-1974) arbeitet in den 1920er Jahren zunächst als Journalist in Leipzig, geht 1927 jedoch nach Berlin und veröffentlicht neben seinen schnell überaus erfolgreichen Romanen mehrere Gedichtbände. Diese zeigen ihn als satirischen Beobachter des Alltäglichen und Moralisten mit Augenzwinkern, der oft (teils leicht zotige) Gedichte und Balladen auf Lebenssituationen des ‚kleinen Mannes' schreibt, aber auch auf ihre Art ernstere Liebesgedichte (bezeichnend schon im Titel: „Sachliche Romanze" von 1929). Nachfolgend sei ein Beispiel für Kästners typisch schnoddriges Ironisieren pathetischer ‚Naturfühligkeit' (vgl. zeitgenössische Lyrik Rilkes, Loerkes und anderer) gegeben, und zwar aus seinem ersten selbstständigen Gedichtband, *Herz auf Taille* von 1928, das Stück „Herr im Herbst", Str. 1 und 5 (von 5):

E. Kästner
(1899-1974)

> Nun wirft der Herbst die Blätter auf den Markt.
> Na ja, das musste wohl so kommen.
> Und Lehmanns Tochter hat man eingesargt.
> Hat die ein Glück, genau genommen ...
>
> Das ist ein Wetter. Um drin zu ersaufen.
> Sowas von Regen war noch gar nicht da.
> Paar neue Schuhe müßte ich mir kaufen ...
> Und Haareschneidenlassengehen muß ich auch. Na ja.[29]

Der in Berlin beheimatete, später zeitweise in Paris lebende *Kurt Tucholsky* (1890-1935) macht sich seit den 1910er Jahren als politisch linker satirischer Journalist, Prosa-Autor und Lyriker einen Namen. Er ist aber zudem ein ernsterer Großstadtdichter, und als diesen zeigt ihn etwa das nüchtern-elegische Stück „Augen der Großstadt". Es entsteht 1930 und wird noch im

Abb. 37: Kurt Tucholsky (1890-1935)

selben Jahr unter einem von Tucholskys Pseudonymen, Theobald Tiger, in der *Arbeiter Illustrierte Zeitung* abgedruckt; im Folgenden ist die erste Hälfte des Gedichts wiedergegeben:

Wenn du zur Arbeit gehst
am frühen Morgen,
wenn du am Bahnhof stehst
mit deinen Sorgen:

da zeigt die Stadt
dir asphaltglatt
im Menschentrichter
Millionen Gesichter:

Zwei fremde Augen, ein kurzer Blick,
die Braue, Pupille, Lider –
was war das? Vielleicht dein Lebensglück ...
vorbei, verweht, nie wieder.[30]

1.4   Zeit des Exils

Mit dem Ende der Weimarer Republik entsteht für eine Reihe von Lyrikern teils unmittelbar, teils nach und nach die Notwendigkeit, Deutschland beziehungsweise späterhin ebenso Österreich zu verlassen und den Weg ins *Exil* anzutreten – Kurt Tucholsky etwa wird bereits 1933 von den Nationalsozialisten ausgebürgert. Die erzwungenen neuen Lebensumstände lassen in der Folgezeit auch neue lyrische Töne entstehen, auf die nach einem kurzen historischen Längsschnitt eingegangen werden soll.

Exkurs

Exil seit der Antike

Bereits in der griechisch-römischen Antike finden sich literarische Zeugnisse von Exilerfahrungen, und der bekannteste exilierte Autor dieser Zeit ist wohl der Römer *Ovid* (*Publius Ovidius Naso*, 43 v. Chr. – ca. 17 n. Chr.), der kurz nach der Zeitwende von Augustus (aus nicht mehr vollständig zu klärenden politischen und persönlichen Gründen) an die Westküste des Schwarzen Meeres verbannt wird. Von dort aus beklagt der Liebeselegiker und Verfasser des kunstvollen Mythenbuches *Metamorphoses* (lat. ‚Verwandlungen') in zwei großen elegischen Dichtwerken (*Tristia*, ‚Traurige Stücke', und *Epistulae ex Ponto*, [Kunst-]‘Briefe vom Schwarzen Meer') sein Schicksal, das heißt die Entfernung von der kulturellen Metropole Rom und den Freunden sowie die ‚Barbarei‘ seines erzwungenen Wohnorts (der allerdings in Wirklichkeit eine eher kommode Umgebung darstellte).

Exilerfahrungen verschiedener einzelner Autoren finden sich auch im Europa der Neuzeit, und ein umfassenderes literarisches Thema wird das Exil in der Zeit von Französischer Revolution und der nachfolgenden Restauration bis hin zur Zeit nach der 1848er Märzrevolution. Im Bereich der deutschsprachigen Lyrik sind es vor allem die politisch progressiven Vertreter des Vormärz, die auf ihr Exilschicksal eingehen, allen voran Heinrich Heine, etwa mit seinen berühmten Gedichten „Anno 1839“ (aus demselben Jahr) und „Nachtgedanken“ (1843). In ihnen reflektiert Heine auf der einen Seite ironisch-sarkastisch („Anno 1839“), auf der anderen melancholisch und mit persönlichen Bezügen („Nachtgedanken“: Vermissen der Mutter) sein Dasein in Frankreich im Vergleich mit der Situation in der entfernten Heimat.

Wenn heute von Exil mit Bezug auf die deutsche Literaturgeschichte die Rede ist, meint man in aller Regel die Zeit vom aufkommenden Nationalsozialismus bis zur unmittelbaren Nachkriegszeit. In diesen Jahren, also von spätestens 1933 bis etwa 1948, befindet sich eine erhebliche Zahl deutscher Literaten zunächst im europäischen, bei fortschreitender Kriegsentwicklung zudem im überseeischem Exil, und diese Erfahrung und ihre Bedingungen werden von den Exilanten nun auch breiter und grundsätzlich reflektiert. Ein Beispiel hierfür liefert Brechts Gedicht „Über die Bezeichnung Emigranten“ (Erstdruck in einer Zeitschrift im Jahr 1937, dann als Teil der *Svendborger Gedichte* von 1939), das hier in Auszügen für sich selbst sprechen mag:

> Immer fand ich den Namen falsch, den man uns gab: Emigranten.
> Das heißt doch Auswandrer. Aber wir
> Wanderten doch nicht aus, nach freiem Entschluß
> Wählend ein andres Land. [...]
> Sondern wir flohen. Vertriebene sind wir, Verbannte.
> Und kein Heim, ein Exil soll das Land sein, das uns da aufnahm.
> [...][31]

Die Bedrohung durch das NS-Regime gründet sich allerdings auf Unterschiedliches, das heißt unterschiedliche politische Missliebigkeit sowie rassistische Motive. Einer großen Zahl politisch linker und liberaler Autoren steht eine kleinere Zahl konservativer

Dichter gegenüber, und unter den eher apolitischen Lyrikern ist die Gruppe der jüdischen Exilanten hervorzuheben. Die Lyrik der Exilanten bildet dementsprechend inhaltlich keine einheitliche Kontur aus, sondern bewegt sich im Extremfall zwischen einer kämpferischen „politischen Spruchlyrik" und „Zeugnisse[n] einer ästhetischen Fluchtbewegung [...], in denen sich eine regressive Tendenz dokumentiert".[32] Das Spektrum der Autoren reicht von der fortgesetzten politischen Invektive Walter Mehrings über eine neue Heimatsehnsucht in der Lyrik des Kommunisten Johannes R. Becher bis hin zu der neuen Traditionalität eines *Max Hermann-Neiße* (1886-1941). Letzterer etwa flieht bereits 1933 und stirbt schließlich vereinsamt in London. Sein einziger Gedichtband aus dem Exil heißt bezeichnenderweise *Um uns die Fremde* (1936 in Zürich publiziert).

Eine besondere Ausgrenzungserfahrung spiegelt sich schließlich in der Exillyrik einiger jüdischer Autoren wie *Else Lasker-Schüler* (geboren 1869 in Elberfeld, gestorben 1945 in Jerusalem), *Nelly Sachs* (geb. 1891 in Berlin, gestorben 1970 in Stockholm) oder *Ludwig Strauss* (geb. 1892 in Aachen, gest. 1953 in Jerusalem) wider: Zuvor schlicht Teil der deutschen Kultur, suchen sie in ihrer Lyrik nun einen ‚neu-alten' kulturellen Halt wiederzufinden, und zwar über eine (im Fall Lasker-Schülers: lediglich verstärkte) Anknüpfung an die jüdische Religion und das geistige Erbe Israels.

Ein in sich überaus variantenreiches exillyrische Œuvre bildet sich bei Brecht heraus; es soll daher hier stellvertretend vorgestellt werden. Bereits erwähnt worden ist die Pariser Edition *Lieder, Gedichte, Chöre* von 1934, deren Stücke überwiegend vor 1933 entstanden. Die nächste große Sammlung der Folgezeit sind die nach Brechts Zufluchtsort auf der dänischen Insel Fünen benannten *Svendborger Gedichte* (Drucklegung in Kopenhagen 1939). Unter diesem Titel sind mehrere seit 1934 entstandene Teilsammlungen vereinigt, so die *Deutsche Kriegsfibel*, eine erste Reihe *Kinderlieder* und die *Deutschen Satiren*. Scheint sich auch in diesen Titeln bereits das angedeutete besonders breite Spektrum abzuzeichnen, sieht sich Brecht selbst doch wie viele andere Autoren gegenüber seinen vorherigen lyrischen Möglichkeiten eingeschränkt, da abgetrennt von der vorherigen Lebensfülle. Mit dem Mottogedicht der Ausgabe weist er darauf, aber auch auf einen immerhin verbliebenen kommunikativen Zweck seiner Lyrik hin:

> Geflüchtet unter das dänische Strohdach, Freunde
> Verfolg ich euren Kampf. Hier schick ich euch

Wie hin und wieder schon, ein paar Worte, aufgescheucht
Durch blutige Gesichte über Sund und Laubwerk. [...][33]

Politische Anteilnahme stellt hier allerdings nur eine Stoßrichtung dar. Im Mottogedicht wie dem oberhalb anzitierten Gedicht aus der Svendborger Sammlung deutet sich auch die eher ‚private‘ Selbstreflexion eines Autors im Exil an, und darüber hinaus bezeugen die *Kinderlieder* eine eigene Intention.

Unter den nun zuerst anzusprechenden politischen Gedichten können wiederum ebenfalls mindestens zwei Typi unterschieden werden: die argumentative, zum Nachdenken anregende Gedankenlyrik und eine für den chorischen Gesang gedachte Liedlyrik. Letztere schließt unmittelbar an die Arbeiterdichtung der Weimarer Zeit an, etwa Brechts im Spanischen Bürgerkrieg populäres „Einheitsfrontlied" von 1934, publiziert zuerst Madrid 1937 und nun aufgenommen in Abteilung II der *Svendborger Gedichte*; hier Str. 2 (von 3) mit originaler Kursivierung des Refrains:

Politische Exillyrik

2
Und weil der Mensch ein Mensch ist
Hat er Stiefel im Gesicht nicht gern.
Er will unter sich keinen Sklaven sehn
Und über sich keinen Herrn.
Drum links, zwei, drei! Drum links, zwei, drei!
Wo dein Platz, Genosse, ist!
Reih dich ein in die Arbeitereinheitsfront
Weil du auch ein Arbeiter bist.[34]

Reflexiver, mehr ‚aufklärerisch‘ angelegt ist etwa das folgende politische Gedicht aus der Bandabteilung „Deutsche Kriegsfibel". Die Benennung „der Anstreicher" in Z. 1 spielt pejorativ auf Hitler als erfolglosen Kunstmaler und ehemaligen Malergesellen ab und bildet auch den Gedichttitel; hier Str. 1 f. (von 4):

Wenn der Anstreicher durch die Lautsprecher über den Frieden redet
Schauen die Straßenarbeiter auf die Autostraßen
Und sehen
Knietiefen Beton, bestimmt für
Schwere Tanks [engl. für ‚Panzerfahrzeuge‘].

Der Anstreicher redet vom Frieden.
Aufrichtend die schmerzenden Rücken
Die großen Hände auf Kanonenrohren
Hören die Gießer ihm zu.[35]

Die Setzung einer Buchabteilung „Kinderlieder" in den *Svendborger Gedichten* scheint gegenüber der auf Vernichtung gerichteten

NS-Ideologie ein besonderes ‚Dennoch' zu bedeuten. Im Einzelnen verweist jedoch so manches dieser Gedichte wiederum auf die ‚finsteren Zeiten' (so Brecht in einem weiteren Mottogedicht), etwa das bekannte „Der Pflaumenbaum", hier mit Str. 1 f. (von 3):

> Im Hofe steht ein Pflaumenbaum
> *Der* ist klein, man glaubt es kaum.
> Er hat ein Gitter drum
> So tritt ihn keiner um.
>
> Der Kleine kann nicht größer wer'n.
> Ja größer wer'n, das möchte er gern.
> 's ist keine Red davon
> Er hat zu wenig Sonn.[36]

Weitere Gedichtsammlungen und erneute Zusammenstellungen älterer Gedichte Brechts entstehen teils bereits parallel zu den *Svendborger Gedichten*, etwa die nach einer Lebensgefährtin und Mitarbeiterin, Greta Steffin, benannte *Steffinsche Sammlung*, sowie in den Folgejahren, in denen Brecht über Schweden und Finnland schließlich wie andere linksgerichtete Künstler, denen das stalinistische Moskau zurecht ebenfalls lebensgefährlich erscheint, nach Kalifornien geht. Mit der äußeren, räumlichen wie zeitlichen Entfernung von Deutschland wächst allerdings ebenso die innere Distanz, zumal eine Rückkehr erst einmal immer zweifelhafter wird. Jedoch auch mit dem Aufenthalt in den als kapitalistisch verpönten USA setzt Brecht sich zunehmend kritisch auseinander, etwa in der Zusammenstellung der „Hollywoodelegien" der frühen 1940er Jahre. Alle diese Sammlungen bleiben bis weit in die Nachkriegszeit freilich praktisch ungedruckt und können so kaum Wirkung entfalten, und als Brecht schließlich ins ‚antifaschistische' östliche Deutschland zurückkehrt, wird längst nicht alles opportun sein, was er im Exil verfasst hat.

2. Metrisches Repertoire und Brüche mit dem System

Anschließend an den Modulabschnitt zur Metrik von der Weimarer Klassik bis zum Vormärz (vgl. Aufbaumodul 4, Abschnitt 2) ist zunächst noch einmal zu betonen: Bis etwa 1830 ist ein historisches Spektrum metrischer Formen erreicht, das in der Folgezeit nicht mehr wesentlich verändert wird. Die Lyriker des 19. und 20. Jahrhunderts verfügen vielmehr in unterschiedlicher Weise über fast alle Vers-, Strophen- und Gedichtformen aus Volks- und

Kirchenliedtradition (vgl. die neue Lieddichtung etwa noch in der Zeit der Weimarer Republik), aus der Zeit von Renaissance und Barock (Sonett, Madrigal und andere) sowie nicht zuletzt aus dem mittleren 18. Jahrhundert (von Klopstock ausgegangene Antikerezeption). Wie ebenfalls bereits erwähnt, wird lediglich die silbenzählende und reimende französische Renaissancemetrik nicht mehr wiederaufgegriffen.

Eine wichtige Ergänzung insbesondere für die im Expressionismus entstehende Lyrik ist wiederum von Wagenknecht auf den Punkt gebracht worden:

> Ihre charakteristische Prägung erfährt die Versdichtung in der ersten Hälfte des 20. Jahrhunderts allerdings – und das unterscheidet sie von der des 19. – nicht allein durch diese oder jene Art des Rückgriffs auf die versgeschichtliche Überlieferung. Mindestens ebenso bezeichnend ist die im ganzen wachsende Tendenz zur Abkehr von der Tradition.[37]

Ihren Ausgangspunkt nimmt diese Abkehrbewegung allerdings bereits von den *Freien Rhythmen* Klopstocks, die auf der Basis klassisch-antiker Odenmaße beziehungsweise mit Bruchstücken aus diesen gebildet worden waren. Anhand einiger expressionistischer Beispielgedichte des vorangegangenen Abschnitts dieses Aufbaumoduls kann hier eine kleine Linie der metrischen ‚Loslösung' verfolgt werden: Eine erste kleine Stufe lässt sich etwa bei Ernst Stadlers Gedicht „Der Aufbruch" beobachten (vgl. S. 160). Eine Analyse der ersten zwei oberhalb zitierten Verse ergäbe: | Traditionsabkehr

Ich war in Reihen eingeschient, die in den Morgen stießen, Feuer über Helm
v – v – v – v   –   v – v   – v – v   – v – v   –
(Zeilenschluss:) und Bügel,
v   – v a

Vorwärts, in Blick und Blut die Schlacht, mit vorgehaltnem Zügel.
v   – v – v – v   – v – v – v – v a

Diese Verse sind zwar noch durch traditionellen Paarreim gebunden, erweisen sich ansonsten aber als recht ungewöhnlich. Es liegt nämlich keine feste Silbenzählung vor, ja vielmehr variieren die wiedergegebenen Zeilen zwischen 23 und 15 Silben. Eine Ordnung nach Größen (hier: Wechsel von Hebungen/Senkungen) scheint zu Anfang gegeben – die erste zitierte Zeile ist durchweg jambisch –, der zweite Vers ist jedoch auch daktylisch-trochäisch interpretierbar, und das Gesamtbild wäre teilweise noch bunter. Es lässt sich daher von einer Art Zwitterform ten-

denziell *freirhythmischer, aber noch gereimter Langverse* sprechen.

Eine weitere, in der Folgezeit wichtigere Stufe stellen reimlose,
in der Silbenzahl stark variierende Verse dar, die hinsichtlich der
Betonungsgrößen mindestens so frei verfahren wie Stadlers Langzeilen, also nur noch ganz locker mit antikischen Versfüßen ope-
rieren. Es handelt sich daher nicht mehr um Freie Rhythmen,
sondern um *Freie Verse.* Ein Beispiel für diesen Typ ist aus dem
Abschnitt 1 dieses Aufbaumoduls Georg Trakls „Grodek" (vgl.
S. 162). Dessen Verse lassen sich nach ihren Akzentsetzungen als
unregelmäßig jambisch-anapästisch analysieren oder aber, bei
Annahme einer abzusetzenden unbetonten Auftaktsilbe, als tro-
chäisch-daktylisch (und wie bei Stadler ergäbe die Gesamtanalyse
ein noch uneinheitlicheres Bild):

Freie Verse

Am Abend tönen die herbstlichen Wälder
v − v − v v − v v − v
Von tödlichen Waffen, die goldnen Ebenen
v − v v − v v − v − v v

Bereits auf der Grenze zu einem metrisch noch freieren bis ‚auf-
gelösten' Typ sind ferner August Stramms Kurzversgedichte, die
teils noch metrische Muster aufweisen, teils nurmehr aus Einzel-
wörtern bestehen, die kaum in eine versmäßige Betonungsstruk-
tur eingebunden erscheinen (für ein Beispiel vgl. S. 163).

Vielmehr muten Stramms Wortreihungen wie in Verse abge-
teilte Fetzen von *Prosa* an, und dieser Eindruck verstärkt sich bei
anderen expressionistischen Autoren. Mit Wagenknecht ist deshalb von einer letzten Stufe der ‚Loslösung', nämlich von *Prosa-
ischer Lyrik* zu sprechen.[38] Diese begegnet etwa bei dem frühen
Benn, das heißt bereits in dem Zyklus „Morgue" (für ein Beispiel
vgl. S. 164), und fernerhin besonders bei Brecht, so in Teilen
seines Werks aus der späten Weimarer Republik und zumal aus
dem Exil (vgl. etwa „Wenn der Anstreicher [...]", S. 175). Freilich
ist gerade für Brecht ebenso zu betonen, dass seine Lyrik sich
keineswegs auf diese Tendenz einschränken lässt. Vielmehr zählt
er zu denjenigen Lyrikern, die sozusagen die ganze Klaviatur des
Metrischen spielen. So lassen sich in seinem über Jahrzehnte
entfalteten lyrischen Œuvre Knittelverse genauso finden wie Sonette, Hexameter und Freie Rhythmen sowie teils unmittelbar für
den Gesangsvortrag gedachte Reimstrophen.[39]

Prosaische Lyrik

Zusammenfassung

Die Lyrik des Ästhetizismus setzt gegen Ende des 19. Jahrhunderts einen deutlichen Kontrapunkt zu den politischen oder zumindest realistischen und naturalistischen Strömungen der vorangegangenen Jahrzehnte. Sich als hochzivilisiert und sensibel empfindende *décadents* wie Stefan George prägen nun eine neue Kunst um der Kunst willen. Eine andere Art neuer Kunstlyrik setzen im zweiten Jahrzehnt des 20. Jahrhunderts Expressionisten wie Georg Heym, Georg Trakl und der junge Gottfried Benn um: ebenfalls antitraditionell und in der Regel nicht unmittelbar politisch, aber in der negativen Weltsicht realitätsbezogener und in der antibürgerlichen Stoßrichtung, zumal im sich anschließenden Dadaismus, auch gesellschaftskritisch.

Von mehrfachen Gegensätzen geprägt ist dann die Zeit der Weimarer Republik: Mehr oder weniger direkt parteiliche linke Agitationslyrik steht dem nun von Benn verfolgten modernistischen absoluten Gedicht gegenüber und apolitische Naturmagik entsteht neben dem Lieder- und Balladenwerk Brechts sowie der Lyrik einer Neuen Sachlichkeit. Dieses breite Spektrum zerfällt in der aufkommenden NS-Zeit durch die neue Ideologisierung aller Lebenssphären und die Flucht eines bedeutenden Teils der Literaten, eine eigene Bandbreite entwickelt jedoch auch die Exillyrik etwa bei Brecht (politische und ,private' Gedichte, Kinderlieder und anderes mehr).

Auf metrischer Ebene ist zum einen die Fortschreibung der Situation seit dem Beginn des 19. Jahrhunderts zu beobachten, das heißt unterschiedlichste Wiederaufnahmen bekannter Formen. Zum anderen zeichnet sich spätestens mit der Lyrik des Expressionismus auch eine große Abkehrbewegung von den hergebrachten Metriken ab: Ausgehend schon von Klopstocks Freien Rhythmen bilden sich nunmehr gänzlich unantike Formen von Freien Versen sowie schließlich der Typus der Prosaischen Lyrik.

Literatur

Anz, Thomas: Literatur des Expressionismus. Stuttgart, Weimar: Metzler 2002 (Sammlung Metzler 329).

Bayerdörfer, Hans-Peter: Weimarer Republik. In: Geschichte der deutschen Lyrik vom Mittelalter bis zur Gegenwart. Hg. v. Walter Hinderer. 2., erw. Aufl. Würzburg: Königshausen & Neumann 2001, S. 439-476.

Deutschsprachige Lyriker des 20. Jahrhunderts. Hg. v. Ursula Heukenkamp u. Peter Geist. Berlin: Erich Schmidt 2007.

Durzak, Manfred: Im Exil. In: Geschichte der deutschen Lyrik vom Mittelalter bis zur Gegenwart. Hg. v. Walter Hinderer. 2., erw. Aufl. Würzburg: Königshausen & Neumann 2001, S. 502-549.

Eibl, Karl: Expressionismus. In: Geschichte der deutschen Lyrik vom Mittelalter bis zur Gegenwart. Hg. v. Walter Hinderer. 2., erw. Aufl. Würzburg: Königshausen & Neumann 2001, S. 420-438.

Gedichte und Interpretationen. Hg. v. Volker Meid u. a. Bd. 5: Vom Naturalismus bis zur Jahrhundertmitte. Hg. v. Harald Hartung. Stuttgart: Reclam 1983 [u. ö.].

Ketelsen, Uwe-K.: Die dreißiger und vierziger Jahre. In: Geschichte der deutschen Lyrik vom Mittelalter bis zur Gegenwart. Hg. v. Walter Hinderer. 2., erw. Aufl. Würzburg: Königshausen & Neumann 2001, S. 477-501.

Korte, Hermann: Lyrik des 20. Jahrhunderts (1900-1945). Interpretation. München: Oldenbourg 2000 (Oldenbourg-Interpretationen 97).

Lamping, Dieter: Moderne Lyrik. Eine Einführung. Göttingen: Vandenhoeck & Ruprecht 1991 [vergriffen, Neuausgabe vorauss. 2008].

Riha, Karl: Naturalismus. In: Geschichte der deutschen Lyrik vom Mittelalter bis zur Gegenwart. Hg. v. Walter Hinderer. 2., erw. Aufl. Würzburg: Königshausen & Neumann 2001, S. 371-386.

Ryan, Lawrence: Jahrhundertwende. In: Geschichte der deutschen Lyrik vom Mittelalter bis zur Gegenwart. Hg. v. Walter Hinderer. 2., erw. Aufl. Würzburg: Königshausen & Neumann 2001, S. 387-419.

Schnell, Ralf: Von der Jahrhundertwende bis zum Ende des Zweiten Weltkriegs. In: [Franz-Josef Holznagel u. a.:] Geschichte der deutschen Lyrik. Stuttgart: Reclam 2004, S. 471-580.

3. Analysebeispiel: Brecht: Schlechte Zeit für Lyrik

Ich weiß doch: nur der Glückliche
Ist beliebt. Seine Stimme
Hört man gern. Sein Gesicht ist schön.

Der verkrüppelte Baum im Hof
Zeigt auf den schlechten Boden, aber   5
Die Vorübergehenden schimpfen ihn einen Krüppel
Doch mit Recht.

Die grünen Boote und die lustigen Segel des Sundes
Sehe ich nicht. Von allem
Sehe ich nur der Fischer rissiges Garnnetz.   10
Warum rede ich nur davon
Daß die vierzigjährige Häuslerin gekrümmt geht?
Die Brüste der Mädchen
Sind warm wie ehedem.

In meinem Lied ein Reim   15
Käme mir fast vor wie Übermut.

In mir streiten sich
Die Begeisterung über den blühenden Apfelbaum
Und das Entsetzen über die Reden des Anstreichers.
Aber nur das zweite   20
Drängt mich zum Schreibtisch.[40]

Fragen

1. Ermitteln Sie *Entstehungszeitraum, Varianten* und *Erstdruck* in den Gedichtanmerkungen der zugrunde gelegten Textausgabe.[41]

2. Sind die dortigen Informationen aufschlussreich und präzise genug?

3. Warum wurde der in der Ausgabe angegebene Varianttext wohl gestrichen?

4. *Analysieren* Sie zuerst die Eingangsstrophe des Gedichts hinsichtlich *Silbenzählung, Betonungsverhältnissen* und *Reimordnung* und vergleichen das Ergebnis mit den weiteren Strophen. Versuchen Sie dann mithilfe des vorangegangenen Modulabschnitts zur Metrik den *zugrunde liegenden Verstyp* zu bestimmen.

5. Welchen *Sinnbeitrag* könnte das Metrum bereits leisten?

6. Klären Sie gegebenenfalls *Verständnisfragen auf semantisch-lexikalischer Ebene,* etwa die Begriffe „Sund" (Z. 8) und „Anstreicher" (Z. 19). Benutzen sie dafür erneut den Anmerkungsteil der zugrunde gelegten Textausgabe[42] sowie Abschnitt 1 dieses Aufbaumoduls.

7. Versuchen Sie eine *Gliederung nach Sinnabschnitten.*

8. Erfassen Sie ausgehend vom Gedichttitel die *gedankliche Struktur im Detail.*

9. Bilden Sie eine *erste Hypothese* zur Interpretation des Gedichts.

10. Bestimmen Sie den *dichtungstheoretischen Horizont* des Gedichts.

11. Bewerten Sie das Gedicht im Kontext des in Abschnitt 1 dieses Aufbaumoduls vorgestellten Spektrums von Exillyrik vor allem bei Brecht selbst.

9. Aufbaumodul 6: Nachkriegszeit bis Gegenwart

> Die letzte Etappe des literarhistorischen Durchgangs bildet die Zeit von 1945 bis zur Lyrik des angebrochenen 21. Jahrhunderts Auf inhaltlicher Ebene sind hier die vielfältigsten Entwicklungslinien von der so genannten ,Stunde Null' über die (seit dem Jahrhundertbeginn) zweite ästhetische Moderne in den 1950er Jahren und die Re-Politisierung der Gattung in den 1960er Jahren bis hin zur so genannten *Tendenzwende* seit den 1970er Jahren zu verfolgen. Die letzten zwei Jahrzehnte bis zur absoluten Gegenwart werden aus Gründen der noch fraglichen Gattungsentwicklung lediglich anhand des Werks eines Autors in den Blick genommen, auf den sich ebenso das letzte Analysebeispiel beziehen wird: Durs Grünbein. Nicht zuletzt an ihm lassen sich auch die metrischen Signaturen der Lyrik seit 1945 aufzeigen, die sich zwischen Anschlüssen an die Tradition, mittlerweile etablierten Abkehrbewegungen und erneuten Metrik-Revivals bewegen.

1. Entwicklungslinien: Bergengruen bis Grünbein

Die moderne Beschleunigung der literarischen Entwicklung ist auch und gerade im Zeitraum von 1945 bis zur Gegenwart festzustellen. Hinzu kommt eine steigende Unsicherheit in der Bewertung des vielfach Parallelen, je mehr man sich der eigenen Zeit nähert, denn: kein Überblick ohne Distanz. Im Folgenden kommen daher nur einige Strömungen der Lyrik aus Bundesrepublik und DDR bis etwa 1980 in den Blick. Die nachfolgende Zeit wird nurmehr mit dem ,Fallbeispiel' eines der am meisten beachteten Lyriker der letzten zwei Jahrzehnte, Durs Grünbein, in den Blick genommen werden.

1.1 Nach 1945: Traditionalismen versus Kahlschlag

Der Zusammenbruch des NS-Staates beendet wohl die Produktion unmittelbar herrschaftsunterstützender Lyrik, von einem umfassenden Einschnitt auf der Ebene der gesamten Gattung ist jedoch keineswegs zu reden. ==Vor allem die weltanschaulich konservativeren Vertreter der ‚naturmagischen' Dichtung seit der Weimarer Republik schreiben weiter,== zumal wenn sie als mehr oder weniger ‚innerlich Emigrierte' die Zeit überdauert haben. Eine Rückkehr der Exilierten, die andere, modernere lyrische Schreibarten vertreten, geht aus verschiedensten Gründen hingegen nur zögerlich vonstatten, auch in der sowjetischen Besatzungszone, deren politische Ausrichtung ja zumindest für kommunistische Emigranten einen Neuanfang verspricht.

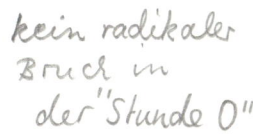
kein radikaler Bruch in der "Stunde 0"

In den ersten Nachkriegsjahren wird daher insbesondere der westliche Teil Deutschlands von lyrischen Publikationen der ==apolitischen ‚Naturmagiker'== wie Wilhelm Lehmann und Teilen der *Kolonne*-Gruppe dominiert (vgl. bereits in Aufbaumodul 5, Abschnitt 1, vgl. S. 168). Ihr vormoderner *Traditionalismus* wirkt jedoch nun auf neue Weise ==eskapistisch,== zumal er eine Aufarbeitung des Zivilisationsbruches durch den NS-Terror weitgehend vermeidet. Als symptomatisches Beispiel sei nachfolgend ein Gedicht des Baltendeutschen *Werner Bergengruen* (geb. 1892 in Riga, gest. 1964 in Baden-Baden) angeführt, der in der NS-Zeit zwar aus einer katholischen Grundhaltung heraus systemkritisch wirkte. Das Titelgedicht seines 1950 erschienen Lyrikbandes *Die heile Welt* demonstriert aber lediglich das Bedürfnis, sich auch weiterhin nur jenseits des Politischen einer ‚wesentlichen' Ebene des Daseins zu versichern, die Halt und Trost bieten kann; hier Str. 1 f. (von 5):

> Wisse, wenn in Schmerzensstunden
> dir das Blut vom Herzen spritzt:
> Niemand kann die Welt verwunden,
> nur die Schale wird geritzt.
>
> Tief im innersten der Ringe
> ruht ihr Kern getrost und heil.
> Und mit jedem Schöpfungsdinge
> hast du immer an ihm teil.[1]

Traditionalismus (West)

Ebenfalls aus dem ehemaligen Kreis um die Zeitschrift *Die Kolonne* stammt *Günter Eich* (1907-1972), ==der sich bis Ende der 1930er Jahre als unpolitischer Dichter versteht.== Die persönliche Kriegs- und Gefangenschaftserfahrung bringen ihn jedoch in einigen Gedichten seit den frühen 1940er Jahren auch zu unverklärten, ja har-

Abb. 38: Günter Eich (1907-1972)

Kahlschlagliteratur

schen Bestimmungen von Selbst und Welt. Diese werden unter dem Schlagwort der *Kahlschlagliteratur* als eine neue Epochenströmung angesehen, die allerdings nur wenige Jahre (zweite Hälfte der 1940er Jahre) eine gewisse Bedeutung haben wird. Bekanntestes (daher hier nicht eigens zitiertes) Beispiel für diese Strömung ist Eichs programmatisch ‚nüchternes‘ Gefangenschaftsgedicht „Inventur“, veröffentlicht im Band *Abgelegene Gehöfte* (1948).[2]

Kulturerbe ad absurdum

Ferner kommt es bereits in Eichs Lyrik aus der Kriegszeit zur offenen Problematisierung des eigenen Kulturerbes, das durch den NS missbraucht, ja *ad absurdum* geführt erscheint, etwa in dem Stück „Latrine“, das ebenfalls im angegebenen Band zu finden ist (Erstfassung wohl 1940 in Frankreich, Erstdruck 1946 in der Zeitschrift *Der Ruf*). Zur Sprache kommt hier aus der kruden Realität des Soldatenlebens heraus die nun sozusagen ‚irregehende‘ Erinnerung an eine Gedichtzeile Hölderlins (aus Str. 1 von dessen Gedicht „Andenken“). Die Erinnerung gerade an Hölderlin könnte dabei an einer persönlichen Vorliebe Eichs hängen, sie mag jedoch zudem einen zeitgeschichtlichen Hintergrund haben: Neben Schiller und Klopstock zählte Hölderlin nämlich zu den von der NS-Propaganda in Anspruch genommenen ‚nationalen Klassikern‘. Ganz konkret wurde aus seinem Werk etwa bei Klett-Cotta in Stuttgart 1943 eine *Feldauswahl* zusammengestellt (und zwar von dem renommierten Germanisten Friedrich Beißner), die der Erbauung der Soldaten ‚im Felde‘ dienen sollte. Vielleicht ist also nicht zuletzt deshalb dem lyrischen Ich gerade eine Hölderlinzeile so präsent:

> Über stinkendem Graben
> Papier voll Blut und Urin,
> umschwirrt von funkelnden Fliegen,
> hocke ich in den Knien,
>
> den Blick auf bewaldete Ufer,
> Gärten, gestrandetes Boot.
> In den Schlamm der Verwesung
> klatscht der versteinte Kot.
>
> Irr mir im Ohre schallen
> Verse von Hölderlin.
> In schneeiger Reinheit spiegeln
> Wolken sich im Urin.
>
> „Geh aber nun und grüße
> die schöne Garonne –“
> Unter den schwankenden Füßen
> schwimmen Wolken davon.[3]

Ein Freund Eichs aus dem *Kolonne*-Kreis, dessen Naturlyrik ebenfalls ‚Beschädigungen' und unverblümte Reflexionen aus der Kriegs-
erfahrung zeigt, ist der Berliner *Peter Huchel* (1903-1981). Huchel
arbeitet nach 1945 zunächst für den sowjetisch gesteuerten Berliner
Rundfunk und leitet später auf Betreiben Johannes R. Bechers die
ostdeutsche Kulturzeitschrift *Sinn und Form*. Aufgrund seiner eher
unorthodoxen sozialistischen Haltung wird er 1962 aber zur Aufgabe der Zeitschriftenredaktion gezwungen. Bis an sein Lebensende
lebt er fortan als Dissident in der DDR und veröffentlicht nur auf
Umwegen im Westen. Ein Forum für Huchels eigene Lyrik ist jedoch bis 1962 eben *Sinn und Form*, wo etwa 1950 das Langgedicht-
fragment „Das Gesetz" erscheint. Es enthält unter anderem Schre-
ckensbilder aus der Zeit des Zweiten Weltkriegs (hier: Str. 8):

P. Huchel
(1903-1981)

> Erwürgte Abendröte
> Stürzender Zeit!
> Chausseen, Chausseen.
> Kreuzwege der Flucht.
> Wagenspuren über dem Acker,
> Der mit den Augen
> Erschlagener Pferde
> Den brennenden Himmel sah.[4]

Exkurs

Gesteuerter Literaturbetrieb (Ost)

In der Sowjetischen Besatzungszone
(SBZ) beziehungsweise späterhin der
DDR sind solche Thematisierungen
oder gar differenziertere Schuldreflexi-
onen, abgesehen von Schaugerichtspro-
zessen in den ersten Jahren, allerdings
ebenso wenig erwünscht wie im ver-
drängungsstarken Westen, nur aus anderen Gründen: Es herrscht ein verord-
neter Antifaschismus, man sieht sich
per definitionem als das ‚bessere Deutschland' an, während die Faschisten/Kapi-
talisten ja nun im Westen seien. Hinzu
kommen in den frühen Jahren harsche
stalinistische *Steuerungsmaßnahmen im
Literaturbetrieb*, in dem wie in der Sowjetunion das Dogma des *sozialistischen*

Realismus herrscht (Hauptverfechter
hier: *Georg Lukács* [1885-1971]). Realismus ist dabei aber nur begrenzt gefragt,
denn als Wahrheit gilt, was den ideologischen Vorstellungen entspricht. Im
Mittelpunkt hat ein ‚positiver Held' zu
stehen, der gegebenenfalls starken
(Klassen-)Feinden zu trotzen hat, letztlich aber die Perspektive eines Siegs (der
Arbeiterklasse, des Sozialismus) bestärkt. Für das erste Dezennium (lat.
‚Jahrzehnt') der DDR soll in diesem
Sinne die so genannte *Aufbauliteratur*,
gipfelnd im *Bitterfelder Weg* (1959 ff.),
die gesellschaftliche Entwicklung unterstützen, vor allem in Form entsprechend
erzählender Prosa.

Eine das DDR-System unterstützende Lyrik hat in sozialistisch-realistischer Perspektive letztlich vormodern, ja klassizistisch zu sein. Ausdrucksformen von Goethe bis zum linkem Vormärz werden als progressive Teile des Kulturerbes in Anspruch genommen und sollen in oft pathetischem Ton Vermittlung und Akzeptanz der neuen sozialistischen Botschaften verbürgen. Experimente und Neuerungen etwa des Expressionismus oder der Weimarer Zeit gelten als nicht zweckdienlich, sondern ‚formalistisch‘ und ‚dekadent‘, das heißt gefährlich ‚bürgerlich‘.

Einer der wichtigsten Vertreter dieser Doktrin und zugleich ein hochrangiger Kulturfunktionär (1952-1956 Präsident der *Deutschen Akademie der Künste* [Ost] sowie 1954-1958 erster Kulturminister der DDR) wird *Johannes R. Becher* (vgl. S. 166). Sein wohl prominentester lyrischer Beitrag im Sinne des DDR-Sozialismus ist das als Nationalhymne der DDR geschriebene und von *Hanns Eisler* (1898-1962) vertonte Lied „Auferstanden aus Ruinen" von 1949 (im Folgenden die erste von drei Strophen). Nicht untypisch für die Wechselläufe in einem ideologischen Staat wird Bechers Text allerdings ab 1968 (2. DDR-Verfassung) wegen seines Wunschziels „einig Vaterland" nicht mehr gesungen, auch wenn Becher die erhoffte gemeinsame Zukunft sicherlich gut sozialistisch gemeint hat:

Becher und andere Staatsdichter

AUFERSTANDEN AUS RUINEN
Und der Zukunft zugewandt,
Laß uns dir zum Guten dienen,
Deutschland, einig Vaterland.
Alte Not gilt es zu zwingen,
Und wir zwingen sie vereint,
Denn es muß uns doch gelingen,
Daß die Sonne schön wie nie
Über Deutschland scheint.[5]

Neben Becher erleben andere kommunistische Exilanten eine neue Öffentlichkeitswirksamkeit bis hin zur Quasi-Erhebung zu ‚Staatsdichtern‘, etwa *Louis Fürnberg* (1909-1957), *Erich Weinert* (1890-1953) und *Kuba* (d. i. Kurt Barthel, 1914-1967). Sie dichten ebenfalls oft recht traditionell, etwa in Lied- und Balladenformen (besonders beliebt: Gedichte zum Lobe *Josef Stalins*, geb. 1879, deren Produktion anlässlich von dessen Tod 1953 kulminiert) oder in einer von Becher sogar theoretisch erneut legitimierten ‚rettenden‘ Form wie dem Sonett (vgl. seine „Philosophie des Sonetts oder Kleine Sonettlehre", publ. 1956 in der Zeitschrift *Sinn und Form*). In der Nähe der genannten staatsnahen Autoren ist auch der Lyriker und Prosaist *Stephan Hermlin* (1915-1997) zu verorten.

Er dichtet jedoch sowohl mit einer deutlich breiteren und zumindest in Teilen seines Werks moderneren Klaviatur der Formen als auch weltanschaulich mit größerer Skepsis (und ,verstummt' als Lyriker nach 1958 sogar ganz).

Ästhetische Moderne der 1950er Jahre   1.2

In der Bundesrepublik der 1950er Jahre entsteht als Alternativströmung zum beschriebenen Traditionalismus zunächst weder eine (freilich oft pflichtgemäß) engagierte Lyrik wie in der DDR noch eine Fortsetzung der Kahlschlagästhetik Eichs. Von einer breiteren literarischen Öffentlichkeit wird vielmehr Gottfried Benns seit den 1920er Jahren entwickelte Ästhetik des *absoluten Gedichts* (vgl. S. 167) wieder geschätzt: Seine *Artistik* erscheint, über den Traditionalismus hinaus, als willkommene Fluchtperspektive und ,letztes Heil' sowohl aus nihilistischer Überzeugung als auch zur Vermeidung einer Auseinandersetzung mit der jüngsten Geschichte oder politischen Konfliktlagen. Ermöglicht wird Benns Revival zudem durch seine neuen Gedichtausgaben von den 1948 veröffentlichten *Statischen Gedichten,* einer Zusammenstellung mit Stücken seit den späten 1930er Jahren, bis hin zu der umfassenden lyrischen Werkausgabe seines Todesjahrs, den *Gesammelten Gedichten.* Verfasst hat der Autor viele dieser Gedichte nach einer kurzen Phase der Zustimmung zum NS in der Zeit seiner Inneren Emigration zwischen 1934 und 1945, in der er freilich als Mediziner Mitglied der Wehrmacht war. Ein Beispiel für die im Ausdruck moderne, aber dezidiert apolitisch-subjektbezogene Perspektive Benns bietet das spätestens Mitte 1950 entstandene Stück „Reisen" (Erstdruck in der *Neuen Zeitung. Frankfurter Ausgabe* im selben Jahr sowie dann in Benns Gedichtsammlung *Fragmente* von 1951):

Revival Benns (West)

> Meinen Sie Zürich zum Beispiel
> sei eine tiefere Stadt,
> wo man Wunder und Weihen
> immer als Inhalt hat?

> Meinen Sie, aus Habana,
> weiß und hibiskusrot,
> bräche ein ewiges Manna
> für Ihre Wüstennot?

> Bahnhofstraßen und Rueen,
> Boulevards, Lidos, Laan –

selbst auf den Fifth Avenueen
fällt Sie die Leere an –

ach vergeblich das Fahren!
Spät erst erfahren Sie sich:
bleiben und stille bewahren
das sich umgrenzende Ich.[6]

Eine auch an andere Vorbilder (frz. Symbolismus des 19. Jahrhunderts, italienischer *Ermetismo* seit den 1920er Jahren) anschließende modernistische Strömung neben und nach Benn stellt der

Hermetismus so genannte *Hermetismus* dar. Eine noch größere Welt- und Sprachskepsis wird hier durch eine ins Kryptische gehende Ausdrucksweise und eine ,dunkel' aufgeladene Begrifflichkeit umgesetzt. In diese Richtung tendieren mehrere jüngere Lyriker, aber auch solche, die zuvor bereits eine andere Stilart geübt hatten, so der erwähnte Günter Eich oder zuvor ,naturmagisch' dichtende Autoren wie *Walter Höllerer* (1922-2003), *Heinz Piontek* (1925-2003) und *Ingeborg Bachmann* (1926-1973).

Eine besondere Entwicklung nimmt der ebenfalls vor allem als ,Hermetiker' gesehene *Paul Celan* (1920-1970). Er stammt aus einer jüdisch-deutschen Familie in der seinerzeit rumänischen Bukowina, genauer: deren Zentrum Czernowitz, wo bis in die Zeit des Zweiten Weltkriegs eine große kulturelle Vielfalt herrscht. Aus ihr heraus, aber auch durch Lebensphasen im westlichen Ausland (Studienzeit in Paris) erhält Celan seine ersten Prägungen, das heißt sowohl in deutscher und lokaler jüdischer Kultur als auch etwa in der französischen Moderne (Symbolismus, Surrealismus). Fundamental in Mitleidenschaft gezogen wird Celans Leben und Schaffen jedoch in den 1940er Jahren durch die Judenverfolgung in Rumänien: Seine Eltern werden 1942 deportiert und später ermordet. Die bekannteste (und darum hier nicht eigens zitierte) Auseinandersetzung Celans mit der Shoa und dem Kulturbruch, den diese zumal für im Deutschen verwurzelte Juden bedeutete, ist die 1944/45 entstandene „Todesfuge". Eine weitere, sehr persönlich erscheinende Auseinandersetzung mit dem Tod in der Familie und dem genannten Kulturbruch stellt das Gedicht „Nähe der Gräber" von 1944 dar. Es wird 1948 in der Zeitschrift *Plan* und außerdem im Band *Der Sand aus den Urnen* veröffentlicht. Letzteren zieht Celan aber wegen

Abb. 39: Paul Celan (1920-1970)

sinnentstellender Druckfehler bald zurück, um deren Gedichte ganz überwiegend in den 1952er Band *Mohn und Gedächtnis* eingehen zu lassen (das vorliegende allerdings nicht). Sprachlich repräsentiert „Nähe der Gräber" noch einen traditionelleren, kaum hermetischen Duktus:

> Kennt noch das Wasser des südlichen Bug,
> Mutter, die Welle, die Wunden dir schlug?
>
> Weiß noch das Feld mit den Mühlen inmitten,
> wie leise dein Herz deine Engel gelitten?
>
> Kann keine Espe mehr, keine der Weiden,
> den Kummer dir nehmen, den Trost dir bereiten?
>
> Und steigt nicht der Gott mit dem knospenden Stab
> den Hügel hinan und den Hügel hinab?
>
> Und duldest du, Mutter, wie einst, ach, daheim,
> den leisen, den deutschen, den schmerzlichen Reim?[7]

In den nachfolgenden Jahrzehnten lässt sich in Celans Gedichten allerdings eine zunehmende Verknappung feststellen, eine Konzentration auf den Einzelausdruck, die im obigen Sinn hermetisch erscheinen kann. Zu verfolgen ist diese Entwicklung etwa an der Werkreihe von dem erwähnten Band *Mohn und Gedächtnis* über *Sprachgitter* (1959), *Die Niemandsrose* (1963) und *Atemwende* (1967) bis zum letzten vom Autor selbst vollständig konzipierten Band *Lichtzwang* (1970). Celans Bemühen ist jedoch keineswegs auf eine elitäre und *per se* hermetisch-unverständliche lyrische Sprache gerichtet. Vielmehr scheint es ihm unter dem Eindruck des Zivilisationsbruches der NS-Zeit darum gegangen zu sein, so zu dichten, wie es ‚eben noch' möglich war, das heißt statt völlig zu verstummen. Als Beispiel für eine besonders kurze, zugleich einfache und hochkomplexe Gedichtform, die so entsteht, wird nachfolgend ein Stück aus dem Band *Atemwende* wiedergegeben. Ein solches Kurzgedicht steht in Celans Spätwerk allerdings neben deutlich längeren, aber ebenso im Einzelausdruck enorm verknappten Stücken wie die berühmte „Engführung" von 1957/58 (publiziert als Schlussstück des Bandes *Sprachgitter*):

> IN DEN FLÜSSEN nördlich der Zukunft
> werf ich das Netz aus, das du
> zögernd beschwerst
> mit von Steinen geschriebenen
> Schatten.[8]

Die hermetische Strömung ist jedoch kein reines West-Phäno-
men. Für einen in der DDR lebenden Lyriker, der in den 1950er
Jahren diese Richtung tendiert, lässt sich neben dem bereits erwähnten Peter Huchel der in Ostpreußen gebürtige, seit 1950 in

J. Bobrowski
(1917-1965)

Ostberlin lebende *Johannes Bobrowski* (1917-1965) anführen. Bei
ihm findet sich mit dem Gedicht „Hölderlin in Tübingen" (zu
datieren auf 1961) etwa der Versuch einer existentialistischen Wie-
deraneignung dieses ‚missbrauchten Klassikers' (vgl. zu Eichs
„Latrine", S. 184) in hermetischer Manier. Das Gedicht imaginiert
als prototypische Dichterexistenz den in geistige Umnachtung
verfallenen Hölderlin und den Ort seiner langen letzten Lebens-
jahrzehnte (Erstdruck in *Schattenland Ströme* 1962 zuerst, nicht
untypisch für politisch ‚schwierige' Lyrik aus der DDR, in Stuttgart, und erst 1963 in einer Parallelausgabe in Ostberlin):

Bäume irdisch, und Licht,
darin der Kahn steht, gerufen,
die Ruderstange gegen das Ufer, die schöne
Neigung, vor dieser Tür
ging der Schatten, der ist
gefallen auf einen Fluß
Neckar, der grün war, Neckar,
hinausgegangen
um Wiesen und Uferweiden

Turm,
daß er bewohnbar
sei wie ein Tag, der Mauern
Schwere, die Schwere
gegen das Grün,
Bäume und Wasser, zu wiegen
beides in einer Hand:
es läutet die Glocke herab
über die Dächer, die Uhr
rührt sich zum Drehn
der eisernen Fahnen[9]

Konkrete/Visuelle
Poesie

Noch weiter von traditioneller lyrischer Sprache weg führt die
ebenfalls in den 1950er Jahren sich entfaltende *Konkrete* beziehungsweise *Visuelle Poesie*. Sie stellt nämlich statt ‚tiefer' Inhalte
oft das sprachliche Zeichen selbst als lautliche beziehungsweise
(schrift-)bildliche Form, sprich: als ‚konkretes' Material, in den
Mittelpunkt. Wiederum im Anschluss an bereits ältere europäische Strömungen – nicht zuletzt auch Expressionismus und Dadaismus – entsteht im deutschsprachigen Raum zuerst in der
Schweiz und dann in Österreich diese weitere moderne Sprach-

Bild-Kunst. Ihr wichtigster Verfechter und Verbreiter ist der in
Bolivien aufgewachsene, über Bern und Rom nach Deutschland
kommende *Eugen Gomringer* (geb. 1925). Er arbeitet vor allem an
der seinerzeit avantgardistisch profilierten Ulmer Hochschule für
Gestaltung viele Grundzüge dieser neuen Strömung heraus, zumal auf der Ebene der theoretischen Reflexion sowie bei der öffentlichen Verteidigung der provokativ ‚einfach' erscheinenden
Sprachgebilde. Seine eigenen Elaborate, oder wie Gomringer sie
nennt: „konstellationen"[10], transportieren freilich bisweilen nicht
nur einfache, sondern im Grunde herkömmliche ‚lyrische', das
heißt unpolitische und ästhetische Inhalte, wie dies etwa das nachfolgende Stück bezeugt:

> worte sind schatten
> schatten werden worte
>
> worte sind spiele
> spiele werden worte
>
> sind schatten worte
> werden worte spiele
>
> sind spiele worte
> werden worte schatten
>
> sind worte schatten
> werden spiele worte
>
> sind worte spiele
> werden schatten worte[11]

Gomringer selbst erläuterte dazu:

> in dieser konstellation lockte es mich, durch das kreuzweise vertau-
> schen von satzteilen darzulegen, dass alle vorgänge oder gegenstän-
> de mehrdeutig sind, dass es darüber nicht nur eine, eine einzige
> wahre aussage gibt.[12]

Weitere wichtige Vertreter der Richtung versammeln sich in den
1950er Jahren in der *Wiener Gruppe*, gebildet von *Friedrich Ach-
leitner* (geb. 1930), *H(ans). C(arl). Artmann* (1921-2000), *Konrad
Bayer* (1932-1964), *Gerhard Rühm* (geb. 1930) und, allerdings nur
als Prosaist, *Oswald Wiener* (geb. 1935). Die Gruppe steht bald in
engem Kontakt mit Gomringer und lässt sich in seine publizisti-
schen Aktivität einbinden, einzelne Wiener gehen jedoch in ihren
Werken über den apolitischen Kunstbegriff Gomringers hinaus,
etwa um eine Gesellschafts- und Medienkritik zu formulieren.
Ferner nutzen die Wiener gerne den eigenen Dialekt; deshalb aus
Gerhard Rühms Œuvre im Folgenden ein Beispiel hierfür, das

zudem in seiner ‚Ausstellung' von nicht entstehendem Sinn ‚hinter den Phrasen' unmittelbar an den Dadaismus erinnert:

> i sog eich
> das i eich sog
> wos i eich sog
> weu es muas amoe gsoggd wean
> wos zun sogn is
> is sog s
> i wü s sogn
> i muas eich s sogn
> das i gsoggd hob
> das i eich sogn wea
> wos i eich sogn wea
> das i eich sog
> wos i eich sog
> wos i eich zun sogn hob
> i sog s meina sö
> das amoe gsoggd is
> wos gsoggd wean muas[13]

Andere Experimente in der Wiener Gruppe bewegen sich noch stärker auf beziehungsweise *jenseits* der Grenze zu einer bloßen Buchstaben-Bild-Kunst, etwa einige von Rühms „Textbildern"; auf diese sei hier lediglich hingewiesen.[14]

Ein weiterer wichtiger Vertreter der Konkreten Poesie ist ebenfalls in Wien beheimatet: *Ernst Jandl* (1925-2000). Jandl arbeitet jedoch lediglich parallel zur genannten Gruppe und wird dies noch lange über sie hinaus tun, um im Laufe der Jahrzehnte zum prominentesten ‚Konkreten' überhaupt zu werden. Für zwei der vielen Spielarten seines Schaffens sollen hier einstehen: das kleine ‚politische Lehrstück' „lichtung" von 1957 aus seinem bekanntesten Band, *Laut und Luise* (1966), und „ottos mops" von

1963 (publ. in *der künstliche baum* 1970), das die große humoristische Ader des Autors bezeugt. Da Jandl außerdem für seine Vortragskunst berühmt geworden ist, sei hier ferner auf eine Website verwiesen, die unter anderem Ton- und Videoaufzeichnungen von Lesungen bietet, und zwar *www.ernst-jandl.com*.

manche meinen
lechts und rinks

Abb. 40: Ernst Jandl (1925-2000)

kann man nicht
velwechsern
werch ein illtum![15]

---

ottos mops trotzt
otto: fort mops fort
ottos mops hopst fort
otto: soso

otto holt koks
otto holt obst
otto horcht
otto: mops mops
otto hofft

ottos mops klopft
otto: kommt mops komm
ottos mops kommt
ottos mops kotzt
otto: ogottogott[16]

Brecht und die Re-Politisierung um 1960   1.3

Eine weitere Entwicklung, geradezu ein *Paradigmenwechsel*, wird in den 1950er Jahren von Bertolt Brecht inspiriert, und zwar zunächst durch die nachträgliche Rezeption seines durch die NS-Zeit in Deutschland weitgehend unbekannten Werks der 1930er und 1940er Jahre. In diesem ist es der lakonische beziehungsweise epigrammatische Ton (vgl. im vorangegangenen Aufbaumodul vor allem zum Exildichter Brecht), der einer neuen Strömung vom Ende der 1950er Jahre an über ein Jahrzehnt zum großen Vorbild wird. Stilistisch tendiert die nun angestrebte brechtsche Kürze und Prägnanz ganz im Gegensatz zur hermetischen Lyrik gerade nicht zur Dunkelheit, und auch von der ,artistischen' Modernität Benns ist sie weit entfernt. Stattdessen wird nun gerade das so genannte *offene Gedicht* zum Ziel, das heißt eine Gedichtform, die sich bald nüchtern, bald ,zornig', aber auch in zurückgenommener Weise unmittelbar mit der gesellschaftlichen und politischen Gegenwart auseinandersetzt. Kurz: Brechts altes Diktum von dem nötigen *Gebrauchswert* der Literatur (vgl. S. 170) erlebt so zumal unter jüngeren westlichen Autoren, die mit dem späten Adenauer-Deutschland im Konflikt stehen, eine Renaissance.

Brechts Spätwerk   Um aber zunächst auch noch von Brechts eigener Lyrik der 1950er Jahre zu sprechen: Sie ist vornehmlich von einem nüchternen bis elegischen Ton geprägt, der seine Skepsis gegenüber der politischen Gesamtlage und einen gewissen Rückzug auf die eigene Person bezeugt. Dabei behält das ‚Private‘ allerdings immer eine Verbindung zum Gesellschaftlichen, denn das eigene Tun und dessen Bild bei anderen wird stets unter moralischen Gesichtspunkten betrachtet. Ein didaktischer Grundzug ist daher auch Brechts Spätwerk in der Regel zu eigen, etwa den in seinem Haus am See im brandenburgischem Örtchen Buckow verfassten Gedichten von 1953, die Brecht in freier Verwendung eines Gattungsbegriffs als „Buckower Elegien" bezeichnet hat. Stellvertretend seien hier die ersten beiden ‚Elegien‘ wiedergegeben, die mit vier anderen zusammen 1953 in *Sinn und Form* als ein Kernteil eines Konvoluts von zwanzig (in der Gänze jedoch nicht mehr zu Brechts Lebzeiten veröffentlichten) Gedichten erscheinen. Das eine, betitelt „Der Blumengarten", ist auf den ersten Blick nur naturidyllisch und ‚privat‘, letztlich jedoch ebenso als distanzierte moralische Selbstpositionierung gegenüber den politischen Wechselläufen der Zeit zu lesen (vgl. die Wettermetaphorik):

> Am See, tief zwischen Tann und Silberpappel
> Beschirmt von Mauer und Gesträuch ein Garten
> So weise angelegt mit monatlichen Blumen
> Daß er von März bis zum Oktober blüht.
>
> Hier, in der Früh, nicht allzu häufig, sitz ich
> Und wünsche mir, auch ich möge allezeit
> In den verschiedenen Wettern, guten, schlechten
> Dies oder jenes Angenehme zeigen.[17]

Das andere Gedicht, „Gewohnheit, noch immer", im wirkmächtigen prosalyrischen Stil, prangert hingegen unmittelbar das militaristische Erbe Preußens an, das Brecht in der Gegenwart immer noch fortleben sieht:

> Die Teller werden hart hingestellt
> Daß die Suppe überschwappt.
> Mit schriller Stimme
> Ertönt das Kommando: Zum Essen!
>
> Der preußische Adler
> Den Jungen hackt er
> Das Futter in die Mäulchen.[18]

Zumal in der Bundesrepublik Deutschland ist es dann eine ganz Reihe jüngerer Autoren, die im Stil Brechts eine Re-Politisierung

Abb. 41: Hans Magnus Enzensberger (geb. 1929)

der Literatur beziehungsweise deren Nutzung für die Auseinandersetzung mit dem Konservatismus und der verdeckten Restauration im Land betreiben. Namentlich zu erwähnen sind hier *Günter Grass* (geb. 1927), *Hans Magnus Enzensberger* (geb. 1929), *Erich Fried* (1921-1988) und *Peter Rühmkorf* (geb. 1929). Mit Enzensberger und Rühmkorf sollen im Folgenden zwei in der Schreibart besonders unterschiedliche Vertreter dieser Strömung vorgestellt werden.

Der aus dem Allgäu stammende Hans Magnus Enzensberger, späterer Gründungsherausgeber der Furore machenden politisch-literarischen Zeitschrift *Kursbuch* (seit 1965), tritt 1957 mit seinem erstem eigenen Gedichtband, *verteidigung der wölfe*, an die Öffentlichkeit. Zwei weitere Lyriksammlungen mit mehr oder weniger starkem Gesellschaftsbezug werden in den 1960er Jahren folgen (1960: *landessprache*, 1964: *blindenschrift*), bevor bei ihm eine Abkehr zunächst von der Gattung überhaupt und dann ein weniger politisiertes Weiterschreiben zu beobachten sein wird. Bereits der Band *verteidigung der wölfe* ist jedoch nicht nur offensiv politisch, sondern zerfällt in drei Abschnitte von – so die Zwischentitel – „freundlichen", „traurigen" und „bösen gedichten". Wegen der besonderen Zeitwirkung sei hier lediglich der dritte Abschnitt fokussiert, der unter anderem ein Stück enthält, das, vom Verfasser vermutlich gar nicht erwartet, einige Zeit später tatsächlich dort ankommen sollte, wofür es in der sarkastischen Fiktion des Titels geschrieben worden ist. Es heißt „ins lesebuch für die oberstufe" und formuliert in einem überwiegend parataktischen Stakkato mit präziser Bildlichkeit schon in der ersten Zeile eine provokative Absage an Lyrik im traditionellen Sinn. Kommende Generationen sollen sich angesichts düsterster politischer Erwartungen – metaphorisch wird sogar eine Rückkehr NS-mäßiger Verfolgung prophezeit (siehe Z. 4-6) – nicht mit Schöngeistigem beschäftigen, sondern auf eine partisanenhafte Haltung einstellen, was gegen Ende auch mit einem gewissen Pathos unterlegt wird:

> lies keine oden, mein sohn, lies die fahrpläne:
> sie sind genauer. roll die seekarten auf,
> eh es zu spät ist. sei wachsam, sing nicht.
> der tag kommt, wo sie wieder listen ans tor

schlagen und malen den neinsagern auf die brust
zinken. lern unerkannt gehn, lern mehr als ich:
das viertel wechseln, den pass, das gesicht.
versteh dich auf den kleinen verrat,
die tägliche schmutzige rettung. nützlich
sind die enzykliken zum feueranzünden,
die manifeste: butter einzuwickeln und salz
für die wehrlosen. wut und geduld sind nötig,
in die lungen der macht zu blasen
den feinen tödlichen staub, gemahlen
von denen, die viel gelernt haben,
die genau sind, von dir.[19]

P. Rühmkorf (1929-2008)

Gegenüber dem harten und klaren Ton Enzensbergers sind die Gedichte des gebürtigen Dortmunders Peter Rühmkorf oft von großer Komplexität geprägt und zeichnen sich durch furiose ironisch-gelehrige Sprachspiele, Anspielungen und kunstvoll eingebundene Zitatfetzen aus. Sie bleiben dabei aber auf sehr reflexive Weise politisch. Nach einem bereits umfangreichen und ‚bunten‘ lyrischen Schaffen Rühmkorfs seit Ende der 1940er Jahre bezeugt dies insbesondere sein 1959 erschienenen Gedichtband *Irdisches Vergnügen in g,* dessen Titel bereits ein raffiniertes Dreiviertelzitat eines historischen Werktitels darstellt, und zwar von *Irdisches Vergnügen in Gott,* verfasst von dem frühaufklärerischen Theologen und Lyriker Barthold Heinrich Brockes (vgl. S. 86).

Gegen die Benn-Epigonen

Dass sich die genannte junge Autorenriege vornehmlich gegen apolitische Traditionalisten und insbesondere gegen eine Artistik bennscher Prägung stellt, zeigt aus dieser Sammlung Rühmkorfs etwa das keineswegs kunstlos spöttische „Lied der Benn-Epigonen“. Zunächst scheint die ‚erlesene‘ Ausdrucksweise dieser Strömung vor allem ästhetisch infrage gestellt zu werden (Str. 1), im Weiteren jedoch rekontextualisiert das Gedicht Benns Werk und seine aktuelle Verehrung in einem doppelten politischen Zusammenhang: zum einen mit Bezug auf Benns Bejahung des NS unmittelbar nach der ‚Machtergreifung‘ von 1933 (Str. 2 am Ende) und zum anderen mit Bezug darauf, wie sehr Benns dezidiert politikferne Poetik konservativen Kräften der bundesrepublikanischen Gesellschaft zupass kommt (Str. 3 am Ende):

Die schönsten Verse der Menschheit
– nun finden Sie schon einen Reim! –
sind die Gottfried Bennschen:
Hirn, lernäischer Leim –
Selbst in der Sowjetzone
Rosen, Rinde und Stamm.

Gleite, Epigone,
ins süße Benn-Engramm.

Wenn es einst der Sänger
mit dem Cro-Magnon trieb,
heute ist er Verdränger
mittels Lustprinzip.
Wieder in Schattenreichen
den Moiren unter den Rock;
nicht mehr mit Rattenscheichen
zum völkischen Doppelbock.

Tränen und Flieder-Möven –
Die Muschel zu, das Tor!
Schwer aus dem Achtersteven
spielt sich die Tiefe vor.
Philosophia per anum,
in die Reseden zum Schluß –:
So gefällt dein Arcanum
Restauratoribus.[20]

Bemerkenswert sind hier im Übrigen die zahlreichen (Pseudo-)
Zitate aus seinerzeit allbekannter Lyrik Benns, etwa das dort om-
nipräsente „Hirn" (vgl. etwa am Anfang von Benns „Orphische
Zellen" oder in dessen „Quartär" am Anfang von Str. 3) oder das
‚erlesen' mythisierende „lernäisch" (vgl. „Levkoienwelle" oder
„Betäubung"). Als besonders provokativ ist in diesem Zusammenhang ferner zu verstehen: „Verdränger mittels Lustprinzip" (hier
Str. 2, Z. 3 f.), eine maliziöse Abwandlung von „Zersprenger mittels Gehirnprinzip", wie es eigentlich modernistisch-erhaben in
Benns „Der Sänger" heißt (vgl. S. 167). Am Ende von Str. 3 wird
Rühmkorfs Lied in der gekonnt imitierten Pose lateinischer Ge-
lehrtheit noch deutlicher: Benn-Epigonentum ist Philosophie „per
anum" (‚durch, vermittels des Afters') und das mystische ‚Ge-
heim-Erhabene' („Arcanum") ist denjenigen zu Gefallen, die in
der Adenauerzeit alte Herrschaftsverhältnisse wiederherstellen
wollen (das heißt den „Restauratoribus", ‚Wiederherstellern'). Enzensberger, Rühmkorf und andere werden sowohl den Traditionalismus als auch die inkriminierte Benn-Linie in den 1960er
Jahren in der tat nachhaltig als Kanon-Lyrik ablösen.
    Hochoffiziell wird in Kunst und Literatur der DDR seit 1959
der sozialistisch-realistische und dabei nur sehr *restringiert* (hier
im Sinne von ‚aktiv eingeschränkt') moderne *Bitterfelder Weg* be-
schritten, das heißt die Künstler hier haben weiterhin vor allem
für den selbsterklärten Staat der Arbeiter (und Bauern) zu schaffen. Letztere sind sogar in so genannten *Zirkeln schreibender Ar-*

beiter zu eigener künstlerischer Tätigkeit im Sinne einer Beförderung des Sozialismus anzuhalten. Im Rahmen einer besonderen Lehreinrichtung der DDR, dem Leipziger *Literaturinstitut Johannes R. Becher,* bildet sich jedoch auch eine ästhetisch offener geschulte Autorengeneration heraus, die so genannte *Sächsische Dichterschule.* Sie besteht im Wesentlichen aus *Volker Braun* (geb. 1939), *Heinz Czechowski* (geb. 1935), *Wulf Kirsten* (geb. 1934), *Reiner Kunze* (geb. 1933) und *Karl Mickel* (geb. 1935) sowie der bald bekanntesten DDR-Lyrikerin *Sarah Kirsch* (geb. 1935).

Sächsische Schule

Diese Autorenriege bildet keine ganz enge Literaturgruppe, zeichnet sich aber durch regen Kontakt und nicht zuletzt eine gleichzeitig erreichte breitere Popularität aus. Geschätzt wird von der DDR-Öffentlichkeit ihr größeres Formenspektrum, vor allem aber eine Metaphorik und bald typische *Anspielungskultur.* Diese ermöglicht – allerdings in stetem Konflikt mit Parteifunktionären und zensurartigen Instanzen – Meinungsdifferenzierungen und Gesellschaftskritik jenseits der staatlichen Sprachregelungen, ohne dass der gemeinsame Boden sozialistischer Denkart verlassen wird. Etwa auf den ersten Blick ‚unverdächtige‘ Natur- oder Gedankenlyrik kann so im DDR-Kontext bereits eine Art Einspruch bedeuten, da ihr das ‚Positive‘ des sozialistischen Realismus abgeht. Ein kleines Beispiel hierfür gibt das Stück „Sensible Wege" des Thüringers Reiner Kunzes von 1966. Es ist offen allegorisch auf menschliches Handeln überhaupt zu beziehen, aber ebenso auf politisch-gesellschaftlicher Ebene zu deuten (und enthält somit allenfalls eine mittelbare kritische Note gegenüber dem Staatssozialismus):

Literarische Anspielungskultur

> Sensibel
> ist die erde über den quellen: kein baum darf
> gefällt, keine wurzel
> gerodet werden
>
> Die quellen könnten
> versiegen
>
> Wie viele bäume werden
> gefällt, wie viele wurzeln
> gerodet
>
> in uns[21]

Dennoch ist in der angespannten zweiten Hälfte der 1960er Jahre selbst dies und anderes von Kunze nicht zu publizieren, so etwa im Zusammenhang mit den Ereignissen des *Prager Frühlings* von 1968 stehende Lyrik. Ein ganzer Gedichtband Kunzes mit dem

Abb. 42: Wolf Biermann (geb. 1936)

Titel *Sensible Wege* erscheint daher 1969 nur in der Bundesrepublik, und der Autor erntet deswegen von offizieller Seite in der DDR teils harsche Kritik. So prangert der SED-Kulturfunktionär Max Walter Schulz, ein seinerzeit einflussreicher *Hardliner*, die fehlende ‚positive‘ Ausrichtung und mangelnde sozialistische Linientreue an. Schulz gibt auf dem *VI. Deutschen Schriftstellerkongress* in Ostberlin (1969) zu Protokoll: „Es ist [...] der nackte, vergnatzte, bei aller Sensibilität aktionslüsterne Individualismus, der [...] schon mit dem Antikommunismus, mit der böswilligen Verzerrung des DDR-Bildes kollaboriert [...].“[22]

Noch viel heftiger in Konflikt mit seinem Staat gerät in dieser Zeit *Wolf Biermann*. 1936 in Hamburg geboren, übersiedelt Biermann 1953 aus politischer Überzeugung nach Ostberlin und studiert an der dortigen Humboldt-Universität, wird aber bald auch bei Brecht Regie-Assistent. Seit den frühen 1960er Jahren dichtet und singt er dann als selbsterklärter Erbe von Heine und Brecht und wird dabei immer offensiver systemkritisch (Ausschluss aus der SED 1963), aber von einer noch tolerierten, humanistisch-sozialistischen Warte aus. Als er 1965 jedoch in Westberlin den Gedichtband *Die Drahtharfe* veröffentlicht, erhält er ein umfassendes Publikations- und Auftrittsverbot für die DDR und lebt die nächsten elf Jahre stark isoliert im Land seiner Wahl (Weiteres zu Biermann siehe zur DDR-Lyrik der 1970er Jahre). Das Lied „Warte nicht auf beßre Zeiten“ aus der *Drahtharfe* kann ein kleines Beispiel für Biermanns schillerndes und anspielungsreiches Dichten zwischen Lakonismus und expressivem Gestus geben. Im Folgenden ist die erste Strophe nebst Refrain wiedergegeben, die eigentlich in Biermanns eigener unnachahmlicher Darbietungsweise gesungen kennenzulernen ist (für eine der zahlreichen Einspielungen siehe die angeschlossene Anmerkung[23]):

Manche hör ich bitter sagen
„Sozialismus – schön und gut
Aber was man uns hier aufsetzt
Das ist der falsche Hut!“
Manchen seh ich Fäuste ballen

In der tiefen Manteltasche
Kalte Kippen auf den Lippen
Und in den Herzen Asche

Wartest du auf beßre Zeiten
Wartest du mit deinem Mut
Gleich dem Tor, der Tag für Tag
An des Flusses Ufer wartet
Bis die Wasser abgeflossen
Die doch ewig fließen[24]

1.4 1970er Jahre: Tendenzwende und Desillusionierung

Nach der weitreichenden Politisierung der (westdeutschen) Lyrik
in den 1960er Jahren findet um 1970 eine nahezu gegenläufige
„Hinwendung auf Alltägliches" statt, wie etwa der Lyriker *Jürgen
Theobaldy* (geb. 1944) in der von ihm 1977 herausgegebenen Anthologie *Und ich bewege mich doch ... Gedichte vor und nach 1968*
feststellt.[25] Dieses literaturgeschichtlich schnell als *Tendenzwende*
bezeichnete Phänomen erklärt sich allerdings nicht so sehr durch
eine wieder neue Generation von Lyrikern mit ‚zufällig' neuen
Interessen. Vielmehr sind zahlreiche länger oder kürzer etablier-
te Autoren in der Phase von studentischer Protestbewegung und
Außerparlamentarischer Opposition (zeitgenössisch: *APO*) zunächst
durchaus gesellschaftlich engagiert beziehungsweise waren es
zumindest bis zu einigen Eskalationen der späten 1960er Jahre.
Die Verpflichtung des Lyrischen auf eine Unterstützung oder
auch nur Reflexion dieser Vorgänge erscheint mittlerweile jedoch
als eine doppelt fraglich gewordene Festlegung. Man meint nun,
dass lyrische Gedichte durch sie weder der politischen Aktionsab-
sicht noch den eigentlichen Ausdrucksstärken der Gattung gerecht werden.

So schreiben in den frühen 1970er Jahren etwa Enzensberger,
Rühmkorf oder, bisher noch nicht erwähnt, *F(riedrich). C(hristian).
Delius* (geb. 1943) und andere zwar durchaus weiter Gedichte, sie

Neue Subjektivität tun dies jedoch mit einer gewandelten Poetik, die bald als *Neue
Subjektivität* bezeichnet wird. Letzte Benennung durch Zeitgenossen ist allerdings zunächst pejorativ gemeint, um die Abwendung
vom ‚objektiv' Geforderten (Politischen) zu kritisieren. Der ‚Rückzug auf das Ich' geschieht aber vielfach nicht ‚naiv', sondern unter
reflexivem Einbezug der kritischer beziehungsweise pessimisti-
scher gewordenen Zeitanalyse. Einzelne (vor allem bundesrepublikanische) Autoren entfalten ihr lyrisches Werk nach einer ers-

ten Phase in den 1960er Jahren allerdings vornehmlich erst in
den 1970er Jahren öffentlichkeitswirksam und stehen so in Sonderheit für diese Zeit ein. Neben dem bereits erwähnten Theobaldy sind hier *Jürgen Becker* (geb. 1932), *Nicolas Born* (1937-1979)
und *Rolf Dieter Brinkmann* (1940-1975) zu nennen, von denen
Becker und etwas ausführlicher dann Brinkmann vorgestellt werden sollen.

Der Kölner Jürgen Becker gibt namentlich in seinem zweiten   Jürgen Becker
Gedichtband *Das Ende der Landschaftsmalerei* von 1974 ein Beispiel   (geb. 1932)
dafür, wie aus einer dezidiert ‚privaten‘ Perspektive dennoch ge-
sellschaftskritische Lyrik entsteht. Die ersten Zeilen von „Gedicht,
sehr früh" etwa gehen ganz vom einzelnen lyrischen Ich aus, im
Weiteren aber wird aus dessen Perspektive das seinerzeit von
vielen als ‚allein seligmachend‘ angesehene Wirtschaftsziel der
Vollbeschäftigung aufs Korn genommen:

> In der Frühe um fünf weckt mich
> das Geräusch eines einzelnen, kreisenden Flugzeugs;
> ich kämpfe noch, an den Rändern
> des Schlafs, um den Rest eines Traums;
> kreischend die Vögel, ehe zu dröhnen
> beginnt mein vollbeschäftigtes Land; [...].[26]

Der aus Vechta stammende Rolf Dieter Brinkmann ist in der   R. D. Brinkmann
deutschsprachigen Literatur der Zeit ein Sonderfall. Beeinflusst von   (1940-1975)
amerikanischer Beat- und Popkultur verblüfft er die Öffentlichkeit
Ende der 1960er Jahre bereits mit Lyrikbänden wie *Die Piloten*
(1968) oder *Standphotos* (1969), Sammlungen vor allem von kürzeren prosaisch-lyrischen Gedichten als Momentaufnahmen (Ästhetik
des *snap shot*) und mit kleinen popliterarischen Gags. In die Lyrikgeschichte eingehen wird Brinkmann allerdings mit einer großen
Sammlung von 1970 bis 1974 verfassten Gedichten mit rahmenden
Prosa- und Fotopassagen: *Westwärts 1 & 2*. Er kann den Band 1975
weitestgehend selbst arrangieren, kommt jedoch noch im selben
Jahr in London bei einem Straßenunfall zu Tode.

Westwärts 1 & 2 (nach gut dreißig Jahren, 2005, gemäß Brinkmanns ursprünglichem Editionsplan in erweiterter Neuausgabe
erschienen) zeigt ein lyrisches beziehungsweise Autor-Ich, das
Lebenswelten in deutscher, amerikanischer oder italienischer Pro-
vinz und Großstadt mit Empathie und immer wieder jähem Zorn
unmittelbar und intensiv beobachtet. Wiedergegeben werden diese Beobachtungen mithilfe eines breiten Spektrums vom kürzeren prosaisch-lyrischen Gedicht in Zweizeilerstrophen (vgl. etwa
„Ballade"[27]) bis hin zu Langgedichten mit vielschichtig angeord-

neten Textbruchstücken, die einen offenen Wahrnehmungs- und Reflexionsprozess inszenieren (vgl. neben den Titelgedichten „Westwärts" und „Westwärts 2" insbesondere „Roma die [!] Notte"[28]). Als Beispiel für Brinkmanns Pendeln zwischen sensibler,

Epiphanien und Zorn begeisterungsfähiger Beobachtung etwa einer akustischen *Epiphanie* (grch. ‚wunderbare Erscheinung') und zornig-frustrierter Großstadtwahrnehmung sei hier das kurze Stück „Einen jener klassischen" wiedergegeben:

Einen jener klassischen

schwarzen Tangos in Köln, Ende des
Monats August, da der Sommer schon

ganz verstaubt ist, kurz nach Laden
Schluß aus der offenen Tür einer
dunklen Wirtschaft, die einem
Griechen gehört, hören, ist beinahe

ein Wunder: für einen Moment eine
Überraschung, für einen Moment

Aufatmen, für einen Moment
eine Pause in dieser Straße,

die niemand liebt atemlos
macht, beim Hindurchgehen. Ich

schrieb das schnell auf, bevor
der Moment in der verfluchten

dunstigen Abgestorbenheit Kölns
wieder erlosch.[29]

Exkurs

Liberalisierung und Desillusionierung (Ost)

In der DDR der frühen 1970er Jahre scheint der Wechsel von Ulbricht zu Honecker auch auf der Ebene von Kunst und Literatur eine Wende zum Positiven zu versprechen. Die Verlautbarungen des *VIII. Parteitags der SED* (1971) machen Hoffnung nicht nur auf ein politisches und wirtschaftliches Umdenken, sondern auch auf eine *Liberalisierung* im kulturellen Bereich. In den Folgejahren erweist sich jedoch als zunehmend *desillusionierend*, dass die neuen Freiheiten schnell ihre Grenzen finden oder sogar eine Rücknahme erfahren. Dies geschieht jedes Mal dann, wenn die Herrschenden ihr Ansehen zu sehr angegriffen sehen oder die politisch-ökonomische Gesamtlage sich wieder anspannt.

Abb. 44: Günter Kunert (geb. 1929)

Auch unter DDR-Lyrikern ist die Skepsis gegenüber ‚großen Entwürfen‘, Machtstrukturen und
revolutionären Posen allerdings bereits um 1970
stark geworden. Eine *Neue Subjektivität* lässt sich
daher bei ihnen ebenfalls verzeichnen, und zwar
vielleicht noch mehr ins Negative bis ‚Depressive‘
verstärkt durch die Abnutzung der rhetorisch auf
Dauer gestellten sozialistischen Fortschrittsper-
spektive. Als Beispiel für einen sich skeptisch
abwendenden DDR-Autor ist etwa *Günter Kunert*
(geb. 1929) zu nennen, der nach Jahrzehnten der
Lyrikproduktion in der DDR wie andere zunehmend im Westen
veröffentlichen muss. Aus seinem 1974 in der Bundesrepublik
erschienenen Gedichtband *Im weiteren Fortgang* sei hier das Stück
„So soll es sein" wiedergegeben, das eine kleine Poetik des Lyrischen jenseits der Ideologien darstellt.

> Zwecklos und sinnvoll
> soll es sein
> zwecklos und sinnvoll
> soll es auftauchen aus dem Schlamm
> daraus die Ziegel der großen Paläste
> entstehen um wieder zu Schlamm zu zerfallen
> eines sehr schönen Tages
>
> zwecklos und sinnvoll
> soll es sein
> was für ein unziemliches Werk
> wäre das
> zur Unterdrückung nicht brauchbar
> von Unterdrückung nicht widerlegbar
> zwecklos also
> sinnvoll also
>
> wie das Gedicht[30]

Biermann-Ausweisung

Den wohl größten Frustrationsschub
bei den DDR-Intellektuellen erzeugt jedoch 1976 eine harsche Einzelreaktion
des Systems: Als sich Wolf Biermann zu
einem Gastauftritt auf einen Kölner
DGB-Kongress begibt, um seine freie,

aber sozialistisch fundierte Kritik zur Gitarre vorzutragen, nutzt die DDR-Staatsführung die Gelegenheit, ihn mit sofortiger Wirkung auszubürgern und ihm die Rückkehr nach Ostberlin zu verweigern. Die vermutlich von den Mäch-tigen gar nicht abgesehene Folge ist eine große Welle von weiteren Ausreisen und fernerhin auch Ausbürgerungen anderer Künstler, die sich mit Biermann aus Prinzip solidarisch erklären.

V. Braun (geb. 1939)

Zumal nach der Biermann-Ausweisung blutet die DDR-Lyrik nachhaltig aus. Ein Reflex darauf aus der *Sächsischen Schule* findet sich etwa bei dem Dresdner Lyriker *Volker Braun* (geb. 1939). Er selbst wird die DDR aus politischer Überzeugung nicht verlassen, aber er muss Zurechtweisungen dulden, nachdem er 1976 eine Petition zugunsten Biermanns mit unterzeichnet hat. Brauns „Der Müggelsee" (größter See in Ostberlin) aus der Gedichtsammlung *Training des aufrechten Gangs* (1979 gleichzeitig in beiden Teilen Deutschlands publiziert) sei hier als eine lyrische Reaktion auf die Situation nach der Biermann-Ausbürgerung beispielhaft herangezogen. Die bereits im Versbild ‚(auf)gebrochene' Ode macht, in einer Art sarkastischem *cento* (ital., hier für: ‚kunstvolles literarisches Flickwerk'), aus Klopstocks Freuden- und Freundesgesang „Der Zürchersee" (vgl. S. 111 ff.) einen bitteren Abgesang auf Brauns aus politischen Gründen auseinandergerissenen sächsischen und (Ost-)Berliner Lyrikerfreundeskreis. Die Strophen 1 bis 3 (von 8) demonstrieren dies und erwähnen am Ende die Kollegen „Bernd" (Jentzsch), „Reiner" (Kunze) und „Wolf" (Biermann) mit Namen:

> Aber am schönsten ist
> *Von des schimmernden Sees Traubengestanden her*
> in der Zeit Wirre
> Die die Freunde verstreut roh
> Vom Herzen mir, eins zu sein
> Mit seinem Land, und
>
> Gedacht
> Mit Freunden voll das Schiff, fahre ich
> Fort in dem Text, den der Ältere
> Verlauten ließ, an einem anderen Punkt.
>
> und auf den Bänken Bernd
> Still lächelnd, Reiner, geblecktes Gebiß
> Wolf schreiend ein freches Lied
> Und wir säßen im selben Boot[31]

1980 ff. – z. B. Durs Grünbein   1.5

Subjektive Reflexion und Politikskepsis verstärken sich in den
1980er Jahren in Ost und West und dies oft in Frustration und
Melancholie. Eine erneute Gesellschaftsorientierung zeigt sich
allenfalls in Teilen der Gattung, und zwar in mahnender und rä-
sonierender Dichtung anlässlich der anhaltenden Konfliktlage des
Kalten Kriegs und dann zunehmend auch in der Bezugnahme auf
die immer größere Besorgnis erregende Umweltverschmutzung.
Eine wieder andere subjektive und oft sprachreflexive Lyrik scheint
sich sodann seit dem Wegfall des globalen politischen Systemkon-
flikts und dem Ende der deutschen Doppelstaatlichkeit seit 1990
zu entwickeln. Eine gesichertere Bestimmung der Epochensigna-
turen zumal der letzten beiden Jahrzehnte kann hier jedoch, wie
bereits zu Eingang des Moduls betont, (noch) nicht geleistet werden. Stattdessen soll zum Abschluss am Beispiel von *Durs Grünbein* (geb. 1962) die Entwicklung eines Lyrikers verfolgt werden,
der nach spezifischen DDR-Anfängen in den vergangenen Jahren
zu einem der am meisten beachteten deutschsprachigen Autoren
der Gegenwart geworden ist.

Der in Dresden geborene und aufgewachsene Grünbein zählt
in den 1980er Jahren zunächst zu einer staatlicherseits mehr oder
weniger geduldeten Kulturszene in Ostberlin, und zwar zur so
genannte *Prenzlauer-Berg-Connection*, die neben Grünbein vor
allem *Jan Faktor* (geb. 1951), *Uwe Kolbe* (geb. 1957) und *Bert Pa-
penfuß* (geb. 1956) bilden. Nach seinem Debüt mit einem Lyrikband bei Suhrkamp im Jahr 1988 – und für diese Zeit heißt das
immer noch: bezeichnenderweise nicht bei einem DDR-Verlag
– und drei weiteren größeren Gedichtsammlungen erreicht 1995 den gerade einmal 33-Jäh-
rigen eine der höchsten Anerkennungen des nun
deutschsprachigen Literaturbetriebs: Ihm wird
der Georg-Büchner-Preis verliehen, eine Ehrung,
die so früh nicht einmal Celan widerfahren ist.
Weitere vielbeachtete Werke in den Sparten Lyrik, Essay und Übersetzung (von antiken Dramen)
folgen, und in einer Lyrik-Sondernummer des
Literaturteils der *Zeit* wird er 2007 in einer Reihe
von launig-flapsigen Kurzporträts unter dem Titel „Der Dichterfürst" und mit der auch hier ab-

Abb. 45: Durs Grünbein (geb. 1962)

gebildeten Zeichnung (Orig. v. Rinah Lang) wie folgt charakterisiert:

> Durs Grünbein ist das Edelste, was die deutsche Lyrik heute zu bieten hat: So ewigkeitlich und übergebildet ist das, dass die Worte sich unter seinen Händen leicht in Marmor verwandeln – von sich selbst ganz ergriffen, in Ehrfurcht erstarrt.
> Wenn die deutsche Literatur ein Königreich wäre, dann wäre Grünbein [...] der Dichterfürst; aber leider leben auch die Literaten in einer Republik, und so spreizen sich seine Verse oft sehr unzeitgemäß. Was er [...] als Kompliment nehmen würde.[32]

Die hohe Anerkennung kippt hier bereits um in eine Kritik an der Schreibart und anscheinend ebenso an den Themen, für die der Name Grünbein mittlerweile steht. Anhand eines kurzen Werküberblicks soll daher im Folgenden (unter anderem) gefragt werden, wie sich aus dem Vertreter einer eher subkulturellen DDR-Szeneliteratur in zwei Jahrzehnten ein Lyriker entwickelt hat, den sogar das selbst bisweilen allzu würdige Feuilleton der *Zeit* mit mokantem Unterton als „Dichterfürsten" bezeichnet (und damit in eine Reihe mit historischen, damit aber heute auch unzeitgemäßen Größen wie Horaz, Celtis, Gryphius, Klopstock oder Goethe stellt).

Grünbeins bisheriges lyrisches Œuvre lässt sich versuchsweise bereits in *Werkphasen* (nach Thomas Irmer[33]) oder, da eine strikt chronologische Phasenbildung problematisch erscheint, besser in

Werkgruppen-bildung

Werkgruppen einteilen. Für den Zeitraum vom 1988er Suhrkamp-Debüt bis zur bisher zehnten Neuerscheinung (von 2007) entstehen so vier Gruppierungen: Am Anfang steht die einzige Gedichtsammlung der Vorwendezeit, *Grauzone morgens* (1988), für sich. Eine zweite Werkgruppe bilden *Schädelbasislektion* (1991), *Falten und Fallen* (1994) und *Den Teuren Toten* (1994). Die letzteren beiden Bände weisen jedoch bereits Elemente auf, die dann eine dritte Werkgruppe zentral prägen; diese wäre zu bilden aus *Nach den Satiren* (1999), *Erklärte Nacht* (2002), *Der Misanthrop auf Capri* (2005) und *Strophen für übermorgen* (2007). Eine vierte Gruppe stellen die Bände *Vom Schnee* (2003) und *Porzellan* (2005) dar.

Grauzone morgens enthält Gedichte von 1985-1988 und zeigt Grünbein im Vergleich zu anderen Lyrikern der Zeit, und zumal mit Blick auf die *Prenzlauer-Berg-Connection*, bereits als einigermaßen eigenständig im Ton, nämlich um Einiges selbstbewusster und in der Beobachtung distanzierter selbst als ihm nahestehende dichtende Altersgenossen. Seine kühle und ‚kühne' Metaphorik erinnert dabei im Habitus am ehesten an Brecht oder Benn in ihren expressionistischen Frühphasen. Dennoch ist auch bei Grünbein manches an der Perspektive auf die Weltverhältnisse

im Allgemeinen und auf die politisch-gesellschaftlich erstarrte
DDR im Besonderen zeittypisch, und zwar typisch für die Linie
der verfestigten Skepsis und Frustration in der DDR-Lyrik seit den
1970er Jahren. Grünbein selbst hat eine Neuedition dieses und
der nachfolgenden Lyriksammlung in einem Band denn auch als
Gedichte „Von der üblen Seite", das heißt von der ‚übel verfassten'
östlichen Seite Deutschlands kommend beziehungsweise berich-
tend, betitelt.[34] Etwa das Gedicht *Was alles klar wird* aus *Grauzone
morgens* zeigt dies, nämlich eine nahezu ‚endzeitliche' Tristesse
des (DDR-)Alltags und eine grundsätzlich desillusionierte Selbst-
perspektive, dargestellt in einer schon optisch ‚zerrissenen' Versform mit Versatzstücken aus Zitaten und Beobachtungssplit-
tern.

(1) Lyrik von der
üblen Landesseite

WAS ALLES KLAR WIRD an so einem Morgen. Du
    bist noch immer
         derselbe wie gestern
              oder
      jedenfalls scheint es so, ganz
          egal was
du selbst von dir hältst. (‚Lieber erstickt
      als erfroren', sagen die
    Leute hier aus Erfahrung.) In dieser

      Grauzonenlandschaft am Morgen
    ist vorerst alles ein
toter Wirrwarr abgestandener Bilder, z. B.
      etwas Rasierschaum im
        Rinnstein, ein Halsband
oder im Weitergehn ein Verbotsschild. Du

fliegst nicht auf. Vor den letzten Ruinen
    haften Eltern für ihre
      Kinder (was hier so
         Brauch ist). Und schon
     bist du eingeschlossen
geduldig im Leib des Tausendfüßlers, der
    seinen Gang geht.
         Entlang der Straßen tobt
architektonischer Kalter Krieg, stalineske
    Fassaden, an denen noch immer
      kein Riß sichtbar wird
      (TRAUM oder TRAUMA)
         schattenlos –
wie der idiotische alte Zeppelin schwarz
    über ‚Europas Balkon'.[35]

2)

Seine lyrischen Veröffentlichungen der ersten Hälfte der 1990er Jahre zeigen Grünbein weiter als kühl-präzisen Zeitzeugen mit öfters ‚kühner' Metaphorik. Es kristallisiert sich jetzt allerdings ein Schwerpunkt in Bildfeldern und Weltinteresse heraus, der insbesondere die Bände mit den bezeichnenden Titeln *Schädelbasislektion* und *Falten und Fallen* (zu denken wäre bei „Falten" etwa an Gehirnfaltungen) prägt. Grünbeins Gedichte betrachten das menschliche Dasein nämlich nun auf eine Weise rational, die als **(2) Neuer Szientismus** *szientistisch* zu bezeichnen ist (nach neulat. *scientia*, ‚Wissenschaft', und als Adjektiv im Sinne von ‚sich mit Nachdruck wissenschaftlich gebend'). Hintergrund für diese im Einzelnen vor allem naturwissenschaftlich-medizinische Perspektive scheint zu sein, dass Grünbein sich in Sonderheit mit den zu neuen ‚Leitwissenschaften' sich aufschwingenden Fächern der neuronalen Biologie beziehungsweise Biochemie und Medizin beschäftigt hat. Ihr Anspruch ist es, das *humanum* (lat. ‚das Menschliche') von der Physis des Gehirns und der Nervenbahnen ganzheitlich zu erklären, und dies bedeutet für den bisher einerseits von psychologischen und andererseits von politisch-gesellschaftlichen Fundamenten ausgehenden kulturellen Diskurs der Gegenwart eine große Herausforderung, zumal wenn der Mensch als ‚Hirnwesen' dadurch in größere Nähe zu allen anderen Lebewesen mit neurophysiologischem Fundament rückt.

Viele Gedichte und ebenso theoretische Auslassungen Grünbeins in dieser Zeit stellen sich der auf solche Weise neu gestellten Frage nach dem basalen Verständnis des Menschen neugierig-fasziniert und bisweilen provokativ. In *Schädelbasislektion* findet sich etwa ein strophisches Langgedicht (ein bei Grünbein im Laufe der Jahre zunehmend häufigerer Formtyp) „Portrait des Künstlers als junger Grenzhund" mit der Widmung „Zum Andenken an I. P. Pawlow / Und alle Versuchshunde / Der Medizinischen Akademie der / Russischen Akademie".[36] Und in einem späteren Gedicht des Bandes, „Singende Hirne", heißt es etwa:

> *Singende Hirne*, mein Freund, verkapselt wie Mohn,
>   Hoch montiert auf Stativen: Das sind wir –
>   (O helles Walnußmark)
>
> Innen so fruchtfleischweich
>   Außen so knochenstark;
>   Antenne, Höhlung, Traumration.[37]

Ein zentraler Abschnitt des Bandes *Falten und Fallen*, betitelt „Mensch ohne Großhirn", geht sogar noch etwas weiter in dem Versuch, den Mensch an den Grenzen zum nahezu animalisch

Physiologischen zu denken, etwa mit Gedichten wie „Biologischer Walzer" oder „Im Museum der Missbildungen".[38]

Grünbeins Lyrik des Jahrfünfts bis 1994 erschöpft sich allerdings kaum in dieser einen Sichtweise beziehungsweise Problematik. Daneben ist in ihnen ein reiches Spektrum an Themen zu entdecken, das sowohl auf den DDR-Lyriker zurück als auch auf kommende Schwerpunkte vorausweist. So finden sich in *Schädelbasislektion* zum einen noch Reflexe auf das Ende des Kalten Krieges und den Untergang des Sowjetsystems (Abschnitt „Sieben Telegramme"[39]), und zum anderen sind in den Band bereits drei irritierende Gedichte auf Tote beziehungsweise deren Tode aufgenommen, die 1994 in eine größere, eigens motivierte Sammlung (*Den Teuren Toten. 33 Epitaphe*) eingehen werden.[40] In *Falten und Fallen* wiederum verstärkt sich auf der einen Seite die Tendenz zum quasi-epischen Langgedicht, Grundform jüngerer Publikationen wie *Vom Schnee* und *Porzellan* (allerdings auch schon seit 1992 entstanden), und auf der anderen Seite steigt der Anteil der Anspielungen auf und Bearbeitungen von klassisch-antiken mythologischen und philosophischen Stoffen, vgl. Stücke wie „Hedo", „Xeno", „Nach den Fragmenten" oder das Schlussgedicht „Krater des Duris" auf den ‚listenreichen' Odysseus.[41]

Der szientistische Hauptton der zweiten Werkgruppe wird von dem Interesse an *Mythologie, Philosophie und weiteren Kulturerscheinungen der griechisch-römischen Antike* allerdings spätestens 1995 nachhaltig verdrängt oder zumindest stark überlagert. Außer in Dramenübertragungen (Aischylos' *Perser* und *Sieben gegen Theben*, Senecas *Thyest*) und Essayistik (vgl. Grünbeins Aufsatzband *Antike Dispositionen* von 2005) formiert sich dieser Schwerpunkt in Lyrikbänden, und zwar bis dato: *Nach den Satiren* (1999), *Erklärte Nacht* (2002), *Der Misanthrop auf Capri* (2005) und *Strophen für übermorgen* (2007). Grünbeins intensivierte Antikerezeption stellt freilich erneut nicht den alleinigen Fokus innerhalb der genannten Bände dar. Andere Abschnitte in ihnen beschäftigen sich in kleinen Gedichtzyklen etwa mit Erfahrungen des Urbanen (etwa in Berlin, Florenz, Los Angeles, Paris und Venedig) oder, wie im bisher letzten Band (*Strophen für Übermorgen*) der einleitende Abschnitt, mit sarkastischen, aber auch melancholischen Rückblicken auf die DDR und – vermutlich – die eigene Jugend in ihr.

Das Antikische scheint jedoch einen neuen *Nukleus* (lat. ‚Kern') zu bilden, auch in poetologischer Hinsicht. Bei den entsprechenden Gedichten handelt es sich wie bei den Dramenübertragungen um freie Nachdichtungen in der Façon eines antiken

(3) Interesse an
der Antike

3)

Vorbilds, etwa des nachklassischen Satirikers *Juvenal* (*Decimus Iunius Iuvenalis*, ca. 70-120 n. Chr.) – der Bandtitel *Nach den Satiren* kann daher auch ergänzt werden: *des Juvenal* – oder um lyrische Beschreibungen beziehungsweise Imaginationen konkreter antikhistorischer Situationen. Besonders im Fokus sind dabei Figuren und Gesellschaftslagen der römischen Kaiserzeit wie zwiespältige Kaiserpersönlichkeiten (der scheue, aber brutale Tiberius, der wahnsinnige Heliogabal) oder ‚Obszönitäten des Alltags‘, wie sie Juvenal beschrieben hat.

Wozu histor. Kommunikation?

Was diese besondere *historische Kommunikation* antreibt, lässt sich nicht zuletzt an direkten und indirekten Aussagen in den Gedichten selbst erschließen. Ganz explizit spricht Grünbeins lyrisches Dichter-Ich etwa in dem zuerst 2004 in der *FAZ* veröffentlichten Gedicht „Aktiv" von einer anscheinend anhaltenden Faszination, ja Ergriffenheit von der antiken Welt. Das Gedicht nimmt mit seinem Titel die gleichsam vulkanische Eruption von Vorstellungen in den Blick, wie sie bereits ein einzelner antiker Begriff durch seine vielfältigen Bedeutungsschichten beim in diesem Sinn ständig ‚aktiven‘ Dichterhirn-Vulkan (man beachte auch die Reprise der szientistischen Perspektive) auszulösen vermag:

> Da sagt jemand *Krater*, und schon stürzt du hinab
> Ein Wort aus dem Griechischen, Bruchstück, es meint
> Einen Krug, in dem mischten sie Wasser und Wein.
> Den vulkanischen Abgrund, Empedokles‘ Grab.
>
> Ein Wort nur, ein Splitter, und du siehst die Sandalen
> Am Trichterrand. Starrst durchs Loch in der Schädeldecke
> Auf die graue Substanz. – Diese riesigen, fahlen,
> Im Mondatlas abgebildeten, pockennarbigen Flecken.
>
> Du hörst nur *Krater* – es knirscht, und das Ohr,
> Aus Keramik und Lavaschutt, zaubert Mythen hervor.
> Rotfigurige Szenen mit Hephaistos, dem Schmied.
> Oder Hades, der Persephone in sein Totenreich zieht.[42]

Dies alles klingt zunächst nach einer lediglich *historistischen* Begeisterung, die, zumal bei der Aneignung antikischer Dichtungsformen und klassizistischer Haltungen, etwa zu der eher nur scheinbaren Nobilitierung Grünbeins in der *Zeit* geführt haben mag („[s]o ewigkeitlich und übergebildet [...], dass die Worte sich unter seinen Händen leicht in Marmor verwandeln – von sich selbst ganz ergriffen, in Ehrfurcht erstarrt.", siehe oben). Ein genauerer Blick kann aber auch auf eine andere Thematik weisen, die Grünbein an der Antike interessiert, und zwar über den bereits skizzierten Fokus hinaus auf die von Brutalität, Obszönitäten und

Kulturverfall geprägte römische Kaiserzeit. In manchen Gedichten klingt zudem an, dass es Grünbein nicht allein um das Faszinosum einer schillernd-fremden Welt geht, sondern auch um eine wechselseitige Erhellung gesellschaftlicher wie allgemeinmenschlicher Zustände.

Erkennbar wird dies besonders dann, wenn die historische Vignette an einzelnen Stellen plötzlich ‚durchlässig‘ wird für Problematiken unserer Gegenwart, etwa bezüglich einer fehlenden Sprachkultur, die als kritikabler ‚Sittenverfall‘ erscheint. Im Gedicht „In eigener Sache" etwa wird die Kulturkritik des jüngeren *Seneca* (*Lucius Annaeus Seneca [Minor]*, ca. 4 v.-65 n. Chr.) subtil anhand von immer ‚heutigeren‘ Phänomenen, z. B. des politischen Diskurses, exemplifiziert, so dass eine Kommunikation ‚über die Zeiten hinweg‘ entsteht. Ab der dritten Zeile scheint dabei der (in Z. 2 freilich nicht ganz unkritisch eingeführte, da immens reiche, aber Enthaltsamkeit lehrende) Stoiker Seneca selbst zu sprechen oder zumindest ein an ihn anschließendes Dichter-Ich, dessen Perspektive an Senecas *Briefe an* [den eventuell nur fiktiven] *Lucilius über die Sitten* (*Epistulae morales ad Lucilium*) erinnert:

Übertragbare
Kulturkritik

> Luxus verdirbt den Stil, sagt Seneca.
> Er mußte es wissen.
> Ach, mein lieber Lucilius,
>
> Sie verdrehen die Worte. Sie sprechen
> In Rätseln und prahlen
> Mit gesuchten Metaphern.
>
> Stark muß die Rede sein. Der Gedanke
> Hängt wirr in der Luft.
> Mancher pflegt seine Fehler,
>
> Die ihm Beifall verschafften im Volk.
> Das Ordinäre gefällt,
> Weil es Arm und Reich aussöhnt.
>
> *Machen* ist – das tyrannische Verbum,
> Das Modewort dieser Zeit.
> Der größte Unsinn *macht* Sinn.
>
> Alles ist sagbar geworden in Rom.
> *Der Mensch spricht, wie er lebt* –
> Weiß ein griechisches Sprichwort.
>
> Kein Wunder, bei soviel Verschwendung
> Sehnt das Ohr sich nach Süßigkeiten,
> Wird die Sprache lasziv.[43]

Die bisher vierte Werkgruppe, gebildet aus *Vom Schnee* von 2003 und *Porzellan* von 2005, soll nur ganz grob umrissen werden. Denn mit ihrem Charakter des Gedichtzyklus beziehungsweise des strophischen Langgedichts tendiert sie noch mehr als vorherige Texte des Autors zu einer Art *lyrisch-epischer Versdichtung*, strebt also aus der hier interessierenden Gattung einigermaßen heraus. *Vom Schnee*, mit dem Nebentitel *Oder Descartes in Deutschland*, erzählt in zehnzeiligen Strophen aus lose gereimten Alexandrinern zwei Episoden aus dem Leben des französischen Philosophen: Die erste, größere ist im winterlichen Süddeutschland um die Jahreswende 1619/20 angesiedelt, die zweite, unmittelbar vor Descartes' Tod im Jahre 1650, in Schweden, und beide demonstrieren letztlich Descartes' geistige Haltung in einer subtil-doppelbödigen Darstellung. Das zweite Werk, untertitelt *Poem vom Untergang meiner Stadt*, setzt sich in 49 unregelmäßig rhythmisierten Strophen reflexiv und in mosaikartigen Vignetten auseinander mit Grünbeins Dresden vor, während und seit dem verheerenden alliierten Bombardement vom 13. Februar 1945. Gemessen an dem zeitgleichen Schwerpunkt im Antikischen seit Mitte der 1990er Jahre zeigt die vierte Werkgruppe den Autor nun auch als kritischen ‚Vershistoriker' mit Bezug auf die Frühe Neuzeit beziehungsweise eine Bewusstseinslage in dieser sowie mit Bezug auf unsere jüngere Zeitgeschichte am Beispiel eines aktuell noch neuralgischen Punktes. Dresdens Zerstörung – die den Antike-bewussten Grünbein im Übrigen auch an das Schicksal Trojas oder Pompejis gemahnt[44] – wird hier als Leiden und Trauma und nicht nur als Folgeerscheinung des NS-Terrors thematisiert.

(4) Lyrisch-Episches

2.   Anschlüsse, etablierte Systemabsagen und Metrik-Revival

Wie bereits in den vorangegangenen Teilmodulen zur Metrik betont, wird *einerseits* „[d]er metrische Formbestand, auf den die deutsche Versdichtung des 20. Jahrhunderts [...] zurückgreifen kann, [...] nach dem Ende der Goetheschen ‚Kunstperiode' kaum noch verändert"[45]. Denn aus ganz unterschiedlichen (ästhetischen, politischen) Absichten nutzen die Lyriker der Zeit vielmehr nun fast das ganze Spektrum der historisch bereitgestellten Metriken. *Andererseits* aber ist zumal seit der ersten Hälfte des 20 Jahrhunderts „[m]indestens ebenso bezeichnend [...] die im ganzen wachsende Tendenz zur Abkehr von der Tradition."[46]

Für die Zeit nach 1945 kann hinsichtlich dieser beiden Grundbefunde des Weiteren festgestellt werden: Im ersten Nachkriegsjahrzehnt schließen zunächst traditionalistische Naturlyriker als auch sozialistische ‚Staatsdichter' vielfach an vormoderne metrische Formen an. Zuvor bereits moderner orientierte Autoren wie Brecht oder Huchel (etwas später etwa auch Celan) setzen hingegen mit ihrer Prosaischen Lyrik den Bruch mit herkömmlicher Metrik fort. Der vornehmlich bundesrepublikanische literarische Paradigmenwechsel hin zum politischen Gedicht um 1960 bringt dann eine *Etablierung des Systembruchs*, freilich nicht mit dem Ergebnis einer neuen Uniformität (vgl. etwa Enzensberger versus Rühmkorf). Hinzu tritt außerdem die (zuletzt am prominentesten von Ernst Jandl vertretene) Strömung der Konkreten beziehungsweise Visuellen Poesie, die das Gedicht streckenweise zur Schrift-Bild-Kunst jenseits alles Metrischen reduziert.

Etablierter Systembruch

Das prosaische (und epigrammatische) Gedicht à la Brecht ist allerdings nun seinerseits seit Jahrzehnten wohl *die* lyrische Grundform, ja eine Art moderner Standard, gegenüber dem die Verwendung traditionalerer Metriken geradezu zum markierten Sonderfall wird. Das Wiederaufgreifen romanischer, antikisierender oder auch volksliedhafter Formen – letztlich jedoch ebenfalls als Erbe der ungemein formenreichen Lyrik Brechts zu sehen – bedeutet also die ungewöhnlichere Wahl und muss sich hinsichtlich seiner aktuellen Legitimation befragen lassen.

Moderner Standard: Prosaische Lyrik

Freilich ist mit der Erosion des modernen Fortschrittsdenkens (und des politischen Ost-West-Großkonflikts) in den Zeiten der Postmoderne eine solche Legitimation wieder einfacher geworden. Die allgemeine Tendenz zum *Anything-Goes* eröffnet auch im Formalen neue Spielräume, und so sind in der Tat spätestens seit 1990 bei einzelnen Autoren *Metrik-Revivals* festzustellen, die unterschiedlichste literarische Experimente unterstützen (vgl. etwa Durs Grünbeins lyrisch-epische Strophendichtung). Man darf gespannt sein, welche Kunstform so noch einem neuen Zweck zugeführt wird.

Metrik-Revivals

Zusammenfassung

Die literarische Nachkriegszeit macht in weiten Teilen nicht alles neu, vielmehr beherrschen verschiedene traditionalistische Lyriker zunächst das Feld, etwa aus der ‚naturmagischen' Strömung der Vorkriegszeit. Die ‚Kahlschlagliteratur' eines Günter Eich oder eines Peter Huchel stellt demgegenüber eher den Ausnahmefall dar. In den 1950er Jahren spalten sich dann Ost und West auch literarisch auf, zumindest hinsichtlich der offiziellen sozialistisch-realistischen Lyrik der DDR und des Benn-Revivals im Westen. Apolitisch-skeptizistische Lyriker des Benn nahestehenden Hermetismus finden sich dann jedoch wieder in BRD (Höllerer, Bachmann, Celan) und

DDR (Huchel). Einen weiteren Parallellauf initiiert um 1960 die erneuerte Rezeption Brechts, dessen Prosaische, ‚offene' Lyrik von der Exilzeit bis zu den neu entstehenden „Buckower Elegien" fast mehr noch im Westen als im Osten Anhänger findet und etwa von Enzensberger und Rühmkorf im Sinne einer Re-Politisierung der Literatur nachgeahmt wird. Die Festlegung der Gattung auf das Politische nimmt allerdings um 1970 die so genannte Neue Subjektivität aus skeptischen Beweggründen wieder zurück. Im Westen stehen für letztere Richtung insbesondere jüngere Autoren wie Brinkmann, im Osten zunehmend vom Staatssozialismus enttäuschte Vertreter der Sächsischen Schule (Kunze, Braun und andere).

Aus der Lyrik der späten DDR sticht bereits der junge Durs Grünbein hervor, dessen Werk sich mittlerweile über zwei Jahrzehnte bis zur unmittelbaren Gegenwart erstreckt. Versuchsweise an die Stelle eines wohl immer noch verfrühten Gesamtüberblicks über die Zeit seit den mittleren 1980er Jahren gesetzt, bezeugt dieses Œuvre ein reiches Spektrum an Themen und Formen, und zwar von einer ‚endzeitlichen' Perspektive auf die DDR über den Szientismus der 1990er Jahre und eine neuartige Antikerezeption bis hin zu nahezu versepischen Geschichtsdichtungen. Grünbeins Werk bezeugt schließlich auch, was die letzten Jahrzehnte auf metrischer Ebene auszeichnet: Etabliert ist, nach dem Ende der Traditionalismen der unmittelbaren Nachkriegszeit, einerseits der Bruch mit herkömmlicher Metrik – den modernen Standard stellt wohl die Prosaische Lyrik dar –, möglich sind jedoch seit der Postmoderne ebenso individuell begründete Metrik-Revivals.

Literatur

BELLA triste 17 (2007): Sonderausgabe zur deutschsprachigen Gegenwartslyrik. Gedichte. Szenen. Meinungen.

Deutschsprachige Lyriker des 20. Jahrhunderts. Hg. v. Ursula Heukenkamp u. Peter Geist. Berlin: Erich Schmidt 2007.

Elm, Theo: Lyrik der Gegenwart. In: Geschichte der deutschen Lyrik vom Mittelalter bis zur Gegenwart. Hg. v. Walter Hinderer. 2., erw. Aufl. Würzburg: Königshausen & Neumann 2001, S. 605-620.

Emmerich, Wolfgang: Deutsche Demokratische Republik. In: Geschichte der deutschen Lyrik vom Mittelalter bis zur Gegenwart. Hg. v. Walter Hinderer. 2., erw. Aufl. Würzburg: Königshausen & Neumann 2001, S. 576-604.

Gedichte und Interpretationen. [Hg. v. Volker Meid u. a.] Bd. 6: Gegenwart. Hg. v. Walter Hinck. Stuttgart: Reclam 1982 [u. ö.]. / Bd. 7: Gegenwart II. Hg. v. dems. A.a.O. 1997.

Knörrich, Otto: Bundesrepublik Deutschland. In: Geschichte der deutschen Lyrik vom Mittelalter bis zur Gegenwart. Hg. v. Walter Hinderer. 2., erw. Aufl. Würzburg: Königshausen & Neumann 2001, S. 551-575.

Korte, Hermann: Deutschsprachige Lyrik seit 1945. 2., völlig neu bearb. Aufl. Stuttgart, Weimar: Metzler 2004.

–: Deutschsprachige Lyrik seit 1945. In: [Franz-Josef Holznagel u. a.:] Geschichte der deutschen Lyrik. Stuttgart: Reclam 2004, S. 581-665.

Analysebeispiel: Grünbein: Erklärte Nacht   3.

Oder Dichtung, was war das noch? Entführung in alte Gefühle …
Stimmenfang, Silbenzauber, *ars magna* im elaboriertesten Stil.
Die Kälte der Selbstbegegnung, ein Tanz zwischen sämtlichen Stühlen.
Nichts Halbes, nichts Ganzes also, doch das gewisse Etwas zuviel.
Dem einen Gebet ohne Gott, dem andern das „Echt Absolut Reelle".   5
Jene Zickzacknaht – Vernunft, an Affekte und Mythen gebunden,
Die den schläfrigen Leib präpariert mit empfindsamen Stellen.
Rückkehr der Echos zur Quelle, zum Mund, wo die Laute sich runden.
Atembild, hingehaucht in die Frostluft, ins taufrische *nihil*.
Magisches Gängelband, Ariadnefaden durchs Dunkel der Aporien,   10
Kette aus Glücksmomenten bis zurück zu den Mädchenbädern am Nil.
Innigste Linie, nie in Zahlen zu fassen, entflieht sie den Geometrien,
Seit die Welt als beschreibbar gilt, in Formeln auflösbar, in Gesetze.
Vergeßt dieses schamlose Ich und sein Du, herbeigeholt aus der Ferne.
Der Vers ist ein Taucher, er zieht in die Tiefe, sucht nach den Schätzen   15
Am Meeresgrund, draußen im Hirn. Er konspiriert mit den Sternen.
Metaphern sind diese flachen Steine, die man aufs offene Meer
Schleudert vom Ufer aus. Die trippelnd die Wasserfläche berühren,
Drei, vier, fünf, sechs Mal im Glücksfall, bevor sie bleischwer
Den Spiegel durchbrechen als Lot. Risse, die durch die Zeiten führen.   20
Philosophie in Metren, Musik der Freudensprünge von Wort zu Ding.
Geschenkt, sagt der eine, der andre: vom Scharfsinn gemacht.
Was bleibt, sind Gedichte. Lieder, wie sie die Sterblichkeit singt.
Ein Reiseführer, der beste, beim Exodus aus der menschlichen Nacht.[47]

Das Titelgedicht von Grünbeins 2002 im Frankfurter Suhrkamp-Verlag erschienenen Gedichtband *Erklärte Nacht* bildet es zugleich dessen Abschluss. Nach einer Reihe von fünf Bandabschnitten beendet dabei den lediglich mit der (römischen) Ziffer „V" (‚Fünf') betitelten.[48] Die voranstehenden Abschnitte weisen neben der Durchnummerierung auch einen eigenen Titel auf, beginnend mit dem zweiten, selbsterklärenden „Drei unzeitgemäße Gedichte"[49], gefolgt vom zentralen Abschnitt drei „Neue Historien"[50] (im Anschluss an die antikischen „Historien" des 1999 erschienenen Bandes *Nach den Satiren*) und dem vierten Abschnitt, einem 22-strophischen Gedichtzyklus unter dem Titel „Traktat vom Zeitverbleib".[51] Auf die Entstehung des Titelgedichts (wie auch der anderen hier versammelten) werden im Band keine Hinweise gegeben, und andere Informationsquellen liegen derzeit nicht vor.

Entstehung

Formanalyse

(1) *Analysieren* Sie die ersten acht Zeilen hinsichtlich *Silbenzählung, Betonungsverhältnissen* und *Reimordnung* und *vergleichen* das Ergebnis stichprobenartig mit dem Rest des Gedichts.

(2) Welches aus den vorangegangenen Metrikabschnitten bekannte Versmaß könnte vorliegen, und: Welchen *Sinnbeitrag* könnte es bereits leisten?

Inhaltliche Analyse

(3) Klären Sie zunächst gegebenenfalls *Verständnisfragen auf semantisch-lexikalischer Ebene,* etwa mithilfe eines lat.-dt. Wörterbuchs bezüglich der Begriffe „ars magna" (Z. 2) u. „nihil" (Z. 9) oder mithilfe eines Fremdwörterbuchs „elaboriertest"(Z. 2) u. „Exodus" (Z. 24). Das kleine Zitat in Z. 5 („Echt Absolut Reelle") stammt übrigens von dem Romantiker Novalis.

(4) Versuchen Sie eine *Gliederung nach Sinnabschnitten* unter Annahme thematischer *cluster* sowie durch die Bildungen von Oppositionen; auf eine weitere Analyse sei aus Gründen der Komplexität im Detail verzichtet.

Gesamtinterpretation

(5) Bilden Sie eine *erste Hypothese* zur Interpretation des Gedichts. Berücksichtigen Sie dabei seinen Titel sowie die metrische Form.

(6) Bestimmen Sie die *dichtungstheoretischen Horizonte* des Gedichts *mithilfe von Basismodul 1*: Welche Elemente kommen besonders zum Tragen?

(7) Versuchen Sie eventuell *weitere Einzelbezüge zu Epochen/Lyrikern* herzustellen, die besonders im Blick des Gedichts sein könnten.

(8) Ordnen Sie es abschließend in Grünbeins Schaffen ein und nehmen dafür auf die in Abschnitt 1 dieses Aufbaumoduls eingeführten *Werkgruppierungen* Bezug.

Antwortteil

Schlüssel zum Basismodul 1, S. 22

1. Der frühneuzeitliche Begriff ‚geticht‘, so zu finden etwa in der Poetik des Martin Opitz, bezog sich auf jegliches Werk der Literatur, insofern es in Versen abgefasst war, also sowohl auf Dramen als auch auf Epen und Lyrik. Nur diese galten als Literatur im engeren Sinn (und nicht auch bereits Formen der Prosa), und bildeten so formal auch eine größere Einheit. Eine weitere Bestimmung als literarische Großgattung erfuhren gleichzeitig jedoch nur das Epos und das Drama, während die lyrischen Kleinformen keine solche poetologische Würdigung erfuhren.

2. Lyrik von der Antike bis zur Frühen Neuzeit war zumal ausgehend von ihrem Lied- oder zumindest Repräsentationscharakter her in verschiedenste gesellschaftliche Kontexte eingebunden. Man verfasste so genannte Kasuallyrik aus religiösen, politischen und anderen öffentlichen und auch privateren Anlässen, etwa Feiern oder denkwürdigenden Ereignissen, heraus.

3. Die genie- beziehungsweise autonomieästhetische Lyrikdefinition ließ zuvor entstandene Lyrik der Frühen Neuzeit als defizient erscheinen, weil sie aus ihrem gesellschaftlichen und rhetorisierten Charakter heraus nicht hinreichend geniehaft individuell im (Gefühls-)Ausdruck und ästhetisch zweckfrei erschien. Antike Lyrik hingegen wurde zumal seit dem späten 18. Jahrhundert individualisierend uminterpretiert und konnte so in anachronistischer Manier erneut vorbildhaft erscheinen.

Schlüssel zum Basismodul 2, S. 32

1. Die Prosodie ist die Gesamtheit aller metrisch relevanten Eigenschaften, die in einer Sprache ‚gelten‘, wobei die Einheit ‚Silbe‘ und ihre Intonation sowie gegebenenfalls Quantität im Zentrum stehen. Die jeweilige Versifikation einer Sprach(stuf)e bestimmt sodann, wie die prosodischen Merkmale zu nutzen sind, das heißt sie ist die eigentliche Vorschrift für das ‚Versemachen‘ einer Metrik.

2. Die deutsche Barocklyrik kombiniert sowohl das Silbenzählen als auch eine Ordnung der Silben nach (Akzent-)Größen und schreibt zudem in aller Regel die Reimbindung der Verse vor.

Wer sein selbst Meister ist / und sich behérrschen kán / [12 Silben]   **3.**

v   –   v   – v – / v   –   v   –   v   –   (m)   a

dem ist die weite Wélt und Álles únterthán. [12 Silben]

v   – v   – v   –   v   – v – v   –   (m)   a

Es handelt sich um jeweils zwölfsilbige Verszeilen aus sechs akzentmäßigen
Jamben mit Paarreim (bei männlicher Kadenz), also um Barockalexandriner
(verfasst in der ersten Hälfte des 17. Jahrhunderts von dem großen Lyriker
Paul Fleming, und zwar als Schlussverses seines Sonetts „An sich").

Schlüssel zum Aufbaumodul 1, Abschnitt 3, S. 57

GESAMTINTERPRETATION (VERGLEICH)

Zentrales Thema ist die Versicherung des göttlichen Beistandes angesichts   **1.**
von gegebenen wie möglichen „Trübsalen" für das Volk Israels (in hyperbolischer Weise zuerst: mögliche Naturkatastrophen, dann erfolgte Kriege); na-
heliegend erscheint die Interpretation als Prüfungen Gottes in wohlwollender
Absicht, als Erinnerung an machtvolles Einwirken Gottes in Kriegen auf der
Seite der Israeliten sowie als des Gottes eigene Einforderung seiner Verehrung
als Herr über Krieg und Frieden.

Das Lutherlied zeigt sich schon mit lateinischem Zitat und thesenhafter erster   **2.**
Strophe in der Themensetzung als analog zu dem Psalm. Allgemein vergleich-
bar sind die in beiden Liedern widergespiegelten und noch möglichen Schreck-
nisse für beziehungsweise Feindseligkeiten gegenüber einem Kollektivum
sowie der Beistand des Gottes für sein gläubiges Volk. Die konkreten Bedrohungen erweisen sich jedoch in Teilen als unterschiedlich: Von Naturkatastrophen und konkreten Kriegsmomenten ist bei Luther keine Rede, auch die
alttestamentarisch implizite Verbindung Gottes insbesondere mit den Israeliten erscheint gleichsam getilgt.
Neu ist bei Luther der konkrete Ausgangspunkt der Bedrohung: der Teufel, das
Böse und diejenigen auf seiner Seite als Konfliktgegnerschaft. Im Psalm ist
hingegen nur von Gott und seiner Allmacht die Rede, und die Bedrohungen
erscheinen letztlich als Prüfungen. Im alttestamentarischen Intertext begegnet
damit der alttestamentarische strenge, seine Verehrung einfordernde Gott, bei
Luther jedoch werden dem Teufel beziehungsweise dem Bösen namentlich ge-
genübergestellt Gott Vater *und* Sohn Jesus Christus, für Letzteren wird sogar der
alttestamentarische Name des streitbaren „Herrn der Heerscharen" (Gott Zebaoth) in Anschlag gebracht. Bemerkenswert ist auch die abschließende Versicherung des nicht anzutastenden Gottesworts (sogleich noch zu deuten).
Luthers Lied erweist sich somit als Verallgemeinerung (generellere kampfar-
tige Bedrohung, Ansprache aller Gottgläubigen) und christliche Konkretisie-

rung (Nennung des Teufels und Jesu Christi) des Psalms. Ferner liegt in der Wir- und Du-Perspektive des Lutherlieds eine innigere Ansprache und zudem die neutestamentarische, in Sonderheit: protestantische Annahme eines gütigen Gottes; spezifisch reformatorisch ist schließlich eventuell die Erwähnung des nicht anzurührenden Bibeltextes, wenn man sie als luthertypische Rückwendung zur unmittelbaren ‚Schriftgläubigkeit‘ deutet.

Schlüssel zum Aufbaumodul 2, Abschnitt 3, S. 80

FORMANALYSE

1. Es liegt vor: *feste Silbenzahl*, zwischen zehn und elf variiert, gekoppelt an einen Wechsel zwischen männlichen und weiblichen Kadenzen. Letztere stehen ferner in Verbindung mit *Paarreimen*: aa bb cc usw. Festzustellen ist ein *Kadenzenwechsel:* m/w/m usw., nach Verspaaren und lediglich nach Z. 23 f. unterbrochen: Z. 25 f. weist wie das vorangehende Verspaar männliche Kadenz auf. Die abschließenden zwei Verszeilen haben hingegen wieder weibliche Kadenz.
Ferner herrscht eine *alternierende Abfolge von Hebungen und Senkungen* mit unbetonter Silbe am Anfang (Auftakt) und nach der vierten Silbe beziehungsweise der zweiten Hebung in der Regel mit einer kleinen Pause (Zäsur an Wort- oder Kolongrenze). Da es sich um ein Gedicht aus der Hoch- oder sogar Spätphase des Barock handelt ist also die Geltung des opitzianischen Fuß-Alternations-Paradigmas anzunehmen. Eine metrische Notation von Z. 1-4 ist daher wie folgt vorzunehmen (in der ersten Verszeile behelfsweise zunächst Markierungen der Hebungen):

    Was íst dis thún / so deín gemúthe líebet?
      v – v – ‘ v – v – v – v   (w) a
    Dem liebe sich so leichtlich übergiebet?
      v – v – ‘ v –   v – v – v   (w) a
       Ein weisser koth / der farb und masque trägt /
        v – v – ‘ v – v – v –   (m) b
       Den ieder wind der eitelkeit bewegt /
        v – v – ⁽ᶜ⁾ v – v – v –   (m) b

Der vorliegende Verstyp ist der *Gemeine Vers*, der tendenziell als weniger erhaben angesehen wurde als der Alexandriner; er ist über das ganze Gedicht hinweg weitestgehend genau eingehalten; dabei entstehen nur in wenigen Fällen leicht ungewöhnliche Vermeidungen des Hiats (Kollision zweier Vokale), etwa in Z. 15: „lieb‘ ist".
Weitere Stufen formaler Ordnung sind nicht zu erkennen, allenfalls können die Paarreimverse als Einheiten zur Bildung inhaltlicher Abschnitte angesehen werden, ferner sind Zeilensprünge zu verzeichnen, die Verse über die Reimpaarbildung hinaus verbinden, etwa in Z. 7-9.

Im Ergebnis: ein eher simples, meistenteils ‚sauber' versifiziertes barockes Gedicht in Gemeinen Versen mit (wenn überhaupt) nur ansatzweise strophischem Gesamtbau.

Potentielle Sinnbeiträge leisten womöglich zum einen der ausbleibende Kadenzenwechsel in Z. 25 f. (Markierung eines größeren inhaltlichen [End-]Abschnitts?), zum anderen die *per se* vorgliedernden Reimpaarverse und zum Dritten die die Reimpaare überschreitenden Zeilensprünge (besonders enge Verknüpfung einzelner Zeilen?). **2.**

GESAMTINTERPRETATION (VERGLEICH)

Zur Position des Gedichts zwischen marinistischer Erotik, ‚Einsicht' in die Vergänglichkeit des menschlichen Daseins und tugendhaft-vernünftiger Entsagung: **3.**
Die Argumentation zugunsten von Einsicht in ‚Eitelkeit' des erotischen Begehrens und von dessen Objekten scheint eindeutig und rhetorisch brillant mit i. d. Z. bereits *topische* Argumenten (so genannte *Gemeinplätzen* der Argumentation, die allen bekannt und entsprechend zu teilen sind) durchgeführt. Der emblematische Katalog ist allerdings nicht nur in abschreckender Weise beeindruckend, er ist vielmehr auch Zeichen der genauen Kenntnis des Erotischen – und Letzteres wird hier eventuell nicht völlig verworfen, sondern nur durch Wertlegung auf eine Vernunft, die das Begehren ‚läutert' und die Tugend erhält, gezügelt - ein *Kompromissvorschlag?*
Weitere Einordnung in zeitgenössisches Denken beziehungsweise poetisches Interesse: Die Einnahme einer für Hoffmannswaldau zunächst erstaunlich wirkenden Erotik-kritischen Position kann unter Berücksichtigung der generellen Rhetorizität der Literatur der Zeit auch als Zeichen für einen typisch barocken *Perspektivismus* verstanden werden. Weniger zeittypisch lyrisch wäre demgegenüber eine ‚echt' biographisch motivierte Absage an den Marinismus (zumal auch kein signifikant spätes Entstehen angenommen werden muss, vgl. den Abschnitt zur Gedichtentstehung am Ende).

Schlüssel zum Aufbaumodul 3, Abschnitt 3, S. 114

FORMANALYSE

Str. I metrisch analysiert: **1.**

  Schön ist, Mutter Natur, deiner Erfindung Pracht
  – v – v v –' – v v – v –
  Auf die Fluren verstreut, schöner ein froh Gesicht,
  – v – v v –' – v v – v –

Das den großen Gedanken

  – v   – v v – v

Deiner Schöpfung noch Einmal denkt.

  – v   – v v – v –

Die nachfolgenden Strophen weisen das nämliche klopstockisch-antikische Versmuster auf, das heißt das der *Dritten Asklepiadeischen Odenstrophe* (vgl. S. 108).

(2) Ein potentieller Sinnbeitrag der Form könnte im antikischen (vor allem horazischen) Grundduktus zu suchen sein. Innerhalb des metrischen Spektrums bei Klopstock handelt es sich um eine frühe streng-schöne, noch echt antikische Strophenform und noch nicht um eine Abwandlung aus dem späteren Souveränitätsgefühl oder gar um Freie Rhythmen mit dem ihnen eigenen intensiven Pathos.

GESAMTINTERPRETATION

3. Zur Frage der *Erlebnislyrik* nach Pro (+), Contra (-) und Fazit (=>):

+ ein unmittelbar vorangegangenes reales Erlebnis liegt zugrunde;
+ der emotionale Aspekt des (in der Gemeinschaft) individuellen Erlebens ist stark;
+ ein neuer Erlebenscharakter, hier mit Bezug auf die Natur, ist festzustellen;
+ die Qualität des einzelnen Gedichts und seines Autors (Ruhmgedanke) werden thematisiert;
– die antikische Tradition bildet ein klares Muster, es herrschen klassische Metrik und Rhetorik vor;
– eine Anbindung an zeitgenössische Strömungen mit poetischen Vorgaben ist zu erkennen;
– der Ruhmesgedanke ist bereits antik und frühneuzeitlich, zumal wenn er an moralische, nicht allein ästhetische Leistung angebunden wird und gemäß frühneuzeitlicher und aufklärerischer Poetik der Nützlichkeit verpflichtet ist;
– die Reflexion des Erlebens mündet immer wieder im Repräsentativen, nicht zuletzt am Ende sogar in traditionell christlicher Erfüllung (diese allerdings in antikischem Gewand);
=> wichtige ‚erlebnislyrische' Aspekte der Unmittelbarkeit und des individuellen Erlebens sind zu finden, zumal mit Blick auf das bekannte reale Substrat (historische Zürichseefahrt), stark; wegen der vielen Traditionsbindungen und der traditionellen Rhetorik des empfindsam-erhabenen Tons liegt jedoch keine volle *Erlebnislyrik* im Sinne der Genieästhetik vor.

Schlüssel zum Aufbaumodul 4, Abschnitt 3, S. 149

FORMANALYSE

---

1. Str. 1 hinsichtlich Silbenzählung, Betonungen, Reimordnung: 7-9 Silben, jeweils unbetonte erste Silbe (Auftakt), dann jeweils drei Hebungen bei überwiegend fester Senkungszahl (Auftakt, zwei, zwei, eine beziehungsweise keine Senkung mehr); wechselnd weibliche und männliche Kadenz bei Reimschema abab (Kreuzreim), auffällig hierbei: reicher (a) und unreiner Reim (b). Eine vorläufige Notierung mit allen (in der ersten Verszeile behelfsweise markierten) Hebungen und Senkungen lautet:

Sie sáßen und tránken am Théetisch,

v – v v – v v – v   (w) a

Und sprachen von Liebe viel.

v – v v – v [!] –   (m) b

Die Herren, die waren ästhetisch,

v – v v – v v – v   (w) a

Die Damen von zartem Gefühl.

v – v v – v v –   (m) b

Die weiteren Strophen zeigen im Vergleich eine noch unregelmäßigere Variation der Silbenzahl (zw. 6 u. 9), ebenso noch freier ein oder zwei Senkungen im Wechsel (vgl. besonders Z. 6 versus Z. 7), aber feste Kadenzenwechsel und Reimschema, Letzteres jedoch ohne weitere Abweichungen vom einfachen reinen Reim (Z. 18/20 ist allerdings nur bei norddeutsch fehlendem offenem ,e' rein: „gefehlt: erzählt"). Da weder feste Silbenzählung noch fester Wechsel von Hebungen und Senkungen vorliegen, kann die metrische Notation wie folgt reduziert werden:

3   (w)   a
3   (m)   b
3   (w)   a
3   (m)   b

Das zugrunde liegende Strophenmaß ist die halbe Hildebrandsstrophe in voropitzianischer Volksliedmetrik (vgl. S. 44).

---

2. Ein potentieller Sinnbeitrag könnte bestehen im einfachen Ton und der schlichten Strophik, die wie die romantische Lyrik der Zeit ,volksnah' wirken; auffällig ist im Einzelnen: Der reiche Reim in Str. 1 bindet ein konkretes Substantiv („Teetisch") und ein abstraktes Adjektiv („ästhetisch") mit *komischem* Effekt.

Inhaltliche Analyse

3. Verständnisfragen auf lexikalischer Ebene:
- „lispeln" (Z. 12): nach dem o. g. *Deutschen Wörterbuch* der Brüder Grimm, Bedeutung 2, ist das Verb in dieser Zeit hauptsächlich wie „flüstern" zu verstehen und hat hier eher nicht die heute ‚übrig gebliebene' Bedeutung 1 (im Sinne von ‚beim Sprechen mit der Zunge anstoßen');
- im Apparatband der Düsseldorfer Heine-Ausgabe finden sich außerdem Hinweise auf Heines brieflich bezeugte Abneigung gegen Teetisch-Gesellschaften und auf das Karikatureske vor allem des „dürre[n] Hofrath[s]", ein beliebtes Motiv zeitgenössischer realer Karikaturzeichnungen der Zeit;
- ferner a.a.O. gibt der angegebene Apparatband eine hilfreiche Sacherläuterung für den „Domherr[n]" (a.a.O., S. 837): Ein solcher ist „Mitglied eines Domkapitels, im protestantischen Bereich Ehrentitel mit Renteneinkünften".

4. Gliederung nach Sinnabschnitten (in Stichworten):
- Str. 1: Situation beziehungsweise Themenansage, geschlechterspezifische Charakteristik (in nachfolgenden Strophen in angekündigter Klischeehaftigkeit erfüllt);
- Str. 2-4: paarweise Einzelgespräche unter Mitgliedern der höfisch-gutbürgerlichen Sphäre: These zum Thema => Kommentar des Gegenübers;
- Str. 5: Kommentar des lyrischen Ich an eigene (wg. Anreden vermutlich junge) Geliebte: ihre Perspektive Desiderat.

5. Gedankliche Struktur im Detail:
- Str. 1/Z. 1 f.: gesellig-gemütliche Situation einer Gruppe in der 3. Person Plural (Distanz!), Liebe als (zu) ausführliches Gesprächsthema in solcher Situation wohl mit Skepsis betrachtet;
- Str. 1/Z. 3 f.: Gesprächshaltung nach Geschlechtern, jeweils anscheinend klischeehaft: die feinen „Herren" sind scheinbar nur vernünftig, zudem gekünstelt („ästhetisch" durch reichen Reim auf „Teetisch" fragwürdig), die feinen „Damen" hingegen nur gefühlszentriert und dabei ebenfalls gekünstelt (unreiner Reim „viel" – „Gefühl");
- Str. 2: der ‚dürre Hofrat' fordert Platonik (bloße intellektuell-aphysische Liebe), was von seiner Gattin mit ironischem Lächeln aufgenommen wird: Sie weiß wohl, dass die Unfähigkeit zu emotionaler, zumal physisch-erotischer Liebe Ursache dieser Haltung ist; ihr ‚dennoch' erfolgender Ausruf soll aber wohl Unterstützung beziehungsweise Anerkennung für den sittlichen Anspruch bezeugen (Solidarität mit Gatten beziehungsweise gesellschaftliche Erwartung zeigt Gefühlskontrolle und Moralität);
- Str. 3: Mit weit geöffnetem Mund (wenig dezent beziehungsweise ‚großsprecherisch') spricht sich der Domherr gegen Rohheit in der Liebe zum Schutz der „Gesundheit" aus und damit implizit vor allem für die Vermeidung eines

Kontrollverlusts der Vernunft durch Leidenschaft (und gegen eine physische ‚Überanstrengung‘: aus Erfahrung?); er wird von der unverheirateten und vermutlich in der Liebe gänzlich unerfahrenen Frau nicht verstanden, die aber einen anstößigen Hintergrund ahnt und daher nur flüsternd nachzufragen wagt;

- Str. 4: Die (ältere?) Gräfin erinnert (sich?) „wehmütig“ an einen leidenschaftlichen Kern der Liebe, verhält sich selbst aber nurmehr affektiert beziehungsweise mütterlich gegenüber dem Baron (ihrem Gatten?), vgl. das ‚gütige‘ Die-Tasse-Reichen, das Verharren in der gesellschaftlichen Konvention;

- Str. 5: Das ‚Einsprechen‘ des lyrischen Ich, der Hinweis auf das freie „Plätzchen“ (für ein ebenfalls gekünsteltes Verhalten?), bietet zugleich Platz für eine weitere Perspektive, und zwar diejenige der eigenen (durch Diminutive überzärtlich adressierten?) Geliebten, die „hübsch“ von ihrer (nun: tatsächlichen?) Liebeserfahrung berichten könnte.

GESAMTINTERPRETATION

Hypothese zu Str. 1-4:   **6.**
Gemäß der in Str. 1 angekündigten, von gesellschaftlichen Konventionen und übernommenen Geschlechterrollenklischees geprägten Situation werden in Str. 2 bis 4 affektierte, gleichsam zwanghaft kontrollierte und latent bigotte Einzelpositionen vorgeführt, die zudem jeweils von einem Gegenüber beziehungsweise eigenem Handeln infrage gestellt werden. Dabei verwendet Heine sprachlich-rhetorisch unaufwendige, einfache Sätze und erzeugt gerade so einen klar satirisch-ironischen Grundton; im deutlichen Kontrast zum Inhalt steht ferner das Volksliedmetrum, das eher eine ‚freundlich-gemütliche‘ Atmosphäre vorspiegelt.

Der Aussagewert von Str. 5 gegenüber dem Vorangegangenen (in Stichworten   **7.**
in zweierlei Richtung argumentierend und resümierend):

- im Sinne der Annahme einer fortgesetzten kritischen Perspektive: die übermäßig (?) zärtliche Anrede mit Diminutiven, der Hinweis auf ein „Plätzchen“ als passend zu der affektiert-kontrollierten ‚Zierlichkeit‘ der kritisierten Runde => so allerdings eine eventuell doch etwas merkwürdige Distanz zu der eigenen Geliebten;

- für eine Kontrastfunktion dieser Strophe zu beziehungsweise für ihre Kritik an dem Vorherigen könnten sprechen: der Wechsel von der Sie-Perspektive zum Ich/Du, was größere Nähe und vertraulich-offeneres Sprechen erwarten lässt; dazu das Rekurrieren auf eine erfahrungshaltigere, emotionalere Liebe der zärtlich adressierten, vielleicht erfrischend unaffektierten Frau, die ‚hübsch‘-einfach reden würde => diese Kontrast-Intention erscheint stärker, zudem als bessere kritische Pointe.

8. Die Gesamtaussage im gesellschaftlichen Kontext:
Eine Teetisch-Konversation bezeichnet in dieser Zeit eine Grundsituation hö-
fisch-gutbürgerlicher Geselligkeit, die hier eventuell exemplarisch satirisch
‚vorgeführt‘ wird, und zwar am Beispiel des letztlich bigotten Liebesdiskurses
der ‚guten Gesellschaft‘ u. ihres zudem geschlechterrollenspezifisches Rol-
lenklischees; aufgezeigt wird so die nicht zugelassene offene Emotionalität
beziehungsweise die eigentliche nötige ganzheitliche Betrachtung des Themas; als Gegenbeispiel erscheint die zärtliche echte Liebeserfahrung zwischen
dem lyrischen Ich und seinem Du (Letzteres kommt zudem vielleicht auch
aus einer anderen, sprich: niedrigeren sozialen Schicht, die am Teetisch nicht
zugelassen ist, die aber aus Sicht des Ich im Vergleich umso besser, da ‚ehr-
licher‘ sprechen würde.)
Die mögliche kulturell-literarhistorische Position zwischen Empfindsamkeit
und Vormärz zeichnet sich in erster Linie durch die implizite Kritik an der
‚guten Gesellschaft‘ der Restaurationszeit ab. Zu denken ist jedoch auch an
den gesellschaftlich beliebten empfindsamen und romantischen Gefühlsdis-
kurs, dessen Ästhetik und ‚Zärtlichkeit‘ hier allerdings ins Affektierte und
Klischeehafte verzerrt erscheint. Schließlich könnte es sich um eine frühe
vormärzliche Kultur- u. Gesellschaftskritik handeln, die auf einen ganzheit-
lichen und offenen öffentlichen Diskurs abzielt, dies wäre zugleich eine Wei-
terführung älterer aufklärerischer Postulate.

Schlüssel zum Aufbaumodul 5, Abschnitt 3, S. 181

ENTSTEHUNG

1. Entstehung gemäß der zugrunde gelegten Ausgabe:
im dänischen Exil (präsentische Anspielungen auf Landschaft von Fünen),
und zwar anscheinend Anfang 1939, vor Kriegsbeginn (Verweis auf kriegshet-
zerische Reden Hitlers zu dieser Zeit, die auch für Brecht im Rundfunk zu
hören sind).
Varianten gemäß der zugrunde gelegten Ausgabe:
Aufführung einer Strophe, die in einem Entwurf, nicht aber in der Endfassung
vorliegt („Das Sausen des Winds im Erlengrund / Wäre doch gut genug. /
Warum denke ich an den Krieg?“)
Erstdruck gemäß der zugrunde gelegten Ausgabe:
Bertolt Brecht: Gedichte und Lieder. Auswahl Peter Suhrkamp. Berlin, Frank-
furt/Main: Suhrkamp 1956, S. 96.

2. Bewertung der Anmerkungen der zugrunde gelegten Ausgabe:
Entstehung und Erstdruck werden nicht näher belegt beziehungsweise diskutiert, dies ist aber aus den Herausgeberkenntnissen heraus eventuell noch

akzeptabel; unpräzise ist hingegen die Angabe der o. g. Variante (‚Plusstro-phe‘), denn ihre genaue Position im Entwurf wird nicht angegeben.

Gründe für das Fehlen der ‚Plusstrophe‘ in der Endfassung: **3.**
eventuell gewisse Redundanz gegenüber dem ansonsten Gesagten sowie etwas klischeehafte Teile einerseits („Das Sausen des Winds im Erlengrund") und allzu explizite andererseits („Warum denke ich an den Krieg?").

FORMANALYSE

Str. 1 hinsichtlich Silbenzählung, Betonungen, Reimordnung: **4.**
geringe Variation zwischen 7 und 8 Silben; Verse erscheinen in Satzmelodie und durch Art der Enjambements nicht nach Größen geordnet; keine Reim-ordnung.
Abgleich mit den weiteren Strophen:
Variation der Silbenzahl teils erheblich breiter (Z. 7: 3; Z. 8: 15), also im Ganzen keineswegs fest; Satzduktus/Enjambements durchweg nicht nach metrischen Größen geordnet; weiterhin keine Reimbindung, vielmehr in Z. 15 f. explizite Begründung für deren Ausbleiben. Daher: zugrunde liegend *kein* Metrum, stattdessen: ein Beispiel für *Prosaische Lyrik*! *freie Verse*

Einen potentiellen Sinnbeitrag bilden die metrische Nüchternheit und damit   **5.**
die Konzentration auf die Gedankenführung, die zudem durch Enjambements pointiert wird; im Einklang damit steht die metapoetische Aussage in Z. 15 f. zu dem ausbleibenden Reim aus Gründen der grundsätzlichen ‚Gestimmtheit‘ des lyrischen Ichs.

INHALTLICHE ANALYSE

Verständnisfragen auf semantisch-lexikalischer Ebene: **6.**
- Z. 9: „Sund" laut Ausgabe zu beziehen auf den Svendborg-Sund, das heißt eine ‚Meerenge‘ zw. dänischen Inseln Fünen und Täsinge, wo Brechts Exil-haus stand.
- Z. 20: „Anstreicher": siehe o., S. 175: pejorative Benennung Hitlers als ge-scheiterter Kunstmaler und Malergeselle (im Übrigen: Brecht'sche Lieblings-benennung Hitlers, in anderen Gedichten auch anders zu deuten).

Gliederung nach Sinnabschnitten (in Stichworten):   **7.**
- Str. 1 f.: kontrastive Einheit zum Thema der ‚fatalen‘ gesellschaftlichen Be-wertung des Daseins anderer in Glücks- beziehungsweise Unglückszustand;
- daran nur lose anschließend: Str. 3, eine Reflexion des lyrischen Ichs über die eigene selektive Wahrnehmung von Glücklichem beziehungsweise Un-glücklichem;

- erneut lose anschließend: Str. 4 f., Bemerkungen des lyrischen Ichs als Dichter-Ich: Das Gedichtelement Reim ist derzeit unangemessen, da zu schön, anschließend eine Reflexion über den Widerstreit in lyrischem beziehungsweise Dichter-Ich und die Konsequenzen für die zu wählenden Schreibthemen.

8. Gedankliche Struktur im Detail (in Stichworten):
- Titel: explizite Kennzeichnung des Gedichts als *metapoetisch* mit Bezug auf die Gegenwart;
- Str. 1: schließt kontrastiv an den Titel an („schlechte Zeit" versus „der Glückliche"), bildet eine generalisierte These des lyrischen Ichs zur ‚fatalen' Ausstrahlung von Menschen im Glückszustand und ihrer ‚automatischen' Beliebtheit bei anderen;
- Str. 2 steht im Kontrast zu Str. 1, gibt aber auf anderer, bildhafter Ebene ein Beispiel für eine ‚unglückliche' Existenz in der Natur, die unverschuldet „verkrüppelt", aber von oberflächlicher Warte aus zurecht als solche verachtet wird, auch wenn dies, wie die positive Bewertung in Str. 1, latent ‚unfair' ist, da eine Art von Automatismus;
- Str. 3 gibt eine Selbstbeobachtung des lyrischen Ichs hinzu: Die eigene Wahrnehmung im aktuellen Umfeld (Exilort!) ist nicht auf Schönes und Beglückendes an Natur und Menschen gerichtet, sondern auf ‚Unglückliches'; es folgt eine Selbstbefragung, warum dies der Fall sei;
- Str. 4 liefert eine gleichsam ergänzende Feststellung zu der eigenen negativen Gestimmtheit mit metapoetischem Bezug: Das lyrische Ich als Dichter-Ich verzichtet auf ein zu schön beziehungsweise ‚glücklich' erscheinendes Gedichtelement;
- in Str. 5 reflektiert das lyrische Ich den eigenen inneren Widerstreit von ästhetischer Beglückung durch die Natur und das ‚Entsetzen' über politische Absichtserklärungen Hitlers, die nun alleinig einen Schreibimpetus geben; am Ende steht erneut eine metapoetische Aussage, die zur Neubewertung der vorangegangenen Strophen und Inbezugsetzung der Aussagen mit dem Titel anregt:
Str. 1 f. thematisieren so gesehen einen Autor, der ästhetisch ‚beglückend' dichten kann und daher beliebt ist; Exildichtung ist hingegen unverschuldet ‚verkrüppelt' (auf metrischer Ebene: nurmehr prosaisch), da auf den Unglückszustand und die politische Bedrohung fixiert, und ihr Autor wird verachtet; Str. 3 f. zeigt so gesehen, dass die Haltung des lyrischem Ich dem entspricht, und Str. 5 thematisiert den angesprochenen ‚Widerstreit' als eigentlich schon entschieden (wenn dies aussagenlogisch so eng zu sehen ist).

GESAMTINTERPRETATION

9. Eine erste Hypothese: Es handelt sich um ein ‚düsteres' Gedicht zur Exilsituation mit metapoetischer Fluchtlinie:

Es geht aus von allgemeinen Beobachtungen zu der ‚fatalen‘ menschlichen Sicht auf Glückliche u. Unglückliche (Str. 1 f.), verkoppelt diese aber einer mit Selbstbeobachtung des lyrischen Ichs hinsichtlich der eigenen Fixierung auf Unglückliches (Str. 3) und geht schließlich (Str. 4 f.) über zu einer analogen metapoetischen Betrachtung: Lyrische Dichtung ist z. Z. nur ‚unglücklich‘, da die Bedrohung durch Hitler als einzig gefordertes politisches Thema eine ästhetisch-schöne Ausrichtung verunmöglicht.

Zum dichtungstheoretischen Horizont des Gedichts (in Stichworten):   **10.**
- Eine ‚schlechte Zeit‘ herrscht für solche Gedichte, die in einem engeren Sinn Lyrik sein wollen, das heißt in ästhetisch-schöner Form (Reim!) ‚glückliche‘ beziehungsweise beglückende Themen aus Natur („blühende[r] Apfelbaum“) und menschlichem Dasein („lustige Segel des Sundes“, „Brüste der Mädchen“) besingen wollen;
- entsprechend ist die eigene Dichtung des lyrischen Ichs derzeit mehrfach ‚unglücklich‘, da aus einem Unglückszustand (Exil) heraus zu schreiben, aus moralischem Antrieb auf menschliches Unglück und politisch ‚Entsetzliches‘ fixiert und ‚verkrüppelt‘, weil nicht mehr ‚lyrisch‘ (in Themen u. Formen).

Deutung im exillyrischen Kontext (zu Brecht siehe besonders S. 174):   **11.**
Auf den ersten Blick handelt es sich um ein ‚privateres‘, auf die Exilexistenz überhaupt bezogenes Gedicht; spätestens bei einer Relektüre vom Ende her aber erweist es sich zugleich als eine (Vor-)Form der politischen Dichtung, da es auf deren Entstehungsbedingungen und poetologischen Standort bezogen ist.

Schlüssel zum Aufbaumodul 6, Abschnitt 3, S. 216

FORMANALYSE

Z. 1 hinsichtl. Silbenzählung, Betonungsverhältnissen, Reimordnung: **1.**
Die Silbenzahl liegt zwischen 16 und 19, zumeist aber bei 17; es sind dabei mindestens fünf Hauptbetonungen, öfters auch sieben gesetzt: in der Regel wirken die Betonungsverhältnisse allerdings prosaisch, lediglich einzelne Versabschnitte erscheinen daktylisch-trochäisch oder auch anapästisch-jambisch rhythmisiert; festzustellen ist ferner Kreuzreimschema abab, cdcd mit unterschiedlichem Kadenzenmuster (wmwm versus wwww) und mit unreinem Reim bei a und c (fehlender silbenschließender Konsonant am Ende). Wegen des uneinheitlichen Bildes wird auf eine metrische Notation besser verzichtet, das sie zu viel Einheitlichkeit unterstellen würde.
Ein Vergleich mit dem restlichen Gedicht bestätigt das Bild durchweg, hinsichtlich der Silbenzahlen pro Zeile sind sogar noch größere Abweichungen

zu konstatieren (Z. 12 mit 21 Silben, Z. 19 hingegen mit nur 13 als Extreme), bei einem stetigen Mittel zwischen 16 und 18 Silben; das gefundene Reimschema bleibt stabil, inkl. Kadenzenschemawechsel und Reimunreinheiten.

2. Im Ergebnis handelt es sich aufgrund der Silbenzahlen um Langverszeilen, die durch Kreuzreime (mit wiederkehrenden Unreinheiten) sogar in sechs vierzeilige Strophen gebunden erscheinen mögen. Hinsichtlich der Silbenzahl, noch mehr aber hinsichtlich der Rhythmik ist das Gedicht jedoch relativ uneinheitlich und erinnert eventuell an den freirhythmischen, aber reimenden Typ (vgl. Aufbaumodul 5, Abschnitt 2, Bsp. Stadler, S. 177). Vom Gesamtduktus der Betonungsverhältnisse her tendiert es aber auch stark zur Prosaischen Lyrik (vgl. a.a.O., S. 178).

Als Sinnbeitrag kann das Rekurrieren auf metrische Schemata nicht zuletzt der klassischen Moderne (dabei: impliziter Rückgriff auf antikische Muster unregelmäßiger Rhythmik) angesehen werden, dies aber in gebrochener Umsetzung: Es handelt sich um anscheinend gezielt unreine Reime (Effekt: Reime werden unscheinbarer beziehungsweise erscheinen ,gestört' bei nüchternprosaischer Prosodie. Eine durch das Reimschema nahegelegte Strophik wird durch die noch zu betrachtenden ,echten' Sinnabschnitte jedoch weitgehend *nicht* bestätigt werden (allenfalls: Z. 16-20 u. 21-24 auch als inhaltliche Einheiten).

INHALTLICHE ANALYSE

3. Zu möglichen Verständnisfragen auf semantisch-lexikalischer Ebene:
- „ars magna" (Z. 2): ,große Kunst';
- „nihil" (Z. 9): ,nichts';
- „elaboriertest"(Z. 2): ,besonders differenziert ausgearbeitet, ausgebildet';
- „Exodus" (Z. 24): grch. *éxodos* wörtl. ,Auszug', zugl. aber Titel des 2. Buchs Mosis.

4. Gliederung nach Sinnabschnitten (in Stichworten):
- Titel und Z. 1a: Das Thema als Minimalthese und *Frage*;
- im Weiteren: eine Kette von *Antworten*, endend in der vorletzten Zeile mit: „Was bleibt, sind Gedichte." und einer letzten Antwort unter Bezugnahme auf das Titelwort ,Nacht', nun übertragen auf die ,menschliche Nacht', deren ,Erklärung' durch die Dichtung anscheinend zugleich den ,Exodus' aus ihr bedeutet; dazwischen entfalten sich etwa folgende thematische *cluster* und Oppositionen:
- Z. 1b-7: erste stichwortartige Definitionen, dabei Polarität von Irrational-Magischem und Rational-Artifiziellem als konträren Vorstellungen, dann aber auch zusammenwirkende Elemente: Integration in Z. 6 im Bild der ,Zickzacknaht';

- Z. 8-13: metaphorische Thematisierung der ‚Ursprünglichkeit' von Dichtung, zumal in ihrer konkreten Lautlichkeit (Bild vom ‚Hauch'), dabei erneute Polarität: ernüchtert-nihilistische Weltsicht (Z. 9f.), aber auch irrational-magisches Potential für einen Weg aus dieser Perspektive sowie für ‚Glücksmomente' von alters her und in der durchrationalisierten modernen Welt (Z. 10-13);

- Z. 14-20a: Absage an eine lyrische Ich-Du-Struktur als Kern, stattdessen bildhaftes Abheben auf Vers (Z. 15) und Metapher als Kernelemente, die wiederum in der Polarität von pathetisch angerufenem ‚magischem' Potential und artistisch-rationalem Funktionieren (Z. 16a: „[a]m Meeresgrund, draußen im Hirn") stehen.

- Z. 20b-22: wieder stichwortartig bildhafte Definitionen, die das die Zeiten transzendierende (Z. 20b), philosophische (Z. 21a) und musikalisch-begriffsbildende (Z. 21b) Potential der Lyrik in den Blick nehmen; Z. 22 Polarität von Irrationalität und Artistik auf der Ebene der Produktionsästhetik („[g]eschenkt" versus „gemacht");

- Z. 23 f.: ‚letzte' Bestimmung des (lyrischen) Gedichts als ‚Lied', allerdings aus existentiellem Anlass („Sterblichkeit" des Menschen, Z. 23b) und als bester Hilfe (im Bild: „Reiseführer", Z. 24), um der „menschlichen Nacht" zu entkommen.

GESAMTINTERPRETATION

Eine Hypothese zur Interpretation:

5.

Es handelt sich von Z. 1a an um eine explizit *poetologisches Gedicht* (als ‚Schlussstein' eines ganzen Gedichtbandes!), das eine Vielzahl einzelner Definitionen (lyrischer) Dichtung in einer komplexen Kette und teilweise schillernder Bildlichkeit aufführt. Dabei werden immer wieder dichotomisch-polare Konzepte gegeneinandergestellt, aber auch mit einer Tendenz zur Integration des Gegensätzlichen gereiht. Als ‚roter Faden' erscheint die Diskussion der konträren Lyrikvorstellungen beziehungsweise Lyrikelemente ‚irrational-emotional-magisch' und ‚rational-artifiziell'. Eine Quintessenz könnte in der Synthese liegen, denn beide Vorstellungen beziehungsweise Elemente können als Leistungen der Gattung verstanden werden, und zwar als jeweils besonders große Hilfe beim Ertragen der endlichen und sinnlos-aporetischen (Z. 9 f.) Existenz des Menschen.

Der Titel erscheint dabei zunächst wie eine rätselhafte These, spätestens am Ende wird er aber ‚aufgelöst': Er verweist auf die menschliche Existenz in ihrer Sterblichkeit als Erfahrung von ‚Nacht', aus der die Dichtung heraushilft durch ihren (tröstenden, erheiternden?) Liedcharakter beziehungsweise wohl auch als Mittel der Reflexion und Verständigung über das Dasein; Dichtung ist insofern eine ‚Erklärung' der ‚Nacht'.

Die metrische Form ist auf den ersten Blick prosaisch-modern, weist jedoch auch traditionelle Elemente (Rhythmik, Reim) mit signifikanten Brechungen auf; bezogen auf den Gesamtgehalt des Gedichts erscheint die Form wie spielerisch eingesetzt, um den inhaltlichen Doppelcharakter zu unterstreichen.

6. Dichtungstheoretische Horizonte gemäß Basismodul 1 (in Stichworten):
- „1. Die späte Großgattung": Angesprochen wird im vorliegenden Gedicht eventuell zunächst jegliche Versdichtung im alten Sinn, zunehmend jedoch entsteht ein Fokus auf lyrische Dichtung im engeren Sinn;
- „2. Gesang zur Leier": Dieser Charakter wird über weite Teile des Gedichts *mit*thematisiert und am Ende steht der Liedcharakter sogar als *das* ‚Bleibende' im Mittelpunkt, allerdings mit einem spezifischen Bezug auf das Problem der menschlichen Existenz;
- „3. Im gesellschaftlichen Kontext": Dieses Lyrikelement wird kaum eigens angesprochen, allenfalls in Allusionen (neulat. ‚Anspielungen') wie „Gebet" (Z. 5, freilich „ohne Gott") oder den „Mädchenbädern am Nil" (Z. 11, alter sozialer Ort des lyrischen Gesangs?) beziehungsweise durch das am Ende postulierte ‚Reiseführer'-Potential der Lyrik;
- „4. Poetischer Anspruch und gattungsmäßige Rede": Dieses Element wird gleich zu Anfang fokussiert, besonders durch das unmittelbare lateinisch-antike Stichwort *„ars magna* im elaboriertesten Stil" (Z. 2) und späterhin noch durch das Schlagwort „Philosophie in Metren" (Z. 21);
- „5. Individualisierung des Ausdrucks und Autonomie der Literatur": Die Autonomie des Ausdrucks ist wohl vorauszusetzen, Individualität und subjektivistische Produktionsästhetik stehen jedoch nicht im Fokus, stattdessen nur Vers u. Metaphorik;
- „6. Nach der Genieästhetik: Einsprüche der Moderne", das heißt die Frage nach dem lyrischemn Ich und den modernen Gegensatzpositionen von Ästhetizismus/Artistik und *litterature engagée*: Eine emphatische Ich-Du-Struktur wird verworfen (Z. 14), insofern erscheint ein lyrisches Ich implizit angesetzt, ist aber nicht weiter von Interesse; ein besonderes Augenmerk ist hingegen auf die Artistik als Kernelement der Lyrik gerichtet, dies aber in Engführung mit einem archaischen irrational-‚magischen' Element; gesellschaftlich-politisches Engagement ist kein Thema.
Im Ergebnis: Elemente des Gesangs, des antik-frühneuzeitlichen poetischen Anspruchs sowie der modernen Autonomie und der Artistik liegen besonders im Fokus des Gedichts, gerade die Artistik wird jedoch gekontert und enggeführt mit dem eigens stark gemachten Element des Irrational-Magischen; die alteuropäische gesellschaftliche Funktionalität wird ansatzweise angenommen, jedoch ‚überführt' in eine existentielle Perspektive.

7. Weitere Einzelbezüge zu Epochen/Lyrikern:
Fundamental erscheint das Ausgehen von antikischen Positionen zwischen Mythos/Magie und Artifizialität, im Kern sind jedoch auch Bezüge zu modernen Positionen etwa im Bereich der ‚Naturmagik' vorhanden, aber mehr noch

scheint das Gedicht die Benn'sche *Artistik* zu interessieren (Stichworte: ‚nihil‘, ‚Hirn‘, ‚gemacht‘).

Im Kontext von Grünbeins eigenem Schaffen, besonders bezogen auf die **8.** eingeführten Werkgruppierungen ist das Gedicht wie folgt zu sehen: Wie aus dem Bandkontext (*dritte* Werkgruppe, also mit verstärktem Rückbezug auf die Antike) heraus zu erwarten, weist das Gedicht antikische Fundierungen und Bildfelder auf, diese stehen jedoch sozusagen neben anderem. Im Vergleich mit der szientistischen *zweiten* Werkgruppe sind hingegen nurmehr generell ähnliche rationale Poetikelemente zu erkennen, diese werden hier allerdings dezidiert um eine Gegenperspektive ergänzt. Das Beharren des Gedichts auf der besonderen Leistung von Dichtung für den Menschen (über Wissenschaften und anderes hinaus) ist ferner ebenso als Legitimation für die episch-lyrische Werke der *vierten* Werkgruppe zu sehen; deren historische Thematiken kommen hier allerdings kaum in den Blick.

Anmerkungen

Basismodul 1, S. 11-22

[1] Martin Opitz: Buch von der Deutschen Poeterey (1624). Studienausgabe. Mit dem *Aristarch* (1617) und den Opitzschen Vorreden zu seinen *Teutschen Poemata* (1624 und 1625) sowie der Vorrede zu seiner Übersetzung der *Trojanerinnen* (1625). Hg. v. Herbert Jaumann. Stuttgart: Reclam 2005, S. 33.

[2] Vgl. Opitz: Deutsche Poeterey (Anm. 1), S. 33 f.

[3] Dieses meinte ursprünglich allerdings lediglich ‚feierliche Rede[formel]‘ und dann spezieller ‚Gesang, Lied‘.

[4] Vgl. Dieter Burdorf: Einführung in die Gedichtanalyse. 2., überarb. u. aktualis. Aufl. Stuttgart, Weimar: Metzler 1997 (Sammlung Metzler 284), S. 15.

[5] Opitz: Deutsche Poeterey (Anm. 1), S. 33.

[6] Quintus Horatius Flaccus: Ars poetica. In: Ders.: Opera. Hg. v. D. R: Shackleton Bailey. 2. Aufl. Stuttgart: Teubner 1991, S. 313. V. 83-85. (Dt. Übersetzung S. E.)

[7] Zu Fragen der Rhetorik vgl. im Rahmen der UTB-Reihe *Literaturwissenschaft elementar* ferner Annegret Pelz, Ursula Klingenböck: Stil. Paderborn: Fink [erscheint 2009/2010].

[8] Vgl. zu einem derartigen poetologischen Projekt Stefan Elit: Die beste aller möglichen Sprachen der Poesie. Klopstocks wettstreitende Übersetzungen lateinischer und griechischer Literatur. St. Augustin: Gardez! 2002 (Die Antike und ihr Weiterleben 3).

[9] Vgl. besonders Jürgen Link: Elemente der Lyrik. In: Literaturwissenschaft. Ein Grundkurs. Hg. v. Helmut Brackert u. Jörn Stückrath. Reinbek bei Hamburg: Rowohlt 1992 (Rowohlts Enzyklopädie), S. 86-101, hier: S. 88-90.

[10] Vgl. Georg Wilhelm Friedrich Hegel: Werke. Auf der Grundlage der Werke v. 1832-1845 neu ed. Ausg. Redaktion Eva Moldenhauer u. Karl Markus Michel. Bd. 15: Vorlesungen über die Ästhetik III. Frankfurt/Main: Suhrkamp 1970, hier Ausg. 1986 (suhrkamp taschenbuch wissenschaft 615), S. 318-324.

Basismodul 2, S. 23-32

[1] Vgl. Christian Wagenknecht: Deutsche Metrik. Eine historische Einführung. 5., erw. Aufl. München: Beck 2007. Im Folgenden vgl. bes. Kap. 1.

[2] Vgl. Wagenknecht: Deutsche Metrik (Anm. 1), S. 20.

[3] Vgl. Wagenknecht: Deutsche Metrik (Anm. 1), S. 23.

[4] Für eine umfassende Darstellung vgl. Wagenknecht: Deutsche Metrik (Anm. 1), S. 40-43.

Aufbaumodul 1, S. 38-57

[1] Vgl. Christian Wagenknecht: Deutsche Metrik. Eine historische Einführung. 5., erw. Aufl. München: Beck 2007., S. 64 f.

[2] Wagenknecht: Deutsche Metrik (Anm. 1), S. 65.

[3] Wagenknecht: Deutsche Metrik (Anm. 1), S. 72.

[4] Wagenknecht: Deutsche Metrik (Anm. 1), S. 73.

[5] Vgl. Wagenknecht: Deutsche Metrik (Anm. 1), S. 66 f.

6   Wagenknecht: Deutsche Metrik (Anm. 1), S. 62.

7   Wagenknecht: Deutsche Metrik (Anm. 1), S. 62.

8   Hans Sachs: Das Schlaueraffenland. In: Ders.: Werke in der Reihenfolge ihrer Entstehung. Bd. 1: Von den Anfängen bis 1547. Hg. v. Wolfgang F. Michael u. Roger A. Crockett. Bern, Berlin, Frankfurt/Main u. a.: Lang 1996, S. 124-127, hier S. 127.

9   Martin Luther: Werke. Kritische Gesamtausgabe. Bd. 35. Weimar: Hermann Böhlaus Nachfolger 1923 (so genannte Weimarer Ausgabe [im Folgenden: WA), S. 455-457.

10   Vgl. kritisch hierzu bereits Luther: Werke 35 (Anm. 9), S. 185-229.

11   Eine Kurzbeschreibung des Druckes vgl. Luther: WA 35 (Anm. 9), S. 318 f.; zur Zugrundelegung desselben in der WA vgl. a.a.O., S. 410.

12   Geystliche Lieder. Mit einer newen vorrhede D. Mart. Luth. Leipzig: Valentin Babst 1545. Faksimiledruck. Mit einem Geleitwort hg. v. Konrad Ameln. 3. Aufl. Kassel u. a.: Bärenreiter 1988 (Documenta Musicologica. 1. Reihe: Druckschriften-Faksimiles 38).

13   Vgl. Luther: WA 35 (Anm. 9), S. 85.

14   Luther: WA 35 (Anm. 9), S. 519.

15   Vgl. Martin Rößler: Liedermacher im Gesangbuch. Bd. 1: Martin Luther. Ambrosius Blarer. Nikolaus Herman. Philipp Nicolai. Johann Heermann. Mit Bildern von Rainer Fest. 2., durchgesehene Aufl. Stuttgart: Calwer Verlag 1992 (Calwer Taschenbibliothek 4), S. 46.

16   Vgl. Lothar Schmidt: „Und wenn die Welt voll Teufel wär'". Zu Martin Luthers *Ein feste Burg ist unser Gott*. In: Gedichte und Interpretationen. Bd. 1: Renaissance und Barock. Hg. v. Volker Meid. Stuttgart: Reclam 1982, S. 55-67, hier: S. 58 f.

17   Schmidt: Zu Luthers „Ein feste Burg" (Anm. 16), S. 57.

18   Biblia sacra vulgatae editionis Sixti V. Pontificis Maximi jussu recognita er Clementis VIII. auctoritate edita [...] Die Heilige Schrift des alten und neuen Testaments aus der Vulgata. Mit Bezug auf den Grundtext neu übers. u. mit kurzen Anmerkungen erläutert v. Dr. Joseph Franz Allioli. Mit Approbation des Apostolischen Stuhles [...]. Der Ausgabe mit zur Seite stehendem lateinischen Urtext der Vulgata 6. Aufl. Bd. 2. Regensburg, New York, Cincinnati: Pustet 1882, S. 66 f. Zitiert wird aus pragmatischen Gründen nur die deutsche Übertragung, a.a.O. die rechte Spalte. Hier und im Folgenden markieren Auslassungsklammern weitere Titel- oder Herausgabezusätze, die entbehrlich erschienen.

Aufbaumodul 2, S. 58-83

1   Georg Rodolf Weckherlin: Gedichte. Hg. v. Hermann Fischer. 2. Bd. Tübingen 1895 (Bibliothek des Literarischen Vereins in Stuttgart 100), hier 2., unveränd. Aufl. im reprograf. Nachdr. Darmstadt: Wiss. Buchges. 1968, S. 214 f. (ursprünglich in Weckherlins *Gaistlichen und Weltlichen Gedichten* v. 1648).

2   Martin Opitz: Gesammelte Werke. Krit. Ausg. Hg. v. Georg Schulze-Behrend. Bd. 2, 2. Stuttgart: Hiersemann 1979 (Bibliothek des Literarischen Vereins 301), S. 703 (Text dort nach Opitz' erster autorisierter u. von ihm selbst hg. Ausg. *Acht Bücher Deutscher Poematum* von 1625). Als Ausgabe des Originals mit einer wortgetreuen dt. Übersetzung vgl. Francesco Petrarca: Canzoniere. Nach einer Interlinearübers. v. Geraldine Gabor in dt. Verse gebracht v. Ernst-Jürgen Dreyer. Mit Anm. zu den Gedichten v. Geraldine Gabor. 2., überarb. Aufl. Basel, Frankfurt/Main: Stroemfeld/Roter Stern 1990, S. 392 f.

[3] Vgl. Volker Meid: Das 17. Jahrhundert. In: Geschichte der deutschen Lyrik vom Mittelalter bis zur Gegenwart. Hg. v. Walter Hinderer. 2., erw. Aufl. Würzburg: Königshausen & Neumann 2001, S. 74-138, hier: S. 85-92.

[4] Paul Fleming: Teütsch Poemata. Lübeck: Jauch [1646], S. 576 (Erstdruck v. 1641 lag mir nicht vor. S. E.).

[5] Wiedergabe nach: Emblemata. Handbuch zur Sinnbildkunst des XVI. und XVII. Jahrhunderts. Hg. v. Arthur Henkel u. Albrecht Schöne. Im Auftrage der Göttinger Akademie der Wissenschaften. Stuttgart: Metzer 1967. Sp. 14 (lat.-frz. Original ursprünglich in einer Slg. v. Julius Wilhelm Zincgref v. 1619, das dt. Epigramm in einer Slg. v. Petrus Marschall v. 1633; vgl. a.a.O., S. LXVIII f.).

[6] Andreas Gryphius: Gesamtausgabe der deutschsprachigen Werke. Hg. v. Marian Szyrocki u. Hugh Powell. Bd. 1: Sonette. Tübingen: Niemeyer 1968 (Neudrucke deutscher Literaturwerke N. f. 9), S. 68. Bibliographische Angaben der Erstausgabe vgl. a.a.O., S. XIV (Sigle C).

[7] Georg Philipp Harsdörffer, Sigmund von Birken, Johann Klaj: Pegnesisches Schäfergedicht. 1644-1645. Hg. v. Klaus Garber. Tübingen: Niemeyer 1966 (Deutsche Neudrucke. Reihe: Barock 8), S. 7.

[8] Meid: Das 17. Jahrhundert. (Anm. 3), hier: S. 121.

[9] Johann Christian Günther: Werke. Hg. v. Reiner Bölhoff. Frankfurt/Main: Deutscher Klassiker-Verlag 1998 (Bibliothek der Frühen Neuzeit. 2. Abt.: Literatur im Zeitalter des Barock 10. Zugl. Bibliothek deutscher Klassiker 153), S. 850. Zur Datierung vgl. a.a.O., S. 1491.

[10] Georg Rodolf Weckherlin: Gedichte. Hg. v. Hermann Fischer. 1. Bd. Tübingen 1894 (Bibliothek des Literarischen Vereins in Stuttgart 99), hier 2., unveränd. Aufl. im reprograf. Nachdr. Darmstadt: Wiss. Buchges. 1968, S. 8 (ursprünglich in Weckherlins Triumf. NEwlich bey der F. kindtauf zu Stutgart gehalten v. 1616).

[11] Vgl. genauer Christian Wagenknecht: Deutsche Metrik. Eine historische Einführung. 5., erw. Aufl. München: Beck 2007, S. 76.

[12] Martin Opitz: Buch von der Deutschen Poeterey (1624). Studienausgabe. Mit dem Aristarch (1617) und den Opitzschen Vorreden zu seinen Teutschen Poemata (1624 und 1625) sowie der Vorrede zu seiner Übersetzung der Trojanerinnen (1625). Hg. v. Herbert Jaumann. Stuttgart: Reclam 2005, S. 52.

[13] Opitz: Gesammelte Werke (Anm. 2), S. 392 f. (erstes Quartett).

[14] Wagenknecht: Deutsche Metrik (Anm. 11), S. 87.

[15] Wagenknecht: Deutsche Metrik (Anm. 11), S. 88.

[16] Vgl. Wagenknecht: Deutsche Metrik (Anm. 11), S. 87.

[17] Wagenknecht: Deutsche Metrik (Anm. 11), S. 90.

[18] Wagenknecht: Deutsche Metrik (Anm. 11), S. 91.

[19] Wagenknecht: Deutsche Metrik (Anm. 11), S. 94.

[20] Wagenknecht: Deutsche Metrik (Anm. 11), S. 94.

[21] Johann Christian Günther: Werke. Hg. v. Reiner Bölhoff. Frankfurt/Main: Deutscher Klassiker-Verlag 1998 (Bibliothek der Frühen Neuzeit. 2. Abt.: Literatur im Zeitalter des Barock 10. Zugl. Bibliothek deutscher Klassiker 153), S. 847. Zur Datierung vgl. a.a.O., S. 1487.

[22] Vgl. Wagenknecht: Deutsche Metrik (Anm. 11), S. 84 f.

[23] Benjamin Neukirchs Anthologie. Herrn von Hoffmannswaldau und andrer Deutschen auserlesener und bißher ungedruckter Gedichte. Erster Theil. Nach einem Druck vom Jahre 1697 mit einer krit. Einleitung u. Lesarten. Hg. v. Angelo George de Capua u. Ernst Alfred Philippson. Tübingen: Niemeyer 1961 (Neudrucke deutscher Literaturwerke N. F. 1), S. 364.

Aufbaumodul 3, S. 84-119

1 Vgl. Johann Christoph Gottsched: Ausgewählte Werke. Hg. v. Joachim Birke†
   u. Brigitte Birke. Bd. 6, 1 f.: Versuch einer Critischen Dichtkunst. Erster allgemeiner und anderer besonderer Teil. Auf der Grundlage der 3. Aufl. Leipzig
   1742. Berlin, New York: de Gruyter 1973. Das Werk erscheint nach der Titelei
   zuerst in Leipzig 1730, aber richtigerweise bereits 1729 und erlebt in den folgenden Jahrzehnten mehrere, z. T. vom Autor überarbeitete Neuauflagen.

2 Mit dem Begriff ‚Stufenjahr‘ wird nach antiker und frühneuzeitlicher Ansicht
   ein weiterer Siebenjahresabschnitt des Lebens ‚erstiegen‘ und zugleich eine kritische Lebensphase überstanden, eine Vorstellung, die in diesem Gedicht in der
   sechsten Strophe als Aberglaube zurückgewiesen wird. Vgl. zur allgemeinen
   Information den Art. „Stufenjahr“. In: Jacob Grimm, Wilhelm Grimm: Deutsches
   Wörterbuch. Fotomechan. Nachdr. der Erstausg. der Akad. d. Wiss. der DDR.
   Berlin: Akademie-Verlag 1971. München: dtv 1984. Bd. 20. Sp. 313-315.

3 Johann Christoph Gottsched: Ausgewählte Werke. Hg. v. Joachim Birke. Bd. 1:
   Gedichte und Gedichtübertragungen. Berlin: de Gruyter 1968 (Ausgaben deut-
   scher Literatur des 15. bis 18. Jahrhunderts), S. 3-5, hier: S. 3 (ursprünglich in
   Gottscheds *Gedichten* v. 1736).

4 Barthold Heinrich Brockes: Irdisches Vergnügen in Gott, bestehend in Physi-
   calisch- und Moralischen Gedichten, nebst einem Anhange verschiedener
   dahin gehörigen Uebersetzungen. 2. Teil. Uebersehen, zum Druck befördert,
   und mit einer Vorrede begleitet v. [C. f.] Weichmann. Hamburg; Johann Christoph Kißner 1727, S. 29.

5 [Friedrich v. Hagedorn:] Oden und Lieder in fünf Büchern. Hamburg: Johann
   Carl Bohn 1747, S. 17 f. (Erstdruck 1742).

6 Ewald Christian v. Kleist: Sämtliche Werke. Hg. v. Jürgen Stenzel. Stuttgart:
   Reclam 1971, S. 83 (nach der ersten Sammlung *Gedichte vom Verfasser des
   Frühlings* v. 1756).

7 Vgl. Johann Jacob Breitinger: Critische Dichtkunst. Worinnen die Poetische
   Mahlerey in Absicht auf die Erfindung im Grunde untersuchet und mit Bey-
   spielen aus den berühmtesten Alten und Neuern erläutert wird. Faksimiledr.
   nach der Ausg. Zürich 1740. Mit einem Nachw. v. Wolfgang Bender. Stuttgart:
   Metzler 1966 (Deutsche Neudrucke. Reihe Texte des 18. Jahrhunderts). *Passim*
   (lat. für: ‚allenthalben‘).

8 Samuel Gotthold Lange: Horatzische Oden und eine Auswahl aus Des Quintus
   Horatius Flaccus Oden fünf Bücher (übersetzt von S. G. Lange). Faksimiledruck nach den Ausgaben von 1747 u. 1752. Mit einem Nachw. v. Frank Jolles.
   Stuttgart: Metzler 1971 (Deutsche Neudrucke, Reihe Texte des 18. Jahrhunderts), S. 94 f. (*Horatzische Oden* v. 1747).

9 Friedrich Gottlieb Klopstock: Oden und Elegien. Mit Unterstützung des Klop-
   stockvereins zu Quedlinburg hg. v. Franz Muncker u. Jero Pawel. Stuttgart:
   Göschen 1889. Bd. 1, S. 120 (erster Druck erfolgte 1762 in Sammlung von
   Liedern mit Melodien, für das Clavier v. Christian Ernst Rosenbaum).

10 Klopstock: Oden und Elegien (Anm. 9). Bd. 1, S. 8 u. 10 (erster Druck erfolgte
   in den *Oden* v. 1771).

11 Diesen (und einige weitere literaturtheoretische Aufsätze) vgl. in neuerer Edition in: Ders.: Gedanken über die Natur der Poesie. Hg. v. Winfried Menning-
   haus. Frankfurt/Main: Insel 1989, hier: S. 166-173.

12 Klopstock: Oden und Elegien (Anm. 9). Bd. 1, S. 9 u. 11.

13 Ludwig Christoph Heinrich Hölty: Gesammelte Werke und Briefe. Kritische
   Studienausgabe. Hg. v. Walter Hettche. Göttingen: Wallstein 1998, S. 173 f.

(ursprünglich in dem *Für Klopstock* betitelten Sammelband mit Gedichten der Hainbündler von 1773).

[14] Johann Wolfgang Goethe: Sämtliche Werke. Briefe, Tagebücher und Gespräche. Hg. v. Hendrik Birus u. a. I. Abt.: Sämtliche Werke. Bd. 1: Gedichte. 1756-1799. Hg. v. Karl Eibl. Frankfurt/Main: Deutscher Klassiker-Verlag 1987 (Bibliothek deutscher Klassiker 18), S. 127.

[15] Goethe: Sämtliche Werke I, 1 (Anm. 14), S. 203 f., hier: S. 203.

[16] Christian Wagenknecht: Deutsche Metrik. Eine historische Einführung. 5., erw. Aufl. München: Beck 2007, S. 87.

[17] Vgl. Wagenknecht, Deutsche Metrik. (Anm. 16), S. 89-94.

[18] Gaius Valerius Catullus: Carmina. Recognovit brevique adnotatione critica instruxit Roger Aubrey Baskerville Mynors. Oxford: Oxford University Press 1958, S. 94.

[19] Klopstock: Oden und Elegien (Anm. 9). Bd. 1, S. 31 (erster Druck erfolgte 1748 in einer Ausgabe der Zeitschrift *Neue Beyträge zum Vergnügen des Verstandes und des Witzes*).

[20] Vgl. hierzu Stefan Elit: Der späte Klopstock und Johann Heinrich Voß. Spannungsverhältnis. Ein poetologisch betrachtet. In: Wort und Schrift. Das Werk von F. G. Klopstock. Beiträge der internationalen Fachkonferenz vom 8. bis 11. Juli 2003 in den Franckeschen Stiftungen zu Halle. Hg. v. Kevin Hilliard, Katrin Kohl u. Christian Soboth. Halle/Saale: Verlag der Franckeschen Stiftungen im Niemeyer-Verlag 2008 (Hallesche Forschungen 27), S. 111-122.

[21] Klopstock: Oden und Elegien (Anm. 9). Bd. 2, S. 46.

[22] Vgl. in: Ders.: Gedanken über die Natur der Poesie (Anm. 11), S. 54-59, hier: S. 59.

[23] Früheste Fassung aus der Zeitschrift *Der Nordische Aufseher* v. 1759 hier rekonstruiert nach: Klopstock: Oden und Elegien (Anm. 9), S. 133.

[24] Klopstock: Oden und Elegien (Anm. 9), S. 133.

[25] Vgl. Christian Wagenknecht: Deutsche Metrik. Eine historische Einführung. 5., erw. Aufl. München: Beck 2007, S. 119 f.

[26] Vgl. Friedrich Gottlieb Klopstock: Vom deutschen Hexameter. In: Klopstock: Gedanken über die Natur der Poesie (Anm. 11), S. 60-156, hier: S. 130 f.

[27] Klopstock: Oden und Elegien (Anm. 9). Bd. 1, S. 83-85.

[28] Vgl. Klopstock: Oden und Elegien (Anm. 9). Bd. 1, S. 83 sowie ders.: Oden. Auswahl u. Nachw. v. Karl Ludwig Schneider. Stuttgart: Reclam 1966 u. ö., S. 135-143 (Anmerkungen) u. S. 170 f. (Nachwort).

[29] Zu dem Brief, weiteren Zeugnissen und der Gedichtentstehung vgl. Friedrich Gottlieb Klopstock: Werke und Briefe. Historisch-kritische Ausgabe (Hamburger Klopstock-Ausgabe). Begr. v. Adolf Beck, Karl Ludwig Schneider u. Hermann Tiemann. Hg. v. Horst Gronemeyer, Elisabeth Höpker-Herberg, Klaus Hurlebusch u. Rose-Maria Hurlebusch. Abt. Briefe. Bd. 1: Briefe 1738-1750. Hg. v. Horst Gronemeyer. Berlin, New York: de Gruyter 1979, S. 130 f. (Brief Nr. 78) sowie S. 383-390 (Apparat u. Erläuterungen zu Nr. 78).

[30] Die Bibel. Nach der Übersetzung Martin Luthers [revidierte Fassung von 1984]. Mit Apokryphen. Stuttgart: Deutsche Bibelges. 1985, S. 54 (Paginierung des Teils „Das Neue Testament").

Aufbaumodul 4, S. 120-150

[1] Johann Wolfgang Goethe: Sämtliche Werke. Briefe, Tagebücher und Gespräche. Hg. v. Hendrik Birus u. a. I. Abt.: Sämtliche Werke. Bd. 1: Gedichte.

1756-1799. Hg. v. Karl Eibl. Frankfurt/Main: Deutscher Klassiker-Verlag 1987 (Bibliothek deutscher Klassiker 18), S. 332 f.

2   Goethe: Sämtliche Werke I, 1 (Anm. 1), S. 404.

3   Goethe: Sämtliche Werke I, 1 (Anm. 1). S. 444 (Erstdruck dieses wie der meisten Epigramme in einem Ende 1795 von Schiller herausgegebenen *Musen-Almanach für das Jahr 1796* unter dem Titel *Epigramme. Venedig 1790.*).

4   Friedrich Schiller: Werke. Nationalausgabe. [...]. Hg. v. Julius Petersen † u. Gerhard Fricke. Bd. 1: Gedichte in der Reihenfolge ihres Erscheinens. 1776-1799. Hg. v. Julius Petersen † u. Friedrich Beißner. Weimar: Böhlaus Nachf. 1943 [erschienen 1968], S. 191.

5   Schiller: Werke 1 (Anm. 4), S. 194.

6   Friedrich Schiller: Über Bürgers Gedichte. In: Ders.: Werke. Nationalausgabe. Hg. v. Julius Petersen † u. Hermann Schneider. Bd. 22: Vermischte Schriften. Hg. v. Herbert Meyer. Weimar: Böhlaus Nachf. 1958, S. 245-259, hier: S. 246 f. (Hervorhebung im Original durch Sperrung, hier und in allen weiteren Fällen stattdessen kursiv.)

7   Wulf Segebrecht: Klassik und Romantik. In: Geschichte der deutschen Lyrik vom Mittelalter bis zur Gegenwart. Hg. v. Walter Hinderer. 2., erw. Aufl. Würzburg: Königshausen & Neumann 2001, S. 202-227, hier: S. 216. Vgl. ferner Segebrechts konzisen Überblick über die einzelnen Punkte der „Ankündigung", a.a.O., S. 215 f.

8   Goethe: Sämtliche Werke I, 1 (Anm. 1), S. 549.

9   Goethe: Sämtliche Werke I, 1 (Anm. 1), S. 504.

10 Goethe: Sämtliche Werke I, 1 (Anm. 1), S. 603.

11 Goethe: Sämtliche Werke I, 1 (Anm. 1), S. 640 f.

12 Friedrich Schiller: Werke. Nationalausgabe. Begr. v. Julius Petersen. Fortgeführt v. Lieselotte Blumenthal u. Benno v. Wiese. Hg. [...] v. Norbert Oellers u. Siegfried Seidel. Bd. 2. Teil 1: Gedichte in der Reihenfolge ihres Erscheinens. 1799-1805 – der geplanten Ausgabe letzter Hand (Prachtausgabe) – aus dem Nachlaß (Text). Hg. v. Norbert Oellers. Weimar: Böhlaus Nachf. 1983, S. 326.

13 Schiller: Werke 2, 1 (Anm. 12), S. 227.

14 Friedrich Hölderlin: Sämtliche Werke und Briefe. Hg. v. Jochen Schmidt. Bd. 1: Gedichte. Hg. v. dems. Frankfurt/Main: Deutscher Klassiker-Verlag 1992, S. 197.

15 Hölderlin: Sämtliche Werke 1 (Anm. 14), S. 320.

16 Clemens Brentano: Werke. Bd. 1. Hg. v. Wolfgang Frühwald, Bernhard Gajek u. Friedhelm Kemp. München: Hanser 1968, S. 144.

17 Novalis: Werke, Tagebücher und Briefe Friedrich von Hardenbergs. Hg. v. Hans-Joachim Mähl u. Richard Samuel. Bd. 1: Das dichterische Werk, Tagebücher u. Briefe. Hg. v. Richard Samuel. München, Wien: Hanser 1978, S. 395 („Materialien zu *Heinrich von Ofterdingen*", Nr. 5; die wiedergegebenen spitzen Klammern in der Ausg. markieren spätere Streichungen des Autors).

18 Novalis: Werke 1 (Anm. 17), S. 175/177 (marginal abweichende Fassung der Hs. vgl. S. 174/176).

19 Ludwig Tieck: Schriften. In zwölf Bänden. Hg. v. Manfred Frank, Achim Hölter, Uwe Schweikert u. Ruprecht Wimmer. Bd. 7: Gedichte. Hg. v. Ruprecht Wimmer. Frankfurt/Main: Deutscher Klassiker-Verlag 1995 (Bibliothek deutscher Klassiker 124), S. 95 f.

20 Clemens Brentano: Sämtliche Werke und Briefe. Hist.-krit. Ausgabe (Frankfurter Brentano-Ausgabe [im Folgenden: FBA + Bandnr.]). Veranstaltet vom Freien Deutschen Hochstift. Hg. v. Jürgen Behrens, Wolfgang Frühwald u.

Detlev Lüders. Bd. 6: Des Knaben Wunderhorn. Alte deutsche Lieder. Gesammelt v. L. A. v. Arnim u. Clemens Brentano. T. 1. Hg. v. Heinz Rölleke. Stuttgart u. a.: Kohlhammer 1985, S. 12. Zur Gedichtquelle und ihrer Bearbeitung vgl. den zugehörigen Apparatband (FBA 9, 1, S. 76-78).

[21] Joseph v. Eichendorff: Werke. In fünf Bänden. Hg. v. Wolfgang Frühwald, Brigitte Schillbach u. Hartwig Schultz. Bd. 1: Gedichte. Versepen. Hg. v. Hartwig Schultz. Frankfurt/Main: Deutscher Klassiker-Verlag 1987 (Bibliothek deutscher Klassiker 21), S. 119 f.

[22] Heinrich Heine: Historisch-Kritische Gesamtausgabe der Werke. Hg. v. Manfred Windfuhr. [...]. Bd. 1, 1: Buch der Lieder. Text. Bearb. v. Pierre Grappin. Hamburg: Hoffmann u. Campe 1975, S. 17 (Text d. Ausg. l. H. [5. Aufl., 1844], marginal abweichende Fassung nach dem Erstdruck in den *Gedichten* v. 1822 vgl. a.a.O., S. 16).

[23] August Heinrich Hoffmann v. Fallersleben: Gedichte und Lieder. [...]. Hg. v. Hermann Wendebourg u. Anneliese Gerbert. Hamburg: Hoffmann u. Campe 1974, S. 249.

[24] Georg Herwegh: Werke und Briefe. Krit. u. komm. Gesamtausgabe. Hg. v. Ingrid Pepperle. In Verbindung m. Volker Giel u. a. Bd. 1: Gedichte 1835-1848. Bearb. v. Volker Giel. Bielefeld: Aisthesis 2006, S. 14 f.

[25] Ferdinand Freiligrath: Werke in sechs Teilen [publ. in 2 Bdn. zu je drei Teilen]. Hg., m. Einleitungen u. Anmerkungen versehen v. Julius Schwering. Berlin u. a.: Bong [1909]. [Bd. 1.] T. 2, S. 95-97.

[26] Heinrich Heine: Historisch-Kritische Gesamtausgabe der Werke. In Verbindung mit dem Heinrich-Heine-Institut hg. v. Manfred Windfuhr. [...]. Bd. 2: Neue Gedichte. Bearb. v. Elisabeth Genton. Hamburg: Hoffmann u. Campe 1983, S. 119 f.

[27] Vgl. Horst Joachim Frank: Handbuch der deutschen Strophenformen: München, Wien: Hanser 1980, S. 437-440 (Sechszeiler 6.15).

[28] Christian Wagenknecht: Deutsche Metrik. Eine historische Einführung. 5., erw. Aufl. München: Beck 2007, S. 124.

[29] Heine: Werke 1, 1 (Anm. 22), S. 183 (Text d. Ausg. l. H. [5. Aufl., 1844], marginal abweichende Fassung nach dem Erstdruck in den *Tragödien nebst einem lyrischen Intermezzo* v. 1822 vgl. a.a.O., S. 182).

[30] Vgl. Heinrich Heine: Historisch-Kritische Gesamtausgabe der Werke. Hg. v. Manfred Windfuhr. [...]. Bd. 1, 2: Buch der Lieder. Apparat. Bearb. v. Pierre Grappin. Hamburg: Hoffmann u. Campe 1975, S. 836.

[31] Heine: Werke 1, 2 (Anm. 30), S. 836 f.

Aufbaumodul 5, S. 151-181

[1] Vgl. exemplarisch Carl E. Schorske: Wien. Geist und Gesellschaft im Fin de Siècle. Frankfurt am Main: Fischer 1982 (dt. Ausg. v. ders.: Fin-de-Siècle-Vienna – Politics and Culture. New York: Alfred A. Knopf 1980). Neuausgabe: München: Piper 1994.

[2] Felix Dörmann: Sensationen. Wien: Weiss 1892, S. 26.

[3] Vgl. die umfassende Aufarbeitung bei Rainer Kolk: Literarische Gruppenbildung. Am Beispiel des George-Kreises. 1890-1945. Tübingen: Niemeyer 1998 (Communicatio 17).

[4] Stefan George: Sämtliche Werke in 18 Bänden. Bd. 2: Hymnen. Pilgerfahrten. Algabal. Stuttgart: Klett-Cotta 1987, S. 68 (hier und im Folgenden aus drucktechnischen Gründen ohne den von George verwendeten Hochpunkt, stattdessen konventionelles Komma).

5   Stefan George: Sämtliche Werke in 18 Bänden. Bd. 4: das Jahr der Seele.
    Stuttgart: Klett-Cotta 1982, S. 12.
6   Vgl. Hugo v. Hofmannsthal: Gespräch über Gedichte. In: Ders.: Sämtliche
    Werke. Kritische Ausgabe. Veranstaltet vom Freien Deutschen Hochstift.
    Hg. v. Rudolf Hirsch, Christoph Perels u. Heinz Rölleke. Bd. 31: Erfundene
    Gespräche und Briefe. Hg. v. Ellen Ritter. Frankfurt/Main: Fischer 1991, S. 74-
    86.
7   Hugo von Hofmannsthal: Sämtliche Werke. Kritische Ausgabe. Veranstaltet
    v. Freien Deutschen Hochstift. Hg. v. Rudolf Hirsch, Clemens Köttelwesch,
    Heinz Rölleke u. Ernst Zinn. Bd. 1: Gedichte 1. Hg. v. Eugene Weber. Frank-
    furt/Main: Fischer 1984, S. 24 f., hier: S. 25 (Z. 57-62).
8   Hofmannsthal: Sämtliche Werke 1 (Anm. 7), S. 54.
9   Hofmannsthal: Gespräch über Gedichte (Anm. 6), S. 54.
10 Lawrence Ryan: Jahrhundertwende. In: Geschichte der deutschen Lyrik vom
    Mittelalter bis zur Gegenwart. Hg. v. Walter Hinderer. 2., erw. Aufl. Würzburg:
    Königshausen & Neumann 2001, S. 387-419, hier: S. 405.
11 Rainer Maria Rilke: Werke. Kommentierte Ausg. in vier Bänden. Hg. v. Man-
    fred Engel u. a. Bd. 1: Gedichte. 1895-1910. Hg. v. Manfred Engel u. Ulrich
    Fülleborn. Frankfurt/Main: Insel 1996, S. 282 f.
12 Ryan: Jahrhundertwende (Anm. 10), S. 406.
13 Ryan: Jahrhundertwende (Anm. 10), S. 407.
14 Rilke: Werke 1 (Anm. 11), S. 469 (zu Entstehung u. Erstdruck vgl. a.a.O.
    S. 933).
15 Ernst Stadler: Dichtungen, Schriften, Briefe. Kritische Ausgabe. Hg. v. Klaus
    Hurlebusch u. Karl Ludwig Schneider. München: Beck 1983, S. 139.
16 Karl Eibl: Expressionismus. In: Geschichte der deutschen Lyrik vom Mittelal-
    ter bis zur Gegenwart. Hg. v. Walter Hinderer. 2., erw. Aufl. Würzburg: Kö-
    nigshausen & Neumann 2001, S. 420-438, hier: S. 427-430.
17 Entwurffassung nach: Georg Heym: Dichtungen und Schriften. Hg. v. Karl
    Ludwig Schneider. Bd. 1. Lyrik. Bearb v. Karl Ludwig Schneider u. a. Hamburg,
    München: Ellermann 1964, S. 346 f. (für eine genaue Wiedergabe der Hand-
    schriften u. ihrer Entwicklung vgl. ders.: Gedichte 1910-1912. Hist.-krit. Ausg.
    aller Texte in genetischer Darstellung. Hg. v. Günter Dammann, Gunter Mar-
    tens u. Karl Ludwig Schneider. Tübingen: Niemeyer 1993. Bd. 2, S. 1121-1133.
    Der Erstdruck, allerdings einer in Teilen abweichenden Fassung, erfolgte 1912
    posthum in der von Freunden des Autors besorgten Ausg. mit dem Titel
    Umbra Vitae).
18 Georg Trakl: Sämtliche Werke und Briefwechsel. Innsbrucker Ausgabe. Hist.-
    krit. Ausg. mit Faksimiles der handschriftlichen Texte Trakls. Hg. v. Eberhard
    Sauermann u. Hermann Zwerschina. Bd. 4.2: Dichtungen. Winter 1913/1914
    bis Herbst 1914. Hg. v. Hermann Zwerschina in Zusammenarb. mit Eberhard
    Sauermann. Frankfurt/Main, Basel: Stroemfeld/Roter Stern 2000, S. 338
    (nach der einzigen Handschrift, ohne die Fehler des Erstdrucks).
19 August Stramm: Die Dichtungen. Sämtliche Gedichte, Dramen, Prosa. Hg. u.
    mit einem Nachw. v. Jeremy Adler. München, Zürich: Piper 1990, S. 102.
20 Gottfried Benn: Sämtliche Werke. Stuttgarter Ausgabe. In Verbindung mit Ilse
    Benn hg. v. Gerhard Schuster. Bd. 1: Gedichte 1 [= *Gesammelte Gedichte* v.
    1956]. Stuttgart: Klett-Cotta 1986, S. 11.
21 Kurt Schwitters: Das literarische Werk. Hg. v. Friedhelm Lau. Bd. 1: Lyrik.
    Köln: Dumont 1998 (zuerst 1973), S. 58 f. (zur Textgeschichte vgl. a.a.O.
    S. 291 f.).

22   Johannes R. Becher: Gesammelte Werke. Hg. v. Johannes-R.-Becher-Archiv der Deutsche Akademie der Künste zu Berlin. Bd. 2: Ausgewählte Gedichte. 1919-1925. Nachw. u. Sacherläuterungen: Alfred Klein. Berlin, Weimar: Aufbau 1966, S. 20 (Kursivsetzung im Orig.).
23   Gottfried Benn: Probleme der Lyrik (1951). In: Ders.: Sämtliche Werke. Stuttgarter Ausgabe. In Verbindung mit Ilse Benn hg. v. Gerhard Schuster. Bd. 6: Prosa 4 [= 1951-1956]. Hg. v. Holger Hof. Stuttgart: Klett-Cotta 2001, S. 14.
24   Benn: Sämtliche Werke 1 (Anm. 20), S. 55 (gegenüber dieser Ausgabe allerdings mit an einzelnen Stellen gemäß dem Erstdruck restituiertem Ausdruck, vgl. im Anhang der vorliegenden Ausg. S. 374).
25   Bertolt Brecht: Werke. Große kommentierte Berliner und Frankfurter Ausg. Hg. v. Werner Hecht u. a. Bd. 11: Gedichte 1. Sammlungen 1918-1938. Bearb. v. Jan Knopf u. Gabriele Knopf. Berlin: Aufbau; Frankfurt/Main: Suhrkamp 1988, S. 37-120, hier: S. 39.
26   Brecht: Werke 11 (Anm. 25), S. 107 (ff.).
27   Brecht: Werke 11 (Anm. 25), S. 322 (Kommentar).
28   Brecht: Werke 11 (Anm. 25), S. 109.
29   Erich Kästner: Werke. Hg. v. Franz Josef Görtz. Bd. 1: Zeitgenossen, haufenweise. Gedichte. Hg. v. Harald Hartung in Zusammenarb. m. Nicola Brinkmann. München, Wien: Hanser 1998, S. 22 f. (Erstdruck 1927 in der Berliner Wochenzeitschrift *Das Tage-Buch*).
30   Kurt Tucholsky: Gesamtausgabe. Texte und Briefe. Hg. v. Antje Bonitz u. a. Bd. 13: Texte 1930. Hg. v. Sascha Kiefer. Reinbek b. Hamburg: Rowohlt 2003, S. 97.
31   Bertolt Brecht: Werke. Große kommentierte Berliner und Frankfurter Ausg. Hg. v. Werner Hecht u. a. Bd. 12: Gedichte 2. Sammlungen 1938-1956. Bearb. v. Jan Knopf. Berlin: Aufbau; Frankfurt/Main: Suhrkamp 1988, S. 81 (Z. 1-5a.; 7 f.).
32   Manfred Durzak: Im Exil. In: Geschichte der deutschen Lyrik vom Mittelalter bis zur Gegenwart. Hg. v. Walter Hinderer. 2., erw. Aufl. Würzburg: Königshausen & Neumann 2001, S. 502-549, hier: S. 503.
33   Brecht: Werke 12 (Anm. 31), S. 7.
34   Brecht: Werke 12 (Anm. 31), S. 26.
35   Brecht: Werke 12 (Anm. 31), S. 11.
36   Brecht: Werke 12 (Anm. 31), S. 21 (Kursive in Z. 2 bereits im Original).
37   Christian Wagenknecht: Deutsche Metrik. Eine historische Einführung. 5., erw. Aufl. München: Beck 2007, S. 124.
38   Vgl. Wagenknecht: Deutsche Metrik (Anm. 37), S. 128.
39   Vgl. Wagenknecht: Deutsche Metrik (Anm. 37), S. 124.
40   Bertolt Brecht: Werke. Große kommentierte Berliner und Frankfurter Ausg. Hg. v. Werner Hecht u. a. Bd. 14: Gedichte 4. Gedichte und Gedichtfragmente 1928-1939. Bearb. v. Jan Knopf u. a. Berlin: Aufbau; Frankfurt/Main: Suhrkamp 1993, S. 432.
41   Vgl. Brecht: Werke 14 (Anm. 40), S. 675.
42   Vgl. Brecht: Werke 14 (Anm. 40), S. 675.

Aufbaumodul 6, S. 182-216

1   Werner Bergengruen: Meines Vaters Haus. Gesammelte Gedichte. Hg. v. N. Luise Hacklsberger. Zürich, Hamburg: Arche 1992, S. 125.
2   Günter Eich: Gesammelte Werke in vier Bänden. Revidierte Ausgabe. Bd. 1: Die Gedichte. Maulwürfe. Hg. v. Axel Vieregg. Frankfurt/Main: Suhrkamp 1991, S. 35 f.

3   Eich: Gesammelte Werke 1 (Anm. 2), S. 37.

4   Peter Huchel: Das Gesetz. In: Gesammelte Werke in zwei Bänden. Hg. v. Axel
    Vieregg. Frankfurt/Main: Suhrkamp 1984. Bd. 1: Die Gedichte, S. 283-292, hier:
    S. 284 (diese und die zwei nachfolgenden Strophen separat erneut veröffentlicht
    in: Ders.: Chausseen, Chausseen. Gedichte. Frankfurt/Main: Fischer 1963).

5   Johannes R. Becher: Gesammelte Werke. Hg. v. Johannes-R.-Becher-Archiv
    der Deutschen Akademie der Künste der Deutschen Demokratischen Repu-
    blik. Bd. 6: Gedichte. 1949-1958. Nachw.: Horst Haase. Red. u. Sacherl.: Ilse
    Siebert. Berlin, Weimar: Aufbau 1973, S. 61 (endgültige Fassung, zuerst ver-
    öffentlicht am 06. 11. 1949 im SED-Zentralorgan, der Zeitung *Neues Deutsch-
    land*; zu Entstehungsgeschichte und Vorfassungen vgl. a.a.O., S. 578-582).

6   Gottfried Benn: Sämtliche Werke. Stuttgarter Ausgabe. In Verbindung mit Ilse
    Benn hg. v. Gerhard Schuster. Bd. 1: Gedichte 1 [= *Gesammelte Gedichte* v.
    1956]. Stuttgart: Klett-Cotta 1986, S. 307.

7   Paul Celan: Die Gedichte. Kommentierte Gesamtausgabe in einem Band. Hg.
    u. komm. v. Barbara Wiedemann. Frankfurt/Main: Suhrkamp 2003, S. 17.

8   Celan: Die Gedichte (Anm. 7), S. 176 (als Teil des größeren 1967er Bandes
    Atemwende).

9   Johannes Bobrowski: Gesammelte Werke. Hg. v. Eberhard Haufe. Bd. 1: Die
    Gedichte. Stuttgart: DVA 1987 (Lizenzausg. der gleichnamigen Ausg. des Ost-
    berliner Union-Verlags aus demselben Jahr), S. 107.

10 Vgl. zahlreiche theoretische Auslassungen Gomringers, etwa den 1963er
    Rundfunkvortrag *die konstellation – eine neue gedichtform*, nun in: Eugen Gom-
    ringer: Theorie der konkreten Poesie. Texte und Manifeste 1954 1997. Bd. 2.
    Mit einem Nachw. v. Karl Riha u. einer Bibliographie v. Daniel Segmüller u.
    Ruth Seiler. Wien: Ed. Splitter 1997, S. 46-53.

11 Gomringer: Theorie der konkreten Poesie 2 (Anm. 10), S. 51.

12 Gomringer: Theorie der konkreten Poesie 2 (Anm. 10), S. 51.

13 Gerhard Rühm: Gesammelte Gedichte und visuelle Texte. Reinbek b. Ham-
    burg: Rowohlt 1970, S. 79 (Abschnitt „gedichte im wiener dialekt (1954-58)").

14 Vgl. Rühm: Gesammelte Gedichte und visuelle Texte (Anm. 13), S. 263-296
    (Abschnitt „textbilder (1955-64)").

15 Ernst Jandl: Poetische Werke. Hg. v. Klaus Siblewski. München: Luchterhand
    1997. Bd. 2: Laut und Luise. Verstreute Gedichte 2, S. 171.

16 Ernst Jandl: Poetische Werke. Hg. v. Klaus Siblewski. München: Luchterhand
    1997. Bd. 1: Der künstliche Baum. Flöda und der Schwan, S. 60.

17 Bertolt Brecht: Werke. Große kommentierte Berliner und Frankfurter Ausg.
    Hg. v. Werner Hecht u. a. Bd. 12: Gedichte 2. Sammlungen 1938-1956. Bearb.
    v. Jan Knopf. Berlin: Aufbau; Frankfurt/Main: Suhrkamp 1988, S. 307.

18 Brecht: Werke 12 (Anm. 17), S. 307.

19 Hans Magnus Enzensberger: Die Gedichte. Frankfurt/Main: Suhrkamp 1983,
    S. 81 (größere v. mehreren Lese-Sammelausgaben des Hausverlags, krit. Werk-
    ausgabe steht aus).

20 Peter Rühmkorf: Werke. Bd. 1: Gedichte. Hg. v. Bernd Rauschenbach. Reinbek
    b. Hamburg: Rowohlt 2000, S. 154.

21 Reiner Kunze: Sensible Wege. Achtundvierzig Gedichte und ein Zyklus. Zu-
    erst: Reinbek b. Hamburg 1969. Hier zit. nach: A.a.O. 1976 (das neue buch),
    S. 51.

22 Zit. nach: Max Walter Schulz: Aktionslüsterner Individualismus. In: Reiner
    Kunze. Materialien und Dokumente. Hg. v. Jürgen P. Wallmann. Frankfurt/
    Main: Fischer 1977, S. 32 f., hier: S. 33.

23 Vgl. Wolf Biermann: Lieder vom preussischen Ikarus. Altona: LiederProduktion 1998. Disc 1. Nr. 3.
24 Wolf Biermann: Nachlaß 1. Köln: Kiepenheuer & Witsch 1977, S. 73 (Sammlung der Gedichtsammlungen bis dato, Werkausgabe steht aus).
25 Und ich bewege mich doch ... Gedichte vor und nach 1968. Hg. v. Jürgen Theobaldy. München: Beck 1977, S. 221-224 (Nachbemerkung), hier: S. 222.
26 Jürgen Becker: Das Ende der Landschaftsmalerei. Gedichte. Frankfurt/Main: Suhrkamp 1974, S. 93.
27 Rolf Dieter Brinkmann: Westwärts 1 & 2. Gedichte. Mit Fotos u. Anmerkungen des Autors. Erw. Neuausg. Reinbek b. Hamburg 2005, S. 62.
28 Brinkmann: Westwärts 1 & 2 (Anm. 27), S. 66-86 beziehungsweise 125-129.
29 Brinkmann: Westwärts 1 & 2 (Anm. 27), S. 35.
30 Günter Kunert: Im weiteren Fortgang. München: Hanser 1974 (Reihe Hanser 163), S. 30.
31 Volker Braun: Texte in zeitlicher Folge. Halle, Leipzig: Mitteldeutscher Verlag 1990. Bd. 5: Die Tribüne. Training des aufrechten Gangs [...], S. 69 f.
32 Die Zeit 22 (2007), S. 57 (Teil „Literatur: Lyrik").
33 Thomas Irmer: Durs Grünbein. In: Deutschsprachige Lyriker des 20. Jahrhunderts. Hg. v. Ursula Heukenkamp u. Peter Geist. Berlin: Erich Schmidt 2007, S. 711-721.
34 Durs Grünbein: Von der üblen Seite. Gedichte 1985-1991. Frankfurt/Main: Suhrkamp 1994.
35 Durs Grünbein: Grauzone morgens. Gedichte. Frankfurt/Main: Suhrkamp 1988 (edition suhrkamp. N. F. 507), S. 22 f.
36 Durs Grünbein: Schädelbasislektion. Gedichte. Frankfurt/Main: Suhrkamp 1991, S. 93(-107).
37 Grünbein: Schädelbasislektion (Anm. 36), S. 136.
38 Durs Grünbein: Falten und Fallen. Gedichte. Frankfurt/Main: Suhrkamp 1994, S. 71 beziehungsweise 77.
39 Grünbein: Schädelbasislektion (Anm. 36), S. 59-65.
40 Grünbein: Schädelbasislektion (Anm. 36), S. 38, 46 f.
41 Grünbein: Falten und Fallen (Anm. 38), S. 52, 54 f. u. 124.
42 Durs Grünbein: Der Misanthrop auf Capri. Historien/Gedichte. Mit einem Nachw. v. Michael Eskin. Frankfurt/Main: Suhrkamp 2005, S. 105.
43 Grünbein: Der Misanthrop auf Capri (Anm. 42), S. 93 (zuerst in Grünbeins An Seneca. Postscriptum von 2004).
44 Durs Grünbein: Porzellan. Poem vom Untergang meiner Stadt. Frankfurt/Main 2005. St. 38 (ohne Seitenzählung), Z. 2.
45 Christian Wagenknecht: Deutsche Metrik. Eine historische Einführung. 5., erw. Aufl. München: Beck 2007, S. 124.
46 Wagenknecht: Deutsche Metrik (Anm. 45), S. 124.
47 Durs Grünbein: Erklärte Nacht. Gedichte. Frankfurt/Main: Suhrkamp 2002. S. 145.
48 Grünbein: Erklärte Nacht (Anm. 47), S. 119-145.
49 Grünbein: Erklärte Nacht (Anm. 47), S. 55-63.
50 Grünbein: Erklärte Nacht (Anm. 47), S. 65-94.
51 Grünbein: Erklärte Nacht (Anm. 47), S. 95-118.

Personenregister

Begriffsregister zur Lyrikanalyse

pro Studium Literaturwissenschaft

Alo Allkemper, Norbert Otto Eke
Literaturwissenschaft
basics
UTB 2590 M
ISBN 978-3-8252-**2590**-2
W. Fink. 2. Aufl. 2006.
316 S., 35 einfarb. Abb., 12 einfarb.
Fotos,
EUR 16,90, sfr 29,70

Rudolf Beck, Hildegard Kuester,
Martin Kuester
Basislexikon anglistische
Literaturwissenschaft
UTB 2930 S
ISBN 978-3-8252-**2930**-6
W. Fink. 2007.
402 S., 9 Abb.,
EUR 17,90, sfr 31,40

Volker C. Dörr
Weimarer Klassik
Literaturwissenschaft elementar
Hrsg. von Norbert Eke
UTB 2926 M
ISBN 978-3-8252-**2926**-9
W. Fink. 2007.
238 S., 39 Abb.,
EUR 17,90, sfr 31,40

Lars Eckstein (Hg.)
English Literatures
Across the Globe
A Companion
UTB 8345 L
ISBN 978-3-8252-**8345**-2
W. Fink. 2007. 360 S., kart.,
EUR 26,90, sfr 45,80

Franz M. Eybl
Kleist-Lektüren
UTB 2702 M
ISBN 978-3-8252-**2702**-9
WUV. 2006.
278 S.,
EUR 18,90, sfr 33,00

Harald Fricke,
Rüdiger Zymner
Einübung in die
Literaturwissenschaft
Parodieren geht über
Studieren
UTB 1616 S
ISBN 978-3-8252-**1616**-0
Schöningh. 5., überarb. u. erw.
Aufl. 2007. 296 S.,
EUR 17,90, sfr 31,40

Horst-Jürgen Gerigk
Lesen und Interpretieren
UTB 2323 M
ISBN 978-3-8252-**2323**-6
Vandenhoeck & Ruprecht.
2. Aufl. 2006.
192 S., 2 Abb.,
EUR 19,90, sfr 34,70

Andreas Herzog
Literaturwissenschaft digital
Ein interaktiver Einführungskurs
UTB 2841 M
ISBN 978-3-8252-**2841**-5
W. Fink. 2008. 124 S., CD-ROM und
www.literaturwissenschaft-digital.de
EUR 22,90, sfr 41,00

Christoph Hönig
Neue Versschule
Versrhythmus & Reim
UTB 2980 M
ISBN 978-3-8252-**2980**-1
W. Fink. 2008. 264 S.,
EUR 16,90, sfr 31,00

Arne Klawitter, Michael Ostheimer
Literaturtheorie - Ansätze und
Anwendungen
UTB 3055 M
ISBN 978-3-8252-**3055**-5
Vandenhoeck & Ruprecht. 2008.
304 S.,
EUR 17,90, sfr 32,00

pro Studium Literaturwissenschaft

Dieter Hoffmann
Arbeitsbuch deutschsprachige Prosa seit 1945
Band 1: Von der Trümmerliteratur zur Dokumentarliteratur
UTB 2729 M
ISBN 978-3-8252-**2729**-6
A. Francke. 2006. 579 S., 20 Abb.,
EUR 26,90, sfr 45,80

Dieter Hoffmann
Arbeitsbuch deutschsprachige Prosa seit 1945
Band 2: Von der Neuen Subjektivität zur Pop-Literatur
UTB 2730 M
ISBN 978-3-8252-**2730**-2
A. Francke. 2006. 494 S., 20 Abb.,
EUR 26,90, sfr 45,80

Dieter Hoffmann
Arbeitsbuch deutschsprachige Prosa seit 1945
Zwei Bände im Schuber
UTB 2731 M
ISBN 978-3-8252-**2731**-9
A. Francke. 2006
EUR 44,90, sfr 71,00

Gert Hübner
Ältere deutsche Literatur
Eine Einführung
UTB 2766 M
ISBN 978-3-8252-**2766**-1
A. Francke. 2006. 315 S.,
EUR 16,90, sfr 29,70

Werner Jung
Poetik
Eine Einführung
UTB 2937 S
ISBN 978-3-8252-**2937**-5
W. Fink. 2007. 296 S.,
EUR 14,90, sfr 26,30

Gerhard Kaiser
Aufklärung, Empfindsamkeit, Sturm und Drang
UTB 484 S
ISBN 978-3-8252-**0484**-6
A. Francke.
6., erw. Aufl. 2007. 384 S.,
EUR 14,90, sfr 26,30

Frank Krause
Literarischer Expressionismus
Literaturwissenschaft elementar
UTB 2999 M
ISBN 978-3-8252-**2999**-3
W. Fink. 2008.
254 S., 5 Abb., 17 Fotos,
EUR 18,90, sfr 34,00

Bärbel Lücke
Elfriede Jelinek
Eine Einführung in das Werk
UTB 3051 S
ISBN 978-3-8252-**3051**-7
W. Fink. 2008. 169 S.,
EUR 12,90, sfr 24,00

Matthias Luserke-Jaqui
Einführung in die neuere deutsche Literaturwissenschaft
UTB 2309 M
ISBN 978-3-8252-**2309**-0
Vandenhoeck & Ruprecht.
2., überarb. u. erg. Aufl. 2007.
150 S.,
EUR 13,90, sfr 24,70

Nicole Mahne
Transmediale Erzähltheorie
Eine Einführung
UTB 2913 M
ISBN 978-3-8252-**2913**-9
Vandenhoeck & Ruprecht. 2007
143 S., 18 Abb., kart.,
EUR 16,90, sfr 29,70

pro Studium Literaturwissenschaft

Michael Meyer
English and American Literatures
basics
UTB 2526 M
ISBN 978-3-8252-**2526**-1
A. Francke.
3., überarb. u. erw. Aufl. 2008.
249 S., zahlr. Abb.,
EUR 14,90, sfr 26,30

Burkhard Moennighoff,
Eckhardt Meyer-Krentler
Arbeitstechniken
Literaturwissenschaft
UTB 1582 S
ISBN 978-3-8252-**1582**-8
W. Fink. 13., aktual. Aufl. 2007.
141 S.,
EUR 10,90, sfr 21,00

Bodo Plachta
Literaturbetrieb
Literaturwissenschaft elementar
UTB 2982 M
ISBN 978-3-8252-2982-5
W. Fink. 2008.
199 S., 14 Abb., 23 Fotos,
EUR 17,90, sfr 32,00

Stephan Porombka
Kritiken schreiben
Ein Trainingsbuch
UTB 2776 M
ISBN 978-3-8252-**2776**-0
UVK. 2006. 270 S.,
EUR 17,90, sfr 32,00

Ernst Seibert
Themen, Stoffe und Motive
in der Literatur für Kinder und
Jugendliche
UTB 3073 M
ISBN 978-3-8252-**3073**-9
facultas.wuv. 2008.
206 S., 70 Abb.,
EUR 18,90, sfr 34,00

Uwe Spörl
Basislexikon Literaturwissenschaft
UTB 2485 S
ISBN 978-3-8252-**2485**-1
Schöningh. 2., durchges. Aufl. 2006.
333 S.,
EUR 11,90, sfr 21,30

Engelbert Thaler
Teaching English Literature
StandardWissen Lehramt
UTB 2997 M
ISBN 978-3-8252-**2997**-9
Schöningh. 2008.
231 S., 14 Abb., 55 Tab.,
EUR 17,90, sfr 32,00

Silvio Vietta
Der europäische Roman
der Moderne
UTB 2842 S
ISBN 978-3-8252-**2842**-2
W. Fink. 2007. 224 S.,
EUR 14,90, sfr 26,30

Jochen Vogt
Einladung zur
Literaturwissenschaft
UTB 2072 M
ISBN 978-3-8252-**2072**-3
W. Fink. 5. Aufl. 2006.
288 S., zahlr. Abb. u. Fotos,
EUR 14,90, sfr 26,30

Jochen Vogt
Aspekte erzählender Prosa
Eine Einführung in Erzähltechnik
und Romantheorie
UTB 2761 S
ISBN 978-3-8252-**2761**-6
W. Fink. 9. Aufl. 2006. 274 S.,
EUR 15,90, sfr 29,00

mehr unter www.utb.de